薄荷实验

Think As The Natives

Doormen

寻找门卫

一个隐蔽的
社交世界

[美]彼得·比尔曼 著
王佳鹏 译

华东师范大学出版社
·上海·

图书在版编目（CIP）数据

寻找门卫：一个隐蔽的社交世界／（美）彼得·比尔曼著；王佳鹏译．—上海：华东师范大学出版社，2021
 ISBN 978-7-5760-2252-0

Ⅰ.①寻… Ⅱ.①彼…②王… Ⅲ.①保安人员—社会角色—研究 Ⅳ.①D035.33②C912.6

中国版本图书馆 CIP 数据核字（2021）第 257336 号

Doormen
By Peter Bearman
© 2005 by The University of Chicago.
Simplified Chinese translation copyright © East China Normal University Press Ltd，2022.
Licensed by The University of Chicago Press，Chicago，Illinois，U.S.A.
All Rights Reserved.

上海市版权局著作权合同登记　图字：09-2017-391 号

寻找门卫：一个隐蔽的社交世界

著　　者　彼得·比尔曼
译　　者　王佳鹏
责任编辑　顾晓清
审读编辑　赵万芬
责任校对　周爱慧
装帧设计　周伟伟

出版发行　华东师范大学出版社
社　　址　上海市中山北路 3663 号　邮编 200062
客服电话　021-62865537
网　　店　http://hdsdcbs.tmall.com/

印 刷 者　苏州工业园区美柯乐制版印务有限责任公司
开　　本　890×1240　32 开
印　　张　14.375
字　　数　299 千字
版　　次　2022 年 5 月第 1 版
印　　次　2022 年 5 月第 1 次
书　　号　ISBN 978-7-5760-2252-0
定　　价　79.80 元

出 版 人　王焰

（如发现本版图书有印订质量问题，请寄回本社客服中心调换或电话 021-62865537 联系）

献给诺拉!

目 录

导　读　001
前　言　001

第一章　人际接近与社会距离　001
第二章　迈出第一步　057
第三章　服务时间　097
第四章　跨越界限　157
第五章　展示地位　213
第六章　奖金　263
第七章　工会　317
第八章　结语　377

附　录　研究设计（以及以田野为基础的课程的授课札记）　399
参考文献　423

导　读

一

对于彼得·比尔曼的读者来说，《寻找门卫：一个隐蔽的社交世界》(*Doormen*)的出版是一件大大出乎意料的事。博士毕业于哈佛大学并师从社会网络分析奠基人哈里森·怀特（Harrison White）的比尔曼一直以社会网络分析见长，并以方法论上的创新和洞见而著称（社会学界这方面能和他相提并论的似乎只有阿瑟·斯廷奇库姆［Arthur Stinchcombe］和霍华德·S. 贝克尔［Howard S. Becker］了）。因此，当比尔曼在2005年出版这部基于观察和访谈、没有任何令人炫目的统计表格与网络图的民族志时，着实令不少人大跌眼镜。我当时在北卡罗来纳大学教堂山分校（下文简称"北卡"）读博并兼任《社会力》(*Social Forces*)副主编，至今仍记得读到这本书的兴奋之情以及为它寻找合适书评作者所付出的努力。

中国读者可能对比尔曼并不熟悉，但他在美国社会学界可是个鼎鼎大名的人物，二十多年来始终是多所顶级大学力图"挖角"的对象。我们不需要罗列比尔曼的学术荣誉，只需点出他是美国国家科学院、美国医学院以及美国文理学院（或称"美国艺术与科学院"）三院院士这一事实，就足以证明其学术地位。比尔曼博士毕业后先留在哈佛教了一年的本科课程，随后在北卡任教十一年，并从助理教授逐级升为正教授。比尔曼1993年出版的专著《关系成为修辞》（Relations into Rhetorics）是其博士论文的改编，对16至17世纪英格兰上层社会交往网络的转型做出了历史社会学分析，被收入美国社会学会历史悠久的"罗丝社会学丛书"（Rose Series in Sociology）。美国三大社会学期刊均为这本书刊发了书评，但总的说来并未在社会学界激起剧烈的水花。尽管如此，这本书所展现出的独特学术趣味却在他之后的学术生涯中日益显现，那就是对微观结构的探究，尤其是对以个体层面数据揭示宏观社会变迁的偏好。比尔曼在哈佛受过系统的量化方法训练，并能娴熟地运用各种统计与社会网络分析软件，因此总能从各种数据（往往是二手数据）中敏锐地找到研究灵感，尽管这种求新、求变的风格让其在职业生涯初期遭到不小的苦头，大量的研究精力最终并没有得出令他满意的产出。一个颇令人惊讶的事实是，1985年博士毕业的比尔曼，直到1991年才有了第一篇学术期刊的发表。但他的厚积薄发终于有了丰厚的回报，他在20世纪90年代发表了一系列令人瞩目的论文，对社会网络分析、叙事方法以及青少年健康问题提出了重要创见。值得指出的是，比尔曼似乎对于任何一个研究主题都缺乏持久的关注,因为他数量众多的论文并没有一个贯穿始终的主题。事实上,比尔曼曾亲口在课堂上对我们这些博士生说,他更感兴趣的是研究的美感,而非政策意涵。

尽管比尔曼以方法论上的创新而著称,他在理论方面同样贡献不凡。2007年初,我被哥伦比亚大学录取后曾去比尔曼的办公室拜访,他兴致勃勃地谈起了在哥伦比亚大学打造"新结构主义社会学"的雄心。说起结构主义,受过社会学训练的人往往会想起马克思、帕森斯或列维-斯特劳斯,但比尔曼所说的结构不同于传统的自上而下的、静态的宏观结构,而是将社会结构视为产生于社会互动过程的、自下而上的、动态的、历时性的、多重的网络关系,我曾在其他文章中将这种思路称为"关系-结构社会学"。[1]

除了自身的学术成就,比尔曼还以对学生的有效指导而广受赞誉。他至今已成功指导了五十多篇博士论文,绝大部分学生在读博期间有杰出的发表记录,在知名学府找到教职,并在之后的学术生涯中做出优异的成绩。我在哥伦比亚大学社会学系读博士时,比尔曼始终是系里最受学生欢迎和推崇的老师之一。值得一提的是,《寻找门卫》正是源于比尔曼在哥伦比亚大学开设的大一本科生社会学导论课,其原始面貌是学生在课堂上为这项集体研究所提交的报告。为了这门课和这项研究,学生们分组去曼哈顿的高层住宅进行观察、访谈和记录,并不得不对各种突发问题随机应变。不得不说,能开出这样的课是所有社会学老师的梦想。

---

[1] 李钧鹏:《新哥伦比亚学派?》,《读书》,2011年第7期。

二

作为一种历史悠久的研究方法，民族志（ethnography）近些年来涌现出一股潮流，那就是以猎奇性和故事性取胜。我在哥伦比亚大学的另一位老师素德·文卡特斯（Sudhir Venkatesh）的《黑帮老大的一天》就是这股潮流最重要的代表。欧文·戈夫曼（Erving Goffman）之女爱丽丝·戈夫曼（Alice Goffman）的《在逃》同样读起来像一本惊心动魄的小说。然而，荡气回肠的叙事从来就不是社会学研究的题中应有之义，更不用说最好的学者往往能从波澜不惊的日常生活中看出社会互动的玄妙，能从寻常中看出不寻常。在这方面，《寻找门卫》可谓一部"老式"民族志，因为它的研究对象再小、再寻常不过：纽约高层住宅的门卫（doormen）。

没去过纽约市的人可能不熟悉门卫这个群体，因为这基本是纽约市（严格意义上说是曼哈顿岛）的特有产物。在美国其他大城市以及美国以外的地区，承担看门人角色的工作人员并不罕见，但他们在居住场所和工作职责上均和纽约的门卫有较大区别。在这种意义上，门卫是纽约市的独特现象。当你走进曼哈顿中城或上东区的高层住宅楼，首先迎接你或拒绝让你入内的往往是在大堂里工作的门卫。你很可能从未觉得这里面有什么值得研究的地方，但社会的丰富性往往藏在细节中。我在纽约居住时只是个囊中羞涩的博士生，所在的公寓楼只有管理员，并没有门卫。但我长期领救济金的伯母却因为一些机缘巧合而以低价租住在时报广场（Times Square）上的一栋高档公寓楼里，虽然只是个一室一厅的小套间。我第一次去伯母家时被大厅里的门卫严格盘查，但此后每次去却畅通无阻，而且门卫总是主动朝我打招呼。我后来才意识到门卫已经记住了我。但这栋摩天大楼住户众多，偶尔到访的亲戚与朋友更是不计其数，他是怎么记住我的？我一直好奇，而这本书有助于我们解开这个谜题。比尔曼在第一章还问了其他令人着迷的问题，比如：多数门卫并不认为这是一份理想工作，并强调自己只是歪打正着进入这一行，那么为什么这份并不理想的工作又是如此难以获得呢？多数门卫会坚决否认自己是种族主义者，那为什么少数族裔比白人更容易被门卫阻挡在外呢？门卫为什么在住户需要帮忙时忙碌不堪，却在其他时间无所事事，他们又是如何让住户觉得自己提供了优质的服务（即使在住户需要时并不能提供及时的协助）？

比尔曼观察到一个有意思的现象：门卫和住户之间在空间距离上极为接近，在社会距离上却相隔甚远。毕竟，他们共处一个并不算太大的地理空间，可以说是楼上楼下的邻居，抬头不见低头见。门卫对住户的了解超乎我们一般人的想象，他们知道住户是否经常点外卖，是否爱吃中餐，是否酗酒，早上几点出门，做什么样的工作，有什么样的朋友，大方还是小气，甚至有无婚外情人。反过来，住户对门卫生活的熟悉程度要低得多，事实上也不太关心，但日常的表面礼节却通常能做到位。然而，能够住得起有门卫服务的公寓楼的"纽约客"绝大部分属于中上层社会，而门卫虽然收入并不算太低，却在生活圈子和社会阶层方面远低于住户。那么，门卫与住户是如何处理这种空间距离与社会距离之间的张力的？换言之，他们是如何维系相互之间的身份边界的？

正是在这一问题的驱动下，比尔曼对门卫与住户之间的日常互动展开了细致入微的研究。从门卫如何找到这份工作，到他们的工作内容与作息，到门卫与住户如何学会各自的角色，到他们如何互相借助于对方来展示自己的社会地位，再到他们如何在收不收（送不送）圣诞礼物上采取策略性行动，到门卫如何斡旋于住户（以及管理员）和工会之间……《寻找门卫》的每一章分别考察一个门卫工作的角度。通过比尔曼活灵活现的描述与手术刀般的精准论证，我们对门卫的世界有了焕然一新的认识。例如，虽然门卫们认为自己得到这份工作实属机缘巧合，但其工作机会来自于就业市场上的非正式网络，这些网络使得某些人毫不费力地获得这份工作，其他人却连门槛都没法踏入，而这又解释了为什么纽约罕见华裔和穆斯林门卫；门卫的工作性质决定了他们有时忙得不可开交，有时又游手好闲，因此，为了让住户觉得他们勤劳尽责，门卫会采取在空闲时为住户提供额外服务等策略，并巧妙地引导甚至形塑住户对其服务的需求；住户的安全需求导致了门卫对住户的深入了解，但这种近距离又给门卫的工作保障带来了风险；住户往往在圣诞节前为给门卫多少奖金而煞费苦心，而门卫会在圣诞节后提升服务水平，以证明这笔奖金不是下一年服务的预先支付，证明他们不是为了这笔奖金而努力工作。

那么，比尔曼为什么要如此不厌其烦地探究门卫这个并不广为人知的职业群体？我们为什么要关注纽约高档公寓大堂里的日常琐事？比尔曼将门卫与住户之间的互动形容为"日常生活的语法"，也就是"组织各种社会互动、形塑不同决策、驱动日常行为的那些并未言明的准则"（第8页）。我们可以说，所谓社会语法，就是微观结构的要素。而在比尔曼看来，要理解社会语法，最有效、最有说服力的方式是聚焦于社会互动中的张力，而门卫与住户的近空间距离与远社会距离及其所引发的一系列策略性互动正是这种张力的具体体现。作为一名社会学教书匠，我始终觉得理论与方法的人为割裂是我们教学体系中的重大失误，因为好的理论必须建立在坚实的方法之上，好的方法又必须以正确的理论为指导，因此我总是在方法课上讲理论，在理论课上讲方法。在这种意义上，这部由一位教过理论课的方法论大师写就的民族志值得所有社会科学从业者研读（我强烈敦促读者认真阅读介绍研究设计的附录部分），这是一部最好的民族志。读罢此书，相信你会和我有同感：所谓理论与方法、人文与科学的二元对立是如此站不住脚，如此不堪一击。

李钧鹏

华中师范大学社会学院教授

哥伦比亚大学社会学博士

International Sociology Reviews 主编

前　言

很多作者都会说，他们的写作经历了很长时期。但本书是个例外，以下就是这本书的故事。

1987年，我从北卡罗来纳大学教堂山分校到哥伦比亚大学做报告。晚上约好去社会学系主任罗纳德·伯特的公寓相见，然后从他家出发一起去吃晚餐。我到他家的时间有点晚，其实我之前就意识到在那个时间段去哥伦比亚是个错误，加上当天晚上的一系列糟糕决定使得问题更加严重。出于对地铁的恐惧，我打算乘坐出租车。此前我觉得看游客们在纽约城内打车是件有意思的事，大家犹犹豫豫仿佛在做一个邀请，可是轮到我时却一点都不好笑，没有一辆出租车司机搭理我。于是我决定尝试着走路过去，虽然这意味着我得走很长一段路程。伯特的公寓在河滨大道。那是一个寒冷而潮湿的晚上，从河面上吹来的阵阵寒风和雨夹雪，让人行道上的行走变得痛苦不堪。河滨大道上几乎看不到生命迹象，附近社区都空旷无人。

我终于到达了公寓，从第一道门进去就能看到罗纳德的名字。当我用大楼内线电话与他通话时，有个模糊的人影出现在门外，准备走进来。我已不太记得他的样子，只记得自己当时心里在想，我应该努力表现良好，使对方消除警戒状态，但我又不想让他察觉我当时正在看他。他穿着一件黑色雨衣，一顶大帽子遮住了他的脸。门铃一响，我快步滑到右边，尽快躲了进去。对方在我背后似乎说了什么，他伸手想要抓住门的把手。我意识到应该阻止他进入大楼，于是猛击了一下他的手臂，使他松手，然后砰地关上了门，跑向电梯。幸运的是，电梯正在一楼等待着。从门里往外看，我可以看到他收回了手，但在努力以某种方式推开内门。电梯带我上到了 10 楼，出电梯前，我还按了从 11 楼到 14 楼的按钮，这样电梯就会一直上升，过会儿才会再次降到一楼大厅。于是我就有更多时间找到并进入罗纳德的公寓。我发现一层楼只有两户，罗纳德的名字就贴在门上。他一开门，我就迅速进了房间，松了口气。

接下来我跟罗纳德讲了这个试图闯进来的人。我十分担心，因为害怕那个家伙会觉得我看到了他的脸，于是会努力弄清楚我究竟到了哪层楼。我知道罗纳德有个小孩子，我担心我会给他们带来危险。更让我感到糟糕的是，我不确定大门是否真的关上了。罗纳德似乎也很担心，他让我描述一下那个闯入者的样子。我尽了全力——但却没有什么可说的。外套和帽子遮住了他的大多数个人特征，而我也没机会仔细看清他的脸。不过，无论如何，我向罗纳德说了很多。他走到电话旁，打了一通电话。当他回来后，他说我们需要立刻出发，因为我们已经迟到了。在我们坐电梯下去的路上，我想我看到他摸了摸自己的钱包。我想我应该有样学样，于是将我的钱包从后面口袋放到了前面口袋中，以防万一。电梯大门在一楼大厅一打开，那个闯入者就在我们正对面。他没有跟着我上楼，而是等着我下来。当我向后退却时，罗纳德却迎上前去，（我料想）给他一些钱。

"真是抱歉"，罗纳德向他说道："他不知道你是谁。你吓着他了。"

"没关系"，他回道："我想让他出去，可他却把我推了出来。这是我的错。"

他是我遇到过的第一个门卫。

大概 11 年之后，我再次来到哥伦比亚大学。不过，重新来到纽约时，我已经见过更多世面了，尽管没有很多。纽约发生了很大变化。曾经，每个角落（对我来说）都是潜在危险区，都充满疯狂破坏一切的杀人犯，这种想法似乎不再那么合理。犯罪率已经降低，纽约城获得了新生。我在这次到访中发现，纽约城不再到处都是罪犯，而是到处都是门卫。在我们的临时公寓所在的大街上，任何时间都会看到街上至少有四个门卫。在我们的公寓中，门卫服务一直从下午 4 点延续到晚上 12 点。在最初的几天中，门卫们知晓了我们的名字。他们也认识了我的孩子，并开始照看他们。他们非常礼貌，言行举止无不体现出尊敬。有时，我感到他们有些过于谄媚，令我厌烦。更令我不安的是其他居住者对待门卫们的态度——他们大都是哥伦比亚大学的教师。当与门卫交谈时，他们似乎都接受（或陷入）

了一种家长式关系，而我却很难弄清楚状况。他们会直接称呼门卫的名字，而门卫们则几乎总是称呼他们为"教授"。我注意到这一点以后，很是不安；但我难以准确地理解，究竟是什么令我不安——门卫、房客还是他们的联合表演（joint performance）。

一开始，我发现我的新同事不易相处、趾高气扬，但却缺乏明显的理由。我花了很多时间，想去弄明白哥伦比亚大学的教授们为何如此难以相处。当想要解释清楚某些事情时，我们面对的现实性问题便是，辨认出脉络所处环境的独特特征。我们不能由于他们在一所享有盛誉的常春藤盟校教书，就认为哥伦比亚大学的教授们都趾高气扬——因为我发现其他常春藤盟校的教授们都不是如此难处。令他们目中无人的原因，肯定是哥伦比亚大学或纽约城的某些独特特征。对于这一问题，我想可以有相互竞争的很多解释，但在第一个月的最后日子里，我发展出了一种简洁而巧妙的理论。他们的目中无人是门卫们造成的后果。

其逻辑十分简单。犹如所有人一样，门卫也需要对自己所从事之事感觉良好。如果我是他们的话，当我服务于极为重要的顾客而不是普通人时，我显然会感觉更好。而且，似乎显而易见的是，他们服务的住客的地位越高，他们自己的地位也就越高。于是，从我们的理论来看，为了模糊的、未清楚表述出来的利己理由，每个门卫都会努力提升住客的地位。按照这一解释模式，哥伦比亚大学的教授们每天都会受到他们本不应得的"地位礼品"（status "gifts"）的狂轰滥炸。我的观点是，在一定时期之后——我并不清楚究竟是多长时期——哥伦比亚大学教师实际上都开始坚信,这些地位是他们应得的,他们坚信自己确实是重要人物。我想,我正在观察马太效应的一个全新领域①。我们很容易就可以将该理论运用到所有纽约人身上,我确实也发现多数纽约人都难以相处。

这是一个很巧妙的理论,但显然是错误的。首先,尽管存在上述最初印象,但哥伦比亚大学教授并不比其他大学教授更高傲。其次,纽约人比多数人都更和善友好,况且无论如何,多数纽约人都没有门卫来为他们开门。最后,我误解了门卫这项工作的性质,误解了他们的经验、他们的抱负和希望。尽管门卫的地位在一定程度上取决于其服务的住户的地位,但这一条件的作用并没有我想象得那么大。多年的交往让我更深入地理解了我的同事,包括那些趾高气扬的人和不趾高气扬的人。但是,我对门卫的兴趣却不减反增。可以说,本项研究计划正源于我的这一兴趣。

尽管为了叙述方便,本书采用了第一人称视角来写作,但它其实在很多方面都是一项集体协作的事业。其中很多工作的完成背景是我在哥伦比亚大学教授的一门社会学导论课——证据评估(Evaluation of Evidence)。我有时会抽象地思考,一项大型的集体性课程计划是否可行,在该计划中,将可以运用多

---

① 马太效应是指,当人们根据贡献者的地位来区别评价他们在某个方面的贡献时,知名人士会获益匪浅,边缘个体则会遭受损失。参见:默顿(Merton),"科学中的马太效应"(The Matthew Effect in Science);朱克曼(Zuckerman)和默顿(Merton),"科学中的评价模式"(Patterns of Evaluation in Science);科尔(Cole)和科尔(Cole),《科学中的社会分层》(*Social Stratification in Science*)。

种方法和多层设计。希望运用多种资料，想要设计一项多层面研究的愿望，在我做出研究门卫的决定中，发挥着重要的作用。除了学术方面的理由之外，在为大学生设计一项集体性研究项目，尤其是一项需要学生积极参与到较长时期田野工作、收集观察性资料、抽样、实地调查、深度访谈中去的研究时，我们还将不得不面对诸多实际问题。

研究门卫这一决定的首要现实考虑便是危险问题——再次强调，这里暂不考虑后面将会讨论的艰深学术问题。在社会学界，人们往往都不太喜欢普通人（我们或许会料想在日常生活中也是如此）。多数人可能都会感到，研究瘾君子、街头恶棍、小骗子、地铁里的流浪汉或卖淫女会更为有趣，这些确实也都是很多民族志研究的"素材"，但去研究他们可能会有些不够谨慎。那些社会边缘人物生活和工作（如果他们有工作的话）的地方，经常都是危险场所。我们不能将缺乏田野经验并且经常还缺乏城市生活经验的学生，直接送到底层世界（underworld）。因而，我需要确定一个可以轻易辨识出来并可与之安全交谈的"有趣"群体，我们可以在安全的社区找到他们，在半公共（也就是具有可见性的）场所中完成对他们的访谈。门卫完全符合上述要求。他们往往穿着制服，因而经常很容易被辨认出来。他们在城市里的安全区域工作（他们的工作使那些区域变得更安全），那些担负得起门卫服务的人也都生活在城市里的安全区域。他们可以在半公共场所接受访谈，无论是在公寓大厅还是在大街上。而且，最重要的是，正如他们自己所言："多数门卫都是擅于社交的人。"他们喜欢交谈，他们经常都会滔滔不绝。或许更准确地说，正如法官（被期望）是严峻的，教授是博学的，殡仪馆主管是充满同情心的；一般来说，门卫则是友善的。因此，对于一项课程计划来说，门卫是极佳的研究对象。

此外，研究门卫还出于其他的一些实际理由。研究设计是一项研究中最为关键的要素，也是最难以教给学生的内容。在我看来，最为有趣的研究设计是两阶段的设计。按照该设计，我们首先要抽出较大单元，然后再从这些单元中抽出其中的个体。这种两阶段的设计可以使我们清晰地思考，较大的社会脉络/背景是如何形塑个体行为的；并提供了进行多层分析的可能，这种分析在民族志传统中被作为"协商秩序"（negotiated order）而得到讨论。对我们来说，正如我后面将会详细介绍的那样，我们首先需要从纽约城抽出一定的社区，然后枚举出所抽中社区中配有门卫的大楼，最后再对这些大楼里的门卫进行抽样。除了攻克上述难关之外，这种方式还有额外的好处。我们不但可以获得具有代表性的门卫样本，而且还可以获得具有代表性的社区样本，以及配有门卫的大楼的样本。

作为这门课程的助教，亨宁·希尔曼（Henning Hillmann）组织了所有的工作，保留了所有的记录，并理清了田野工作的每个部分——这些工作很快就变得远比我们想象的要复杂，仅靠我们两人是难以进行有效管理的。因而，我们雇用了两位优秀的研究助理——奥利弗·塞勒斯-加西亚（Oliver Sellers-Garcia）和卡捷琳娜·拉塔科夫斯基（Katerina Ratkowski）来跟上资料进展，整理资料，并建立资料输入形式。当有学生未能按时完成关键性步骤时，奥利弗和卡捷琳娜就会介入进去，代他们完成相应的工作。完全可以说，如果没有他们的努力，这项课程计划肯定会陷入困境。我尤其要对卡捷琳娜表示感谢，她认真建立的电子表格，无论是对于监控研究进展，还是对于组织调查数据，都至关重要。很多学生都对门卫产生了浓厚兴趣，并为这项课程计划提供了持续不断的帮助。其中三位——伊恩·拉波波特（Ian Rapoport）、彼得·格尔金（Peter Gerkin）、迈克尔·罗特佳（Michael Rotjan），尤其推动了这项课程计划在随后一个学期的开展。特别值得一提的是彼得，他做了很多前期租客访谈工作。随后，奥利弗花费无数时间，对资料进行了整理，建立了一个网页，并仔细阅读了每个社区的介绍手册。迈克尔运用自己在地理信息系统（GIS）方面的娴熟技能，制作了标明调查路线的地图。尽管受到他们的帮助，但如果没有亨宁，这项课程计划还是会完全失败。亨宁不但帮我理清思路，组织学生，处理定量化的人口普查数据，而且将整个学期的精力都投入到了这门课程和学生的田野工作上面。

顺便说说，这门课程进展十分顺利。那些接触过有关门卫及其生活之资料的学生，能够直接学习到各种经典的社会学问题，比如从求职的网络效应（network effects）到种族主义的制度基础，从争端发生过程（dynamics of contention）到各种稳定角色的产生。我在附录一中，向阅读本书的社会学家们详细地描述了这门课程。因为我坚信，从引导学生认识我们这门学科之性质的角度来看，使学生们集体协作地进入田野从而形成一项研究的课程可谓益处良多，这样的集体研究也比每个独立部分之和要更为丰富。

我生活在一幢配有门卫服务的大楼之中。最初，我决定不要为了这项计划而去打扰那些在我这幢楼中工作的门卫。跟他们交谈、跟他们在大厅中交往是一回事，但因为其中一方有一个奇怪想法，想要写作一本有关另一方的书籍，从而需要重新界定这种既定关系，则是另一回事。同样的逻辑也可以扩展到我们的邻居身上。对我来说，让那些业已有些复杂的既定关系不要变得更复杂是最好的选择。即使这是我们所有人都会做的事情，我也想要确保，无论我的邻居，还是这幢楼里的工作人员，都不会感觉我一直都在观察他们。或许，一名更好的田野工作者能够管理好这些紧张关系，并通过利用因为长期居住在某个大楼中而获得的有关某个特定社会情境（setting）的详细内部知识来获得深刻的认识。不过，糟糕的是我并没有做到。因为我没有做到，所以，我要确保我的邻居和门卫以及他们的经历都不会被写到本书之中。即便如此，我还是从自己所住大楼的工作人员那里获益匪浅，因而我首先要感谢的应该是他们。

很多朋友都阅读了整部书稿，从而帮助推动了这项计划的顺利开展。我尤其要感谢的是素德·文卡特斯（Sudhir Venkatesh），他很早就阅读了整部书稿，提出了诸多非常有帮助的建议，因而使本书增色不少。与米切尔·邓奈尔（Mitchell Duneier）就民族志工作所进行的深入谈话也帮助极大，使我在一些关键时刻获得了极其需要的信心。随后，他对前面三章所给予的评论意见，显著影响了本书的最终版本。此外，达尔顿·康利（Dalton Conley）、罗伯特·福克纳（Robert Faulkner）、赫伯特·甘斯（Herb Gans）、杰克·卡茨（Jack Katz）、凯瑟琳·希尔弗（Catharine Silver）、亚瑟·斯廷奇库姆（Art Stinchcombe）、查尔斯·蒂利（Charles Tilly）、弗洛伦西亚·托奇（Florencia Torche）、哈里森·怀特（Harrison White）阅读了书稿的倒数第二个版本，并提出了既丰富多样而又十分重要的诸多建议。正是由于他们的帮助，使本书比最初他们阅读的书稿要好出很多，我深深地感激他们在本书书稿上所花费的宝贵时间。在最终面对公众之前，我以前的三位学生——汉娜·布鲁克纳（Hannah Bruckner）、戴维·坎宁安（David Cunningham）、凯瑟琳·斯托弗（Katherine Stovel）阅读了早期的版本，帮助我缓和了语气，重组了材料。毫不意外，他们也是我最为严厉的批评者。西德尼·比尔曼（Sidney Bearman）阅读了整部书稿，并提供了极为有用的编辑建议。本书完成于我访问意大利热那亚大学政治科学与社会学系之际，我深深地感谢系主任乔吉奥·索拉（Giorgio Sola），谢谢他为我提供的绝佳工作环境。有一段时间，哥伦比亚大学社会经济调查与政策研究所（The Institute for Social and Economic Research and Policy）曾是我在现实世界中和学术思想上的家园，多谢该研究所对我的支持，无论是资金上还是实务上，以及最为重要的学术上的支持。

能有机会与道格·米切尔（Doug Mitchell）以及他的那些出色的编辑人员一起合作，是我的极大幸事。艾琳·德威特（Erin DeWitt）校读了整部书稿，其工作给我留下深刻印象，对此深表谢意。

作者们通常都会说明，他们撰写著作往往是其家庭的共同负担。或许，这是我自己的或本书的一项缺点，因为我不能这样说。本书的大部分都是我于每隔一周的周末在家里陪伴爱人亚历山德拉·尼西费罗（Alessandra Nicifero）时安静地写出来的，这正是我们想做的事情：一起工作，不时地喝杯咖啡，完全享受我们正在实际完成某些事情的想法。因此，对于这份厚礼，我唯有深怀感激。和他的好笑的幽默感一样，跟本就他作为一名门卫所从事的工作所进行的交流，对我帮助极大。正当本书几乎难以完成之时，苏菲送给我一个"门卫詹姆斯"作为圣诞礼物①，以示激励。我随时都可以看到"他"，正在推着一扇门，或是无所事事。

谨以此书，献给我的大女儿诺拉！对于我的多数研究计划，她都是一名充满激情的支持者。或许对于这本书也是如此，我将本书献给她。

---

① "门卫詹姆斯"（James, the doorman）是一款小人造型的门挡。——译注

第一章

人际接近与社会距离

第一章　人际接近与社会距离

在这幢楼里发生的最奇怪的事情是什么？我不知道。你问我这个问题，真是太奇怪了。

在多数世界性大都市中，我们都会看到住宅门卫（residential doormen）的存在，但是，犹如贝果一样，他们也是纽约这座城市的典型特征。① 尽管这会让纽约人深感惊诧，因为对纽约人来说，门卫是其自我感和场所感（sense of self and place）的一个核心要素；但是，从未有人想到去研究他们，或去研究更广阔的大厅社会生态（the larger social ecology of the lobby），而大厅正是住户与门卫不断相遇的地方。② 但是，对于那些住在纽约

---

① 与之形成对照的是，巴黎有看门人（concierges），但他们不同于纽约的门卫（doormen），因为他们居住在他们自己的大楼中。在意大利，管理员发挥类似的功能，他们通常是大楼内的住户，大楼拥有者分派给他们这样的角色。在门禁社区蓬勃发展的加利福尼亚、亚利桑那以及其他州，负责管理大门的不是门卫，而是保安人员。在伦敦及其他的美国大都市，有些住宅单元会有门卫；如果抛开这些例外，我们会发现，只有在纽约，才会存在一种门卫人群。至此，我将不再运用"住宅门卫"这样的累赘表述，而是径直谈论门卫。门卫成为纽约城的一部分，已经是很久之事。1927 年 3 月 6 日，《纽约时报》的一篇题为"为了赚钱谋生而闲散站街的纽约人"的文章曾指出："纽约充满了大量'站街等待者'——他们不是无所事事的懒散人员，而是将站街等待作为有钱可赚的工作的人。我们多数时候都可以看到他们站在人行道上，有时看到他们在拱形遮阳棚下面，或者在铺着波斯地毯的大厅的玻璃门内；他们的铜制纽扣、金色织带、华丽制服，为城市街道增色不少。这些满身装饰的人物，在一定程度上延续了马车时代向贵妇们献殷勤的侍从角色。"

② 杰瑞·宋飞（Jerry Seinfeld）（他或许是一名很好的、积极的社会科学家）曾用一整部的电视秀节目来呈现"门卫"这一主题（首播于 1995 年 2 月（转下页）

之外的人来说，这种疏忽则并不那么意外，正如前言已经指出的——不是由于个人经历、研究热情的原因，便是由于对市场畅销的（一般性）敏锐感知，20 世纪 60 年代以来，以田野为基础开展研究的社会学家都主要关注的是边缘人群：黑帮团伙、街边书贩、卖淫女、瘾君子、小偷小摸者，等等。在对这些异常者的普遍关注之外，也会存在一些例外，但这些例外经常也都是与此类似的职业研究，其中，很多研究都关注的是服务业从业人员。比如，有关空乘人员、收账人、厨师、综合性的健康护工（holistic health worker）、送奶工、好莱坞作曲家，甚至指甲沙龙里的美容师，都已有不少杰出的研究。① 在这些研究

（接上页）23 日）。聚集在纽约的其他喜剧演员，也曾精心呈现过门卫的工作惯例。1997 年，有个加拿大电影公司曾拍过一部有关门卫的纪录片，追踪了四名门卫的工作经历，该纪录片名为《所有访客都必须通知给住户：纽约门卫的生活与爱恋》。

① 还有很多其他研究，参见霍克希尔德（Arlie Russell Hochschild）著《整饰的心灵：人类感受的商业化》（*The Managed Heart: Commercialization of Human Feeling*，1983）、费恩（Gary Alan Fine）著《厨房：餐馆工作文化》（*Kitchens: The Culture of Restaurant Work*，1996）、比古斯（Odis E. Bigus）著"送奶工与他的顾客"（*The Milkman and His Customer*）、福克纳（Robert R. Faulkner）著《按需作曲：好莱坞电影产业中的作曲家及其职业生涯》（*Music on Demand: Composers and Careers in the Hollywood Film Industry*，1983）、克莱曼（Sherryl Kleinman）著《上帝面前人人平等：作为职业人道主义者的神学院学生》（*Equals Before God: seminarians as humanistic professionals*，1984）、马斯（Gerald Mars）和尼科（Michael Nicod）著《侍者的世界》（*The World of Waiters*，1984）、怀特（William Foote Whyte）著"餐馆的社会结构"（The Social Structure of the Restaurant，1949）、泽鲁巴维尔（Zerubavel）著《医院生活的时间模式》（*Patterns of Time in Hospital Life*，1979）、康（Mliliann Kang）著《整饰之手：美容服务工作中的种族、性别与身体》（*The Managed Hand: Race, Gender and the Body in Beauty Service Work*，2010）。对人们的"日常"世界进行研究，在社会学中具有相当长的传统。本书在精神上更接近于这一传统，而不是当前的社会学。在此，我们或许应该将"中镇"研究（林德夫妇于 1929 年著《中镇：有关现代美国文化的一项研究》[*Middletown: A Study in Modern American Culture*]）、"肯特"研究（莫兰德［John Kenneth Morland］于 1958 年（转下页）

中，社会学家经常关注和揭示的是人们在前台情境（front-room setting）中对其人格所进行的小心翼翼的整饰，与之形成尖锐对比的是，由各种紧张、冲突和厌恶所构成的、更能表露心声的后台行为（backroom behaviors）①，对于协商秩序的小心翼翼的私下议论②，对于人们发展出来用于过活的各种交易策略和诀窍的深刻认识③。同样地，也存在不少杰出的民族志研究，分析了跟大厅类似的一些复杂情境，比如医院候诊室、工厂车间、公共浴室、休息室、实验室生活、街头角落。④ 但在总体上，鉴

（接上页）著《肯特纺织工》[Millways of Kent]）、"扬基城"研究（沃纳[Warner]和伦特[Lunt]于1941年著《一个现代社区的社会生活》[The Social Life of a Modern Community]），作为我们的主要参照。

① 作为一种便利的分析工具，前台与后台的区分，是被那些追随戈夫曼的学者所引入的，犹如这种区分是真实的，而不仅仅是一种立场（standpoint）的转换。换句话说，认为前台或后台会存在更为本真性、更能体现人格、更具有深度、更诚实或自然的行为，这种观点是毫无根据的。人们也许会感到，他们在后台时会更具本真性，也即，他们会将他们的前台互动视为某种虚伪做作，在后台则并非如此；但是，前台和后台实际上都是表演秀。参见戈夫曼著《日常生活中的自我呈现》。

② "协商秩序"（negotiated order）主要用来让我们理解，互动如何形塑结构，又如何反过来被结构所形塑。也即指，微观互动随着时间流逝而变得模式化、并凝结为社会结构以及有关该社会结构之认知的过程。在这一脉络下，我们若遵循费恩在《厨房》中研究职业文化时所发展的观点，那么，关键问题是，首先，结构性约束如何形塑了我们理解门卫和住户的诸种可能；其次，门卫（以及住户）如何共同对优质服务进行界定。施特劳斯（Anselm Strauss）在《协商》（Negotiations, 1978）中更为明确地发展了协商秩序思想。我们可以认为，多层次分析的初衷就是要揭示出在很多地方都有效运作的（各种）协商秩序。

③ 社会学家运用"交易策略"来指一系列使人们得以过活但又并未言明的做法，比如在劳动行动中，最典型的便是当工人"按照规则工作"时在工作过程中所牺牲掉的那些做法，以及个体对待工作世界的各种社会心理取向。

④ 参见泽鲁巴维尔著《医院生活的时间模式》、布洛维著《制造同意》（Manufacturing Consent）、汉弗莱斯（Humphreys）著《茶室交易》（Tearoom Trade）、怀特著《餐馆的社会结构》、拉图尔和伍尔加著《实验室生活》（Laboratory Life）、列堡（Liebow）著《泰利街角》（Tally's Corner）、安德森（Anderson）著《街头混混：一个城市社区的种族、阶级与变迁》（Streetwise: Race, Class, and Change in an Urban Community）、邓奈尔著《斯利姆的餐桌》（Slim's Table）。

于他们在人口中的分布比例，在日常情境中从事常见职业的那些日常工作者（everyday workers）仍然没有受到应有的社会科学关注。① 这是为何正是我们接下来要讨论的内容。但首先要面对的一个问题是：为什么要研究门卫？

我们或许可以通过类比来为这个问题提供一种回答：回想一下制冰机和表面覆有一层神奇涂层，能让冰块顺利脱出的塑料托盘出现之前的那段时间。那时人们通过扳动一个使冰块破裂的杠杆，破坏掉冰块与托盘之间的连接，冰块就脱开了黏性十足的金属容器。当我还是小孩子的时候，经常喜欢观察冰块中的那些裂缝，正是这些裂缝揭示出了立方体的结构，这种结构通常都隐藏在均匀的光泽之下。为了看清新的事物，我们不得不撬动陈旧的看待事物的方式，为此，我们需要某种杠杆：门卫就是我的杠杆。通过密切观察一种工作、一系列关系以及一种情境，去揭示出缝隙的模式化过程，而我们正是嵌在由诸多缝隙的模式化所构成的（各种）宏大社会结构之中。像所有的立足点一样，这个杠杆揭示出的缝隙，不同于其他杠杆所揭示出的缝隙，因而仍然是有偏向的而不是全面的。但关键在于，它

---

① 但这是社会学的一个常见问题。在社会学中，绝大多数精力都用到了理解人类经验中不足 0.000 01% 的事物之上。比如，在宏观层面，最受关注的是社会运动和革命。不过，微观研究在这方面同样成问题，也即，倾向于忽视支配着我们多数经验的连续性法则（continuity principle）——刚刚发生之事很可能会继续发生这是一个简单事实，比如我们在高速路上驾车行驶的经验，我们后面的车辆很可能会在我们回看后的下一秒仍然落在我们后面，或者比如我们在街道上行走的经验，道路很可能始终在我们脚下，而我们的脚将持续地向同一个方向行进，除非改变行进方向，等等。由于对此无话可说，因此，社会科学具有类似的趋势，总是倾向于避免谈论日常惯例。

们揭示出的各种过程、动力、模式,对于我们理解各种各样的其他脉络和问题却很有助益。

紧　　张

第二种方式的回答则可以更为具体一些。正如前述所言,出于诸多原因,门卫可以作为一种策略性杠杆,使我们更好地理解社会结构。首先,尽管很多服务业从业人员都会跟来自不同社会阶层的人们发生零星接触,但门卫则是跟社会精英进行着长期的重复互动,通常长达多年。在这一脉络下,随着门卫和住户对于他们之间关系的性质和意义提出诸多要求,地位标识将会得到高度发展,且十分微妙。于是,对于门卫与住户之间互动模式的微观分析,将会促进我们更深刻地理解区隔、社会距离和社会阶级在当代美国社会所具有的表意性质。此外,门卫还是一种新型职业群体的范例,最好称之为"职业性的工人阶级"(professional working class),这种群体体现了美国的社会阶级经由职业修辞的棱镜而被折射出来的各种复杂方式。

其次,为了更好地工作,门卫不得不发展出有关其住户的各种理论,并按照这些理论来行事。在这一意义上,出色的门卫同时也是出色的社会学家。然而,当门卫以这些理论为基础采取行动的时候,他们会无意地导致和固化那些在宏观层面上运作着的族群和种族裂痕。门卫如何获得和从事他们的工作,他们如何管理访客、住户和时间安排，他们如何看待自己的角色、职业生涯以及住宅大楼的世界，无不反映了美国社会宏观的种族和阶级结构。就此而言，门卫跟警察较为类似，因为警察按照自己有关犯罪的理论所采取的警务策略，可能会导致能够确证其理论的逮捕率。

其三，研究门卫可以揭示出有关日常生活语法的某些东西。这种语法正是本书的关注焦点，也即，组织各种社会互动、形塑不同决策、驱动日常行为的那些并未言明的准则。本书的观点之一便是，看清社会语法的最佳途径就是关注社会互动中的各种紧张和矛盾；当我们从多种不同角度（一般是跨越各种不同层面来）看待社会互动时，其中的紧张和矛盾就会凸显出来。① 由于这一点过于抽象，我们可以通过思考下面列出的一系列矛盾，来更好地实现聚焦：

找到一份门卫工作，看起来既不可能，但又太过于容易。门卫工作如此难以获得，以至多数申请者从未能迈入大门。但是，门卫们从来都不认为门卫是他们想要的工作，而是认为自己只是跌跌撞撞地碰巧进入这一行的。那么，门卫工作为何既

---

① 对于分类性的亲疏体系的分析，也许为我们提供了一个恰当的范例。按照列维-斯特劳斯（Lévi-Strauss）的观点，我们只会思考调节着联姻和血统问题的规范性准则。换句话说，按照霍曼斯（以及其他人）的观点，我们只会从单一角度来思考观察到的交换（exchanges）。最好是能够同时从所有角度分析各种关系的所有方面。后一种方式的价值在于，可使我们看到微观层面的各种不对称和矛盾在宏观层面得到转化，它们会凝结为某种持久的结构，这种结构尽管难以被人认识，但却是真实的。参见列维-斯特劳斯，《亲属关系的基本结构》（*Elementary Structures of Kinship*）；霍曼斯（Homans）和施耐德（Schneider），《婚姻、权威与最终原因》（*Marriage, Authority, and Final Causes*）；比尔曼（Bearman），"一般化交换"（Generalized Exchange）。

容易获得而又难以获得呢？

多数门卫都不觉得自己是种族主义者，但几乎在所有的大楼中，来访的黑人或其他少数族裔受到的待遇都不同于白人访客。为何跟白人相比，少数族裔会更多地被门卫阻挡在外？这跟门卫们获得工作的方式是否存在联系呢？

多数门卫在多数时间都很无聊，而多数住户都看到门卫们整天无所事事。然而，当住户需要他们时，门卫们却往往忙碌不堪。但同时，门卫们都说他们很无聊，他们汇报说自己的工作压力非常大。他们为何既忙碌不堪而又无所事事呢？门卫们如何努力地向住户表明自己为他们服务的热忱，即使当住户认为自己需要服务时，门卫们却并不能提供服务？

每个人都很关心"圣诞奖金"（Christmas bonus）。那么，它是一份礼物，还是一种勒索，抑或二者都不是？为何奖金会产生不合情理的刺激作用？为了给门卫较多的而不是更少的奖金，住户会搭邻居的便车吗？住户很关心他们在全体住户中间的地位。尽管门卫喜欢更多的奖金，但他们并不会根据奖金多少来相应地改变其行为，所有事情都是一律平等的。门卫们对于奖金的反应受到其职业承诺的约束，因而他们不得不对其职业行为给予某种独特的解释。这是否是失败的原因？

对于门卫来说，他们对职业地位的要求是其自我感的核心所在。有关其工作的形式准则意味着普遍主义，然而，门卫们却努力使住户们产生特有的偏好，而很多这些偏好都是违背大楼管理规定的。于是，提供专业化的服务将需要门卫们对不同的住户采取不同的行动,从而积极地形塑住户的偏好。那么,他们如何在提供个性化服务与保持对普遍主义服务规范的正式承诺之间维持平衡呢?

门卫们以及很多住户都认为门卫的主要工作是安保;但是,很少有门卫可以回忆起,他究竟做过哪些与安保有关的事情,除了防止某些住户的行为侵害其他住户。为何安保在住户和门卫的日常经验中都只是微不足道的部分,但它却是门卫们描述其核心角色任务时的主要措辞呢?

门卫工会腐败严重,臭名昭著,但参加工会的门卫们所获得的工资和福利,却足以使他们成为工人阶级中的精英。住宅公寓里的门卫会帮助住户筹备门卫罢工期间的应对措施——以便取代他们——因而他们似乎扮演着工贼的角色。反之,住户也会帮助门卫来对抗其管理层。这种奇怪的联盟模式是如何形成的?尽管现在结束了,但工会腐败的历史是否与门卫的高工资具有正相关?

这些以及其他的一些紧张和矛盾,为本书提供了一定的原始素材。从某种分析性角度来看,这些紧张为社会学家提供了各种缝隙,通过这些缝隙,我们可以进入到他者的世界之中。如果没有这些紧张,人们只能看到各种清楚明确的规范性规定,犹如在溜冰场对外开放的那一刻在溜冰场上溜冰,可以让人见识到早高峰时上班的颠簸和曲折。说到底,为了理解世界,我们需要关注摩擦(friction),对摩擦保持敏感,因为摩擦有助于揭示出那些将社会生活组织起来的潜在语法。

社会距离，或楼上/楼下

上文所描述的所有那些紧张所涉及的核心问题是，在保持着巨大社会距离的情况下，门卫和住户如何协调他们之间的人际接近性（interpersonal closeness）？门卫与其住户之间的空间距离很近，但他们之间的社会距离却很远。他们对他们的住户了解很细：既知道他们吃什么，看什么电影，与谁交往，也知道他们是否会饮酒过多，是否经常加班，是否与孩子玩乐，是否辱骂妻子，是否有性癖，是大方还是小气，是平易近人还是脾气暴躁。他们通过往往多年的直接观察和间接观察，可以推断出很多有关住户的信息。住户也都知道，门卫了解他们的很多事情。在谈到门卫的时候，住户们都会通过很多方式来努力消除这种了解给他们造成的影响。比如，他们会将门卫纳入他们的私人领域或家庭领域之中①，或者将这表达成他们对门卫的"依赖"，或者将其作为确保其居住场所安全和安稳的必要副产品。同时，住户对门卫工作之外的生活的了解，通常都是少之又少，因而他们之间关系的接近性具有很大的非对称性，受制

---

① 住户经常将自己大楼中的门卫视为"家庭的一部分"，极为类似于有人将他们的宠物视为自己家庭的一部分。或许，有读者会认为这一比喻有些刻薄。然而，无论对宠物还是门卫，"他们是我的一部分"这种修辞策略实在是太过于常见，以至我们不能视而不见。住户虽然并未将门卫视为动物，但"他们是我家的一部分"这种修辞显然是高人一等的，将它用到门卫身上，跟用到动物、小孩子的玩伴等对象身上是没有任何区别的，都是以同样的方式表述的。我想，用在门卫身上的这一措辞发挥着同样的"功能"，也即，通过在修辞上将门卫拉入自己的私人领域之中，使门卫对他们的了解变得"自然而然"，从而使其无效化。

于他们之间所存在的显著的社会距离。门卫和住户在大厅中进行的互动，以及住宅大楼的独特生态，都是在社会距离很大但空间上又十分接近的一块"窄滩"上被形塑而成的。上述所描述的那些特有的紧张，多数都源于这个根本性的社会学要素；将大厅中的社会生活组织起来的多数日常语法，都反映了空间接近与社会距离之间的这种根本矛盾。

　　在其他的一些范例和事例中，空间接近和社会距离也可能会对互动的组织起到核心作用。在历史上，空间接近与社会距离之间的社会学张力是通过否定他者的社会身份来简单解决的，比如奴隶制或导致社会性死亡的其他身体和心理方面的措施，这种做法至今都在某些情况下得到保留。这种系统的社会学"诀窍"在于，将对他者的极端否定作为一种策略，来消除经由身体的空间接近而产生的亲密性，比如沐浴更衣、日程安排、贴身服侍、喂人进食、身体护理等情境。在这样的系统中，侍者或用人在社会意义上被界定为死者——无任何利害关系之人。因而，他们对主人的熟悉在社会生活中毫无用处：作为社会意义上的死者，他们的存在仅仅在于服侍主人。其中一个有代表性的群体是奴隶，可与之比较的另一个例子是家长制社会中的某些家庭成员，他们的社会性死亡是通过身体或精神上的外在干预而实现的，比如中国宫廷中的宦官或皇家国库中的司铎。但这些都是主要存在于过去的系统和文化中的极端解决方式，因而并不能用到生活在住宅大楼里的那些作为中产阶级或上层阶级的纽约人身上。尽管门卫和住户之间的社会距离也许极为遥远，但我们在文化上却难以将其界定为无边无际。于是，经由彼此关系而产生的接近性（closeness），必须得到较为微妙的调节。本书正是要讨论这种微妙调节。

对于很多人来说，也许会自然地认为，可将本书视为一项有关楼上/楼下动力学（upstairs/downstairs dynamics）的研究。① 对于年轻读者来说，《楼上楼下》是美国公共广播电视公司于1970年代转播的一档非常受欢迎的英国电视节目，主要关注的是一战前后一个英国上层家庭中用人与主人之间的社会互动。《楼上楼下》刻画了很多事情，但大体上叙述了英国阶级结构在一战后的日益解体和工业劳动力的逐渐产生。其主要叙述情节聚焦的是，家庭内外的各种事件如何对贝拉米一家（楼上）和他们的家庭用人（楼下）构成的两个平行世界造成了各种不同的影响。这个电视节目的精彩之处在于，它很好地揭示了同时并存的现实，两种现实靠居住场所连接起来（贝拉米一家的主要居住点伊顿广场165号），但随着阶级结构的解体，当两个世界之间的亲密无间崩裂为一个充满家庭秘密、敲诈勒索和仇恨报复的世界时，两种现实之间的联系就被打断了。将我们的研究与这个电视节目进行类比，在有些方面是恰当的，但在很多方面却是具有误导性的。尽管门卫—住户关系与主人—仆人关系在亲密程度方面是可比的，也是非对称的，但两种关系的性质却是截然不同的。在宏观层面上，英国阶级结构中的不同阶级在世纪交替时期所形成的极端的阶级隔离并不同于当今社

---

① 《楼上楼下》是1970年代中期在英国电视台上播出的一部共有五季的电视剧。

会状况，至少不同于本研究所关注的住宅公寓中的状况。如今，极端的阶级（或种族）隔离曾经为上层精英提供的、可将其从与家仆（或奴隶）的亲密接近中隔离出来的那些重要缓冲，已经荡然无存。于是，对空间接近与社会距离之间的界限进行协商的各种策略，在如今变得更为复杂和微妙了。

也就是说，这种类比在如下方面是恰当的：《楼上楼下》关注的是，工人阶级个体如何学会解释和回应精英的喜好，并有时会在某种情境下形塑精英的各种偏好；也即，为了做好他们的工作，他们必须发展出有关他们需要以部分信息为基础来与之互动之人的各种一般性理论。需要发展出有关他们工作对象的各种一般性——日常性——的理论，这一点使门卫不同于离客户很亲近的其他一些职业人士，因而在这个更广泛的背景下来认识门卫工作是相当重要的。可以考虑一下我们所谓的"近距离专业人士"（close professions）。律师、医生、精神病医生、老师、社会工作者和私人顾问跟自己的客户都非常亲近，因为他们通过自己提供的服务，了解了很多有关客户的信息。这种接近性被一些重要事实所掩盖了。首先，那些近距离专业人士几乎都与他们服务的对象具有同样的甚至更高的地位。相比之下，门卫们服务的对象往往具有较高的社会地位，与门卫保持着较远的社会距离。

其次，或许更为重要的是，那些近距离专业人士在很大程度上了解的仅仅是其客户的某些方面的生活，这些方面正是他们的专业领域所在，同时客户也同意将自己在这些方面的生活透露给专业人士，这是他们之间专业关系的必要组成部分。比如，老师也许会观察学生，并通过这些观察来推断学生的家庭情况，但他们对学生家庭背景"资料"的直接访问却是受到限制的。同样，银行家也许会怀疑他们的客户是这种人或另一种人，但他们的权责范围却仅限于财务方面的事情。精神病医生可能会透彻地了解到病人的思想认知和行为惯例的最深处，但是，这种透彻了解是以病人同意将这些信息提供给医生为前提的，尽管他自己并无法获得这些信息。围绕合法性"专业"资料的种类和内容所划定的各种界限是比较严格的。这些界限可以提供某种缓冲，使那些跟近距离专业人士发生接触的人可以根据自己的意愿来隔离不同的领域，从而仅仅开放那些他们认为特定专业人士应该进入的领域。

与之相反，门卫则受到某种规范性期待的约束，那就是期待他们提供统一的服务。他们对专业地位（professional status）的声称/要求，取决于他们有能力来回应、解读和（或）引导住户之间的各种差异。但跟近距离专业人士不同的是，影响门卫提供专业服务（也即个人化）之能力的知识，并不受先前业已存在的各种社会惯例的限制，这些社会惯例往往约束着相关的知识领域结构。对于门卫来说，知道住户可能会（或不会）看哪些电影，也许比详细了解住户的财务状况，要更有助于其提供个人化的服务。如果说近距离专业人士是通过对各种知识领域的自我隔离来与客户保持距离的话，那么，这种隔离并不是住户和门卫们所可资运用的策略。

与客户保持较远的社会距离，但却在工作上与其十分接近，或许还有很多我们更为熟悉的这种职业的例子。犹如保姆或护理工一样，门卫也认为，为了更好地做好工作，他们必须了解其住户（客户）的广泛的日常生活。这种了解并不是出于下作的理由，而是为了提供更为专业的服务，也即量身定做的服务。对于很多门卫来说，用来建构方便自己做出决策之理论的信息只是地方性知识而已。也就是说，这些知识源于他们在大厅中进行的观察，并且仅在大厅中得到运用和重视。然而，如果住户和门卫对此进行抽象思考的话，他们就会认识到，门卫了解住户的很多事情，而这些信息往往是私密性的，这种了解经常比住户的家人、朋友、熟人所了解的还要多。总之，门卫与住户在空间上是接近的但在社会距离上却是遥远的，他们如何处理这一事实，是大厅社会生态的一个基本要素。

对于很多住户来说，门卫的接近或许会令他们很不舒服。跟很多专业人士收集客户的特定类型信息以便提供更为专业的服务不同的是，门卫们会广泛地收集各种表面信息，而这些信息大都是高度私人性的，因为它们都是从家庭中产生的。门卫收集到的有关住户的信息量是很大的，尽管这些信息都极为零散和琐碎，比如寄来的影碟、订购的食物、来访的客人。

如果社会学家打算着手研究他们的垃圾，住户可能不会在意，尽管他们的垃圾将会透露出他们生活的很多方面。他们之所以不会在意，是因为他们并不认识那个社会学家，也不认识那个社会学家所认识的人，因而无需每天都面对那个社会学家了解他生活的某些方面这一事实。人们知道我们的很多事情，只要我们无需面对他人知道我们很多事情这一事实，就会在很大程度上忽视这一点。我们自然也会对那些靠近我们之人产生好奇心，也会像门卫一样观察他人，但我们通过观察所获得的有关他人的信息基本上是无用的。这种信息对门卫来说却不是无用的，因为这种信息是他们向住户提供个人化服务的必要基础。当然，门卫并不关心住户吃中餐还是比萨——尽管他们也会看到这一事实。同样，门卫并不关心住户的朋友；但是，他们关心来访的是些什么类型的人。由于他们必须对访客快速做出决策，而访客们往往会通过各种迹象有意或无意地透露出自身的地位、动机和目的，因此，门卫必须依靠他们对住户的了解为基础，来解读访客身上的各种迹象。最后，门卫也许并不关心住户收藏葡萄酒本身，但他们经常关心的是，通过他们可以观察到的住户开支模式来估计住户的财富多少，于是他们会留心观看住户的消费模式。

在此，可以说，他们之间的社会距离起到了天然的缓冲作用。在生活机会和社会阶级方面，门卫跟他们的住户之间存在很大距离，这意味着他们的世界在理论与实践上很少会重叠。这还意味着，犹如对待管家等人一样，住户应该能够轻易地忽视他们知道门卫对他们了解很多这一事实；因为对于所有实际用途来说，门卫都是"社会意义上的死者"。也就是说，门卫并未进入到住户的世界之中。如果门卫满足于成为一名只是开门和遵守规则的机器人的话，那也许很好，然而，无论住户还是门卫，都不愿意这样。住户想要感到自己是与众不同的，门卫则想要提供专业化的服务。住户想要知道，他们的门卫知道向谁行礼，不向谁行礼。门卫想要知道，他们的住户想要谁来访，不想让谁来访。因为住户想要与众不同，门卫想要服务专业，于是，门卫不得不"接近"住户。

由于对于某个人的了解部分源于对其行踪（来访、离开、递送物品）的观察，因而，为了为每位住户制定一种服务模式，门卫们需要时刻关注人流来往情况。这一模式将有助于门卫与住户之间关系的发展，使门卫在提供定制化服务的过程中"坦白"某些信息——从而消除他们是社会意义上的死者这一虚构。那些看到门卫们敞开心扉的住户，也会赞同交易条款，因为这将使他们确立某种关系，从而使门卫将自己所知道的信息封存起来。某种关系的建构，并不是敲诈勒索。门卫们几乎从未将他们所知道的信息，作为伤害住户的潜在线索。相反，他们将他们所知道的信息视为一种媒介，以便使自己的工作做得更好，为住户提供更加特殊化——也即专业化——的服务。在这种关系中，住户则可以找到某种方式，来控制信息的同时又达到区隔的目的。

门卫和住户双方都运用他们之间的关系来建立和支持他们自己的地位要求。跟我们观察到的那些直接受雇于雇主的近距离"帮忙人士"相比，门卫与住户之间具有一种截然不同的动态互动过程。当门卫和住户同步行动时，他们会共同建立、合法化和支持他们的地位要求。如果住户要与众不同，他们就必须拥有专业化的门卫。如果整个系统要得以运作，双方就必须架通空间距离过于接近和社会距离过于遥远之间所存在的巨大鸿沟，承认这一鸿沟但通过专业服务这个棱镜将二者联系起来。就此而言，我们可以说，他们之间的关系是通过对专业地位提出合法要求的能力来予以规范化的。但这仅仅是解决空间接近与社会距离、楼上与楼下、田间与房舍同时存在问题的一种方式。犹如所有的解决方案一样，这种解决方案也会导致其他的，或许也更小的一些问题和紧张、前后矛盾和含糊不清。正如前述所言，关注空间接近/社会距离这一难题的诸多痕迹，是一种有效的推进方式。

有关门卫的社科研究文献

按照惯例，一本学术著作应该回顾和讨论对于所讨论话题的已有文献。我已经指出，在社会科学文献中，没有人研究门卫。于是，如果狭义地理解，这样的文献回顾将会十分简短。然而，门卫并不是全然缺席的。相反，有两种不同的文献间接地提到了他们。第一种是有关调查有效性的文献，另一种是有关职业声望的研究文献。在第一种文献中，人们发现，门卫经常阻止社会学家去进行入户访谈，从而导致了调查有效性问题。在此，我主要讨论的是社会科学文献关注门卫的方式，首先关注的是他们对人员出入的管理，其次关注的是地位和声望的重要意义。尽管似乎都很间接，但这些问题却都跟门卫的经验有关，现在对它们的讨论将会在很大程度上影响我们的研究取向。

调查方法研究

如上所言，门卫们竟然出现在一种晦涩难懂的文献，也就是有关调查设计、调查无应答（survey non-response）、入户调查偏差等问题的研究文献之中。他们之所以出现在这种文献之中，不是因为他们是调查研究的抽样对象，而只是因为他们工作尽职尽责、考虑周全。他们的工作内容之一，就是挡住那些住户不愿意见的来访者。很少有人愿意跟调查者和访谈员谈话，因而，以按住户要求挡住不速之客为工作职责的门卫，当然会阻止调查研究人员进入楼栋去找他们的应答者；或者，从勤勉敬业的门卫角度看，他们作为潜在受害者，也会组织调查人员进入。在研究报告、专著和十多篇研究论文（都发表于以政治调查或社会调查为主要选题方向的同行评议期刊上）中，我们会看到，它们都会提到我所谓的"门卫问题"（doorman problem），也就是样本偏差的问题。[①] 严格来讲，这不是"门卫问题"，而是住户问题。

正如我们从大量的调查说明中了解到的，那些存在样本偏差问题的调查是缺乏科学价值或预测价值的。比如，如果我们想要了解人们的政治态度，我们调查多少人并不是最为重要之事，最重要的是我们去调查谁。因为多数调查都会努力让足够多的人来参与，于是，影响评估调查发现有效性的实际问题就是，应答者是否可以代表调查所要推论的总体人口。尤其是，调查有效性不是以调查对象的数量或应答率为条件的，而是以偏差为条件的。我们在调查设计中都会希望

[①] 参见，斯密斯（Smith），"隐而不见的25%"（The Hidden 25 Percent）；伍德沃德（Woodward），"公共舆论研究：1951—1970"（Public Opinion Research 1951—1970）；里斯曼（Reisman）和格雷泽（Glazer），"舆论的意义"（The Meaning of Opinion）。——原注。原文脚注和参考文献都将里斯曼该文错印为"The Meaning of an Opinion"。——译注

应答者没有回答的问题是特质性的,是跟研究中的任何因变量无关的(研究者会通过因变量与自变量之间的相关性或因果关系来寻找解释)。① 面对"门卫问题",这一希望是不可能实现的,因为门卫会阻止调查人员接触到富裕人士。于是,对于城市人口来说,只要门卫正常工作,调查样本中就只会有很少的富裕人士或某个富裕群体成员。这倒不是因为特别富裕之人是最难以令其参与调查研究的群体之一(另一个群体则是最贫困人群,但却是因为不同的原因),而是因为门卫的存在使问题变得更加严重。②

虽然本书的核心不是调查研究,但是,社会科学文献最经常提到门卫是因为社会调查中的偏误,这一事实对我们具有很大启发。门卫的工作就是,站在住户和外部世界的需要之间。他们承受街头的压力,是为了将他们的住户隔离出来。他们不像酒店门卫等其他服务人员一样,需要在卑躬屈膝的服务中吸收街头污染(象征性的),尽管他们跟酒店门卫等服务人员一样,具有类似的工作任务。但他们工作经验的核心层面之一,就是为住户提供这样的缓冲。门卫们从事其工作的方式不是卑

---

① 认为应答者的特征对其应答情况的影响是独立于因变量的,这种观念似乎有些荒谬,因为导致人们未能参与调查的所有事情,在极端情况下,就是将他们跟参与调查者区别开来的那些特征,因而从某些理论的立场来看,它们也许跟我们感兴趣的因变量具有某种因果联系。比如,未参与调查者可能比参与者更为工作繁忙,更频繁地外出工作,更害怕接听电话,更不友好或更为悲伤,等等。我们经常可以(事后)建构某种理论,将筛选的基础跟观察到的结果联系起来。

② 一件有点离题的有趣事情是,纽约市有五百万棵树,其中有一半以上都在大门里面。据报道,检查员必须去检查每棵树上是否有导致荷兰榆树病的甲虫,但由于门卫的存在,他们难以轻易进入长有树木的公寓之中。

躬屈膝,而是要提供专业服务,这正是本书的核心主题。

职业声望研究

鉴于分层在各种人类社会的组织中所具有的核心地位,可想而知,多数社会学研究都会触及对分层体制和分层动力的分析。在此,我将讨论这些分层体制的一个层面——声望,因为正是在这一脉络下,我们可以看到门卫受到一定的关注,而这已经暗含在我们前述对门卫角色的分析之中,也即,他们的角色在住户和街头无序之间扮演着缓冲作用。通常认为,职业声望跟仪式性纯洁(ritual purity)紧密相关。① 在相对声望体系中,具有最高声望的那些职业群体,往往跟日常生活中的不洁事物保持着最少的接触——尤其是作为人类副产品的那些不洁事物,从各种各样的身体排泄物到心理排泄物,或者我们通常称之为"人类/人的问题"(human problems)的那些东西。于是,在所有社会中——无论是种姓制的印度社会(仪式纯洁的逻辑在该社会中得到复杂细致的贯彻,甚至体现在表示食物的习语之中),还是各个现代工业化社会,服务业工作都处于职业

---

① 通常引用的最大权威是道格拉斯,比如她的《洁净与危险》。韦伯的《经济与社会》和杜蒙的《阶序人》也发展了这样的观点。在美国,最著名的研究是霍奇(Hodge)、西格尔(Siegel)和罗西(Rossi),"美国的职业声望:1925—1963"(Occupational Prestige in the United States, 1925—1963)。还可参见,科恩(Cohn),"社会地位与暧昧性假设"(Social Status and the Ambivalence Hypothesis),该文开篇便写道:"我们倾向于高看医生而不是门卫……在本文中,我们将致力于回答为何会如此这一问题!"

声望体系中相对较低的位置。①

尽管门卫的职业声望要比擦鞋匠高，但他们仍然低于商店服务员、警察（他们需要处理犯罪活动所构成的无序和不洁）和很多产业工人，而擦鞋匠可能是声望最低的职业。②尽管跟声望等级体系中位置更高的那些工作相比，门卫的工作要更干净（尽管比白领显得要蓝领一些）、报酬更高、更少产生排泄（比如汗水），但他们的职业声望仍然很低。门卫警察都会穿着统一制服，就像白领表示工作时很少出汗一样，门卫的制服则象征着纯洁干净——比如白手套。然而，他们穿着统一制服虽然旨在表明纯洁干净，但这一简单事实却成为他们在美国社会环境中地位较

---

① 读者们也许会认为自己可以拒绝这一观点，反驳说，在美国，无论如何，有两种服务性职业——医生和律师——具有很高的声望。但有趣的是，正如安德鲁·阿伯特在1981年的一篇重要文章"各种职业内的地位和地位紧张"（Status and Status Strain in the Professions）中所指出的，在每个职业内部，高声望人士会显著地远离服务。也就是说，在医生职业内部，声望很低的医生通常是需要跟人类生活排泄物进行日常接触的那些人——普通内科医生，而那些具有最高声望的医生则往往都是远离其顾客的，即使他们的工作需要与人进行接触，那也是不流血的（比如微小的脑部手术），是通过各种工具进行的，这些工具起到了将医生与人体紊乱隔离开的中介作用。同样，对于律师来说，那些声望最低的律师需要跟乱七八糟的人间杂事频繁接触——通常是离婚律师、执业家庭法律的律师、处理交通事故的律师等；而那些掌握着公司法或宪法之奥秘的律师，则拥有最高的声望。有关印度种姓制的逻辑和食物的习语，杜蒙的《阶序人》和马里奥特（Mariott）的《通过印度教的各种范畴看印度》（*India through Hindu Categories*）分别提供了理论探讨和经验分析。

② 奇怪的是，擦鞋匠的职业地位比商店售鞋员还要低，而商店售鞋员在服务客户的时候，保持着擦鞋匠一样的顺从态度，甚至可以说，他们需要与顾客保持更多的个人接触，当顾客脱下鞋子的时候，会以气味、汗水等形式将脏物展现给售鞋员。但与擦鞋匠相比，售鞋员与脏物的接触程度是很低的，因为顾客脱下自己的鞋子（由于与街道的接触而潜在地受到了污染）后，售鞋员需要处理的是象征性地消过毒的脚（至少穿着袜子）和新的（因而在仪式上尚未被污染）的鞋子。与之相反，擦鞋匠则会不断接触和吸收街头脏物，它们都被粘在鞋子上。在一定意义上，住宅门卫和酒店门卫之间也存在着类似的区分。

低的标志。人们很难无视统一制服的消极意涵。正如上东区的一名门卫艾萨克所言：①

> 你会看到，很多美国人都不穿制服。我有一个美国同事，他不戴帽子，因为他认为这是有损身份的。于是，他不戴帽子，他总是摘掉帽子。他认为那是有损身份的。你知道的，你也许长得帅气，但如果你穿上制服，所有好看的女人都会对你视而不见。她们会对你很有礼貌、和蔼可亲、面带微笑，但你不能跟她谈恋爱，因为你一无所有。但是，对你来说，这就是曼哈顿。我们曾谈过……他说他遇到他的女朋友、一个美国女孩时，那个女孩发现他是一个门卫、在一个大楼里工作后，就不愿意

---

① 本书中的门卫名字都已经做过改变，如有必要，我会用社区名称来表示他们服务的住宅位置。对于改变名字的好处，我有着复杂的感受。一方面，我同意邓奈尔在《人行道王国》（Sidewalk）中的观点，他指出，改变研究对象的名字经常保护的是作者而不是他人。可能确实如此。但是，人类主体关注的不只是是什么，而且还关注可能是什么。因而，除了人行道上的小书贩等不属于任何一个正式制度世界中的人之外，人类主体的关注必然需要确保他们参与时的匿名性；于是，对于应答者身份的演绎性披露（deductive disclosure），我们必须保持敏感，因为我们永远都不会知道，应答者的哪些评论、分析、描述或解释将会具有潜在的伤害性。科学的"全面披露"制度的潜在影响，也是成问题的。对我来说，似乎只有那些最冷酷无情的民族志学者——如果他们不通过改变应答者姓名来保护他们的话，才会毫无顾忌地报道他们那些并不吸引人的事情。如果这些并不吸引人的层面，对于理解是至关重要的；那么，在全面披露制度之下，要么科学就会成为一个严酷而无情的限制性领域，要么我们就会在描述的丰富性和精确性方面遭受某种集体损失。于是，跟多数事情一样，背景的实际需要（the practical demands of the context）应该塑造我们所采取的民族志研究的基本取向。在此，为了减少身份的演绎性披露机会，每个人的名字都根据族群性进行了随机处理。因此，我们不能假定"费尔南多"（Fernando）就是西班牙人或"瑟尔邦"（Serban）就是东欧人。第二，对于被访者的语言，我们也进行了一定的"清理"。删除了诸如"嗯""啊""嘿"和过多的"就像"等措辞。同样，对口语性的措辞，也进行了一定的"常规化"处理，比如"gonna"就经常直接翻译为"going to"，诸如此类。当可以根据口语实用情况推断出族裔身份时，尤其需要做出如此处理。

跟他谈恋爱了。她甚至不会在他工作的时候见他,她只是听说他的工作而已。我想她可能是电话里知道的。不是说移民、东欧人、波兰人或西班牙人,主要是美国人,我在说的是白种美国女孩,她就生活在这个地方,一看到你穿着制服,就好像你有什么问题似的,是你有什么问题。就好比在说:"这就是你能够拥有的一切,这就是你的一切?"这是很严酷的现实!我跟你讲的都是经验之谈,不过,如果你很有钱,你可以秃顶,你也可以肥胖,你还是可以有很好的姑娘。这就是现实!这就是现实!

门卫的职业声望低于商店店员和服务业的很多其他工作人员,这一点是相对稳定的。但他们的地位并不代表他们的收入,门卫的收入也许要比商店店员高很多。门卫的声望之所以低于其他职业,是因为他们的工作是要协调住户与街头之间的关系,从而会吸收很多不洁的东西。也就是说,门卫工作似乎意味着仪式性污染(ritual pollution)。污染程度是有差异的。擦鞋匠吸收街头最脏的东西——被粘在鞋上的东西。就社会污染而言,住宅门卫要比酒店门卫好一点。因为酒店门卫要处理一种特性类型的不洁,也就是由于在他们与街道之间缺乏明确界限而产生的不洁。进入大楼的任何人,都需要服务。住宅门卫则与之不同,他们面向的是他们的住户、住户的客人以及服务于他们的人。于是,住宅大楼中的服务关系要相对远离街头上的不洁事物。这并不意味着住宅门卫不需要管理街头事务。实际上,他们是需要的。

我们从已有的社会科学文献中能够学到些什么?只能得出一些简单的认识。第一,门卫们工作尽职尽责。他们的工作内容之一是管理街头事务，而管理街头事务的内容之一是阻止某些人去见其住户。第二，由于门卫要管理街头事务，所以，他们也要管理各种不确定性和吸收诸多不洁之物。他们为住户提供了某种缓冲。于是，门卫经常被视为是声望较低的工作。第三，门卫会统一穿着制服（多数情况下）。他们穿着的制服向别人传达出有关他们工作的一些信息，使他们跟他们服务的住户区隔开来（当然是通过他们穿着的制服）；他们的制服象征着他们不同寻常的位置，标志着外部街头与公寓之间的界限，表示着他们与住户之间空间距离接近但社会距离遥远。

社区、大厅和门卫

本书主要关注的是在大厅里**工作中的**门卫。[①] 具体关注的是，门卫与住户之间谈些什么，门卫知晓其住户的哪些事情，以及门卫如何看待他们的住户。关注的是他们的工作生活，尤其是门卫们以何种方式来应对他们与住户之间空间距离接近但社会距离遥远这一处境。关注的是门卫的日常经验，以及城市

---

① 也存在一两个女性门卫，但我们的样本没有抽到她们。门卫这一职业几乎全都是男性，或许比这个国家中任何职业的男性比例都要高。于是，本书对门卫的讨论，始终将其视为男性。纽约市的第一位女性门卫是1971年开始从事这一工作的赛迪·萨顿（Sadie Sutton），她还是《纽约时报》上一篇长文的主人公，该文题为"她是一名女性门卫"。至此，东65街315号大楼经理开始决定雇用一名女性。不足为奇的是，正如我们在第二章将会发现，萨顿是通过一种"弱关系"而获得这一就业机会的，一名曾经与她共进晚餐的邮差听说了这个职位空缺的消息，并将这个消息告诉了萨顿。

与他们在城市中生活和工作的那些场所。还关注住户如何看待门卫,他们如何努力"管理"门卫,他们的恐惧和担心。总之,本书关注的是,各种角色结构和日常生活语法在田野场景——社区和大厅中的再生产,门卫和住户经常就出现在这些地方。在此,我会考虑一些尤其显著的方面,尽管配有门卫的各个大厅和社区之间会存在很大差异,但在异质性的表面之下则潜藏着重要的一般性常量。

对于社会学的奠基者和芝加哥学派传统的追随者来说,城市对社会秩序的形成造成了诸多特殊的问题。相对于乡村中厚实的、多种意义的、持续性的互动世界而言,城市互动则往往被视为稀薄的、片段性的、工具性的和单一意义的。人们担心,在诸多刺激的狂轰之下,城市居民会转向内心,将自己隔离出来,以免受到街头混乱的侵入;他们不再"对外开放",因而也不再为集体利益做贡献。① 城市生活的强度,以及城市本身,可被视为一种动因(agent),它将市民和栖居者转变为居民和住户。在这种背景下,社会学家们长期以来都在苦苦思索,城市世界中短暂的、工具性的、经常令人反感的际遇如何能够维持整个社会架构。

对于这一问题,有很多形式的回答。最佳答案之一是,社

---

① 从随意观察就可以看出,转向内心这一趋势似乎在日益增强。为了应对这种复杂性,城市居民似乎将彼此高度地隔离开来,尤其是跟他们的乡村同胞和郊区同胞相比。他们似乎是闭关自守的。如今,除了从家里带到街上的那些声音之外——无论是他人在电话里的声音还是iPod和随身听中的音乐,城市世界的可视盔甲(visible armor)将所有声音都排斥在外。在这个连线的世界中,人们在街上的互动变得愈加具有短暂性和片段性,但将世界拒之门外,也许并不能为人们提供持久的舒适。

会学理论中所呈现的城市和乡村都是想象性的；也即，城市实际上只是很多小的城市村庄（urban villages）的聚合，而每个城市村庄都通过亲属关系、共同的族裔归属、商店店主（至少在某些情境下他们的最近化身是在人行道上兜售货物的小商小贩、无论合法的还是不合法的）维持着其地方认同；跟经典著作中所描绘的理想化的共同体相比，乡村是更令人反感和更不友善的。城市实际上是各种小共同体的积聚，而乡村则拥有各种阴暗面——不是指现在通常会考虑的社会资本的阴暗面，而是指社会孤立和工具性的阴暗面。因此，尽管社会架构也许拉长了一点，但城市生活并非完全不同于乡村生活。因而解决秩序问题——形成道德共同体问题——的方案是一样的。跟温室中的植物和小镇上的乡民一样，城市居民也会被编织到复杂的关系网络之中，关系网络则为社会团结和道德团结提供了基石。总之，并不存在特殊的"城市互动"问题——人们为社会互动和社会团结划出各种日常空间（everyday spaces），这一点无论在城市场所还是乡村场所中都是有效的。① 你只是需要知道，去哪里进行观

---

① 尽管如此，人们还是不得不说，完全否认城市是不同的，这样做有些过火，最终也缺乏表面效度（face validity）。城市人的互动具有其不同特点。只有疯子才会对他们遇到的每个人都说"嗨"，城市居民的目光经常都不是沮丧低落的；城市人的互动脱去了其彬彬有礼的虚饰外表，跟城市之外的小镇相比，显得更加充满赤裸裸的工具性。而且，城市互动的速度更快；它们都是快速移动的互动，经常都是跟不认识的他人进行互动。这些事实使我们很难评估其意义，它们的平凡琐碎和快速变化使每个人都可能对它们做出了多种多样的解释；它们的含糊性强化了快速陷入无序和威胁之中的危险。因此，尽管人们可以在所属的城中村之外，小心翼翼地开辟出一块熟悉和放心的空间，但在熟悉的街头书贩世界、舒适的日常（比如家人之间的）街头交往、经常光顾的咖啡馆、售报亭、水果店之外，也潜藏着不确定和无序性——很大程度上都是尚不为人知的威胁。

察。在此，我们要观察的一个互动场所（interactive setting）是配有门卫的住宅公寓。

户内/户外，或社区的差异

　　无论是早班、午班还是夜班，在每个工作日的开始，每位门卫都是在自己家里。于是，我们研究开始的一个合理地方也应该是他们的家里。总体而言，住宅门卫生活的地方跟他们工作的地方存在很大差异。首先，从地理距离来看，曼哈顿门卫生活的地方通常都跟其工作场所相距很远，尽管有少数门卫正好生活在他们服务的大楼或社区中（有5%的门卫生活和工作在同一个的大楼中，有10%的门卫生活和工作在同一个社区之中）。绝大多数门卫都生活在郊区的布朗克斯区（尤其是那些在上西区工作的门卫）和布鲁克林区（尤其是那些在上东区工作的门卫），还有少数旅居在斯塔滕岛区（不易到达）或新泽西北部。有一名门卫生活在宾夕法尼亚这么远的地方，但他不是每天都来回往返。在我们的样本中，通勤时间在30分钟到1小时（住处与工作地有一个小时的间距）的门卫占到6%。多数（大约超过三分之二）门卫都使用公共交通（地铁或公交），不到10%的门卫步行上班，并偶尔驾车来平衡时间。就此而言，他们都是典型的纽约人；因为纽约人大都是依靠公共交通出行，在通勤上会花费较长时间。只是计算回家和上班的时间的话，每位门卫平均每周会在地铁或公交上花费大约10小时。

他们离开然后再回去的社区跟他们工作的社区，存在显著的差异。在曼哈顿，那些配有门卫的住宅社区都是富裕居民区，那里的居民也感到自己是富裕人士。人行道旁边的花圃会被（通常是门卫）仔细地打理；街道整齐干净，守卫森严。大道两侧绿树成荫，垃圾被谨慎地堆放在大楼背面。公园内照明设施良好。商店既通风又明亮。下班后，人们可以透过窗户看到店内；这里的商店窗户都不装防盗窗，曼哈顿其他市镇和穷人区的商店则都会装上防盗铁窗，以防止外边的人看到店内销售的货物。商店招牌和街头谈话的主要语言是英语。除了那些工人之外，可以看到，这里的绝大多数人都是白人。我们甚至可以看到一些更为微妙的差异，比如，宠物比较多，邮箱上没有涂鸦，绿化带边缘或主干道之间的连接地带会有供行人休息的长凳。只要是门卫工作的地方，就会比他们生活的地方，存在更为显著的内外界限。在富人生活的小区，街道被划定为"他者"。那里的居民很少会在他们的房间之外坐下来休息。这些审美性的"情调"（feeling tone）差异反映了不同社区之间存在着实质性的阶级差异；并且，因为在纽约，阶级和种族两种因素被强烈地相互结合在一起（尽管也许比美国其他地区的结合程度要低一点），社区中的这些因素还反映了将纽约市各种居住模式组织起来的族群分裂（ethnic cleavages）。因此，当门卫出门去工作时，他们进入的是一个完全不同的环境，该环境代表着生活稳定、大笔财富以及被旅行社视为"城市优雅和魅力"的那些东西。

不同社区之间的这些审美差异，看起来似乎无关紧要。毕竟，多数人生活和工作的环境都存在很大差异，而这似乎并未影响他们工作经历的性质。① 然而，这些社区差异却至关重要：至少，它们说明公共空间对不同人具有相当不同的定义和用途。有关人行道、出入、花园、花盆、树木及垃圾管理的公共使用所存在的规则转变，就显著地存在于工作门卫的生活之中。在配有门卫的社区中，大楼的内部被有计划地通向（projected）街道。这种有计划地通向街道，实际上是将大楼正前方的地方予以家庭化了，从而将不确定性排除在外。在这种有计划地通向街道中，门卫是一个关键要素。首先，当门卫站在门口时（无论站在里面还是外面），他们也就使大楼内部通向了街道。第二，门卫会清理大楼正前方的区域。尽管显而易见的是，配有门卫的社区比纽约市其他区域的社区要更为整洁干净——我们通过肉眼观察就可以直接看出来，但正是门卫（以及市政当局）对垃圾的管理，使这些社区变得更为整洁干净。同样，虽然大楼前方花盆中更大鲜花会神奇地自发开放，但在拥有门卫的小区，这些鲜花却会惯例性地开放，因为门卫会及时地浇灌。只要大楼前门存在小块的花园，门卫就经常会打理它们。

于是，正是门卫在一定程度上导致了我们所注意的、不同社区之间存在的那些审美差异；本书要进一步探讨的内容，正是这种**差异的生产**（*production of difference*），也即住户和门卫如何理解门卫在生产社区（producing neighborhood）中所扮演的角色。审美差异的生产，不只是使社区变得更加整洁干净。

---

① 显然，工作环境会形塑工作经历，但工作环境和居住环境的差异通常并不被视为尤其重要的事情。对于多数职业来说，这一因素都不重要。

为了在内外之间设定某种界限，门卫将大楼外部区域予以家庭化/归化。因为界限并非划在沙子上的线条，也不是大楼的门口。相反，它们是被各种相互矛盾的标识所占据的阈限空间。从大楼有计划地通向街道（带有遮阳棚、花盆和小的围栏），创造出了内外之间的一块界限区域，这块空间既不完全属于内部也不完全属于外部。该界限的模糊性，正蕴含着其用途所在。比如，富裕人士也许会在大厅中坐一坐，但他们从来都不会坐到大楼门前。我们遇到富裕人士，往往是在正式的"户外"场所中，而不是在那些作为界限的区域。

通过园艺、清洁、栽培等工作，很多门卫积极而直接地提升了社区的"品质"。同样，在确保充满的城市服务来完成垃圾管理与回收、消除涂鸦、修剪树木等方面，临时工和门卫也发挥着积极的作用。就此而言，门卫的工作直接导致了户内和户外之间边界区域的扩大。在住户的世界中，他们要从公寓的私人领地进入户外区域——户外区域本身也借着遮阳棚、花盆、长凳以及门卫而被家庭化了①，需要通过大厅的阈限区域。在门

---

① 就像杰克·卡茨（Jack Katz）所指出的，精心培育的郊区草坪划定了内外之间的界限；也即，通过对公共空间的家庭化和界定，它们就成为连接内外之间的通道。但郊区的界限在时间和空间上都是狭长的，远比公寓前面的院子更为狭长。下班之后，典型的郊区居民在回到自己家之前，要经过社会领域进入到私人领域。从乘坐火车、公交车或汽车到社区门口，再到他们的驾驶路线和车库，人们的城市体验日益消退，逐渐被熟悉的图标、居住社区、邻家院子、他们自己的驾驶路线、当到家时车库大门的准时打开、家里不断传出的犬吠声所带来的舒适的安稳感所取代，所有这些都表明一切都跟早上一模一样。对于喧闹混乱的这种逐渐隔离，既是物质性的也是符号性的。通过逐渐地到达那里，渐次经过越来越私人化的各种家的符号，郊区的家园就与工作世界隔离开来。与之相对的是，城市居民则要路经不只是被各种熟悉图标所标出的各种空间。经常会遇到不认识的人，倘若没有门卫的话，就难以在家门口实现逐步隔离——大门本身（转下页）

卫自己生活的社区中，很大程度上并不存在这种精心建构和培育出来的内外界限。那里的居民都直接在大街上谈话。他们也许径直坐在门廊上。因而，他们的社区生活经验是更为直接的。

很多住户都会惊奇地发现，大多数门卫，不只是那些拥有他们自身住房的门卫，都更愿意生活在他们自己的社区，而不是配有门卫的公寓里（比如说）。在我们的日常生活中，我们经常不会看到，我们所生活其中的现实何以是他人积极建构的产物。门卫对于大楼门卫区域的家庭化处理和对于作为阈限空间的大厅的封锁，使精英居住公寓的隔离得以可能，这对于那些生活在该社区中的人来说似乎是再正常不过了。但是，对于门卫来说，正是他们部分地导致了这种后果，因而他们会认识到这一界限并非完全自然而然的。

（因公寓、门卫和住户
而存在的）大厅

虽然显而易见，但我们还是有必要记住，无论是根据租金多少还是购买价格或维持费用的高低来看，在纽约寻找住处的人，都会偏好于特定的公寓、区位和成本。有些人只会生活在

（接上页）不过只是表示内外的差异而已。于是，对于那些要进入站着门卫之世界的人来说，门卫就像是图标，他们的在场就标示着通过将私人领域和公共领域分开而带来的安全，他们的活动扩展了内外之间的界限。内外之间、私人领域与公共领域之间的界限扩展，为那些在城市世界的门卫把守的公寓中生活的人们，实现了家庭化。于是，当一个人回到家时，看到自己的门卫，就标示着晚上的小区秩序跟他早上离开时一模一样。

东区，也有些人只生活在郊区农村，等等。除了这些偏好之外，假定已做好价格权衡的话，有些人会更喜欢视野开阔而不是规模大小，更喜欢开放的空间而不是相互隔离的房间，更喜欢现代设计而不是传统户型，更喜欢木材而不是瓷砖，等等。此外，多数人都更喜欢他们想要居住的那种大楼的风格，有些人更喜欢（更想要）现代风格的摩天大楼，而不是世纪之交为崛起中的中产阶级建造的那种古老建筑。对于大楼和公寓的这些偏好都具有某种审美元素，但是，正如多数偏好的排列都超越了各种各样的审美考虑一样，上述这些偏好也许也是混乱无序的，或者说它们只是按照那些拥有这些偏好之人才能直接感知到的方式而被秩序化的。但是，鉴于选择的可能性，纽约人（犹如纽约郊区或整个美国的其他寻找房屋者一样）具有他们通常概括为"感觉"的偏好，也即，他们对特定的地方有感觉，因为对当地居民及周围居民来说，这些特定地方代表着某种意义。于是，在纽约，有些人非常喜欢居住在西区而不是东区的那种感觉，反之亦然，他们完全不能想象自己会居住到其他地方去。

人们对于各种场所所具有的感觉，同时具有审美性和社会性，因为城市里的住宅大楼，就像郊区的房屋一样，首先通过它们的设计风格，其次通过对设计风格具有特定偏好的住户及其言行举止或行为方式而体现了特定的社会感受（social feelings）。[①] 但是，

[①] 居住着各种各样人群的各个纽约社区之间存在着显著差异。比如，在我们的访谈中有个哥伦比亚地区的求职失败者，他发现在上西区生活是很成问题的，因为当他跟穿着皮草大衣的妻子去逛街时，会被视为"动物杀害者"。他准确地注意到，这并不会发生在上东区，在上东区穿皮草是很常见的。

更确切地说，建筑设计会对每个社区的居民们的感受产生某种尤为深刻的影响，会帮助筛选和形塑住在那里的人。就像特定的郊区街道规划会导致特征鲜明的社交形式，比如跟平行街道相比，包含死胡同的郊区道路格局会导致完全不同的社交模式；同样，不同的建筑设计也会对居民的社会世界或他们的周围环境起到形塑作用。这种形塑作用并不十分彻底，因为即使那些最喜欢社交的个体也会发现，由于他们的（贫乏的）住房选择，他们在社交方面往往都是相互孤立的，而不是完全根据自己的社区偏好自由选择。① 与之类似，那些到郊区去寻找安静和私密的人也许会发现，尽管竭尽所能，但还是仍然仅仅由于他们的住房位置，他们就被嵌入到了紧密的社区网络之中。跟郊区相比，城市的建筑设计会产生更强烈的影响，而这也许只是因为人们可以轻易地看出设计风格的变化及其所代表的意义。有些建筑通过其设计来表明某种社区团结感，而有些建筑则通过其设计表明了某种特定形式的城市匿名性。而在确定人们对某幢大楼的感觉时，大厅发挥着关键性的作用。

因此，并不存在单独的大厅，因为随着大楼的变化，大厅也会发生相应的变化。然而，除了这些差异之外，人们可以立刻认识到自己进入了一个大厅（就像人们阅读童话故事时会确实认识到自己正在阅读的是童话故事）。也就是说，就像我们根

---

① 有关郊区生活的一项有趣研究之一是怀特的《组织人》（*The Organization Man*）。在此背景下的一个吸引人的发现是，生活在特定房子中的人倾向于在郊区社区中保持孤立，尽管同样的人生活在其他的房子中会成为社交生活的中心。在郊区场所中，人们的选房过程会更趋向于社交性，因而空间效应是十分显著的。

据其结构来认识某个童话故事一样（严格来说，有一系列操作员在操作着一整套多种多样但却相当有限的文化产品，这里有个青蛙，那里有个王子，等等）[1]，我们也会如此来认识某个大厅，尽管大厅中的"东西"——比如这里有个沙发、那里有个桌子，是相当具有异质性的。我们也不能说大厅一定需要特定的空间形式，因为我们可能会进入一个仅仅由内有矮墙的走廊（矮墙通常位于某个角落以便节省空间）和一两个沿着墙壁放置的小凳子所构成的大厅；也可能会进入一个景观雄伟、门前有喷泉和长椅的大厅，也许在远处的墙壁上有一排柜台，柜台后面则是大楼的储物间，用于存取包裹、干洗衣物、接听电话等。在有些大厅中，人们可能会看到古老的家具、地毯和壮观的吊灯，甚至有中世纪的骑士铜像矗立在门前，起到保卫作用。而有些大厅则用亚麻地板、荧光顶灯和空心墙壁（除了让来访者清楚未经告知、不准进入的那些无处不在的标识和各种禁止性提示），来迎接住户和来访者。在这些荒凉的大厅中，并没有任何标识告诉人们"你已经进入大厅"，然而人们自己却可以认识到自己进入了大厅，这不只是因为有个门卫站在那里——因为大厅可以在没有门卫的情况下自行运作，尽管并非经常如此；而是相反，因为人们可以通过即使最为琐碎的标识来解读出特定类型的一般家庭化；准确地说，大厅空间既不是未经家庭化的走廊也不是家庭内的卧室。在卧室内，人们可以自由选择家具

---

[1] 参见普罗普（Propp）著《童话形态学》(*The Morphology of Fairy Tales*)。

和装饰来努力呈现出某种特定的个人感觉，也即个性。无论如何装饰，大厅都是作为阈限空间而被设计出来的，它们充满了各种互动的可能。就此而言，根据其一般性质来看，大厅的形式使各种各样的内容得以成为可能。

这并不是说大厅空间的一般性质，对其所代表的内容起到了禁止作用。实际情况恰恰相反：大厅的一般性质使其可以容纳各种各样的内容。大厅代表着特定的价值，大厅的装饰会表明居住者的地位（或更准确地说是他们的地位目标）、公寓的性质以及什么人居住在这里。这些起到表意作用的东西，无论多么琐碎，都提供了一定的物质使那些人来体验该公寓的感觉；就此而言，我们可以说，大厅（犹如其他审美要素一样）会"筛选"大楼的居住者。如果所有其他因素都保持一致的话，情况必然会如此——选择一栋公寓将意味着确定大厅的性质以及大厅旨在表达的公寓的那种感觉。①

就社交方面而言，跟通过其设计来确保匿名性的大楼和大厅相比，那些通过其设计承诺了社交可能的大楼和大厅会吸引来不同的人们。首先是经由这种间接方式，而后又经常以更为直接的方式，各种人群和建筑风格会实现某种匹配，这种匹配

---

① 我就这一想法与之交谈的那些住户都立即反对这一观点，他们认为，在纽约，公寓会受到强大的约束，以至于当人们决定租赁或购买某间公寓时，从未奢侈地思考过有关大厅的问题。但公寓销售市场则表明，他们也许是错的。新建公寓在市场上做广告时，通常都会宣传待售单元的户型图和公共空间的各种视觉体现，而其中得到最显著呈现的便是大厅。同时，当人们第一次参观公寓，他们会收集自己可能在那里生活的感受，从整个社区到具体楼栋和大厅，只有到那时，他们才进入公寓。住户也许不会考虑大厅本身。但他们必然会体会对公寓大楼的感受，而大厅在他们对这种感受的组织中起到了关键作用。

会随着时间的推移而在实践中得到日益强化。就地位和地位目标而言，大厅和门卫则发挥着关键性的标识作用，将某种特定的生活方式界定为优雅生活。这是特朗普地产集团的一个核心观点，他们通过在广告中显著地突出大厅及其门卫（或服务台），来表明他们的房产是独树一帜、与众不同的。实际上，特朗普集团的所有网上虚拟参观都是从大厅休息区开始的，很多时候还会延伸到副厅、电梯大厅和主要入口区域。特朗普集团清楚意识到的事情，同时也是其他地产机构凭直觉所知的事情：第一印象至关重要。而第一印象首先是在大厅中形成的。

首先要考虑的是社交性，虽然看起来有些"盲目乐观"，如果设计优雅、配有吸引人的装饰、鲜花、绿植，并留出了供人在分拣信件或等待客人时休息的舒适区域，那么，该大厅就会令人感到温暖，受到关心这些活动的人们的欢迎。于是，在选择公寓之时，不同的大厅（以及更为一般的公寓）将会吸引不同的人们，而这些人随后将会以不同的方式来运用提供给他们的那些空间。尽管有些喜欢社交之人最终可能会住进匿名的综合体之中，有些不喜欢社交之人最终也可能住进旨在促进社区团结的公寓中，但是，设计风格向社交性或非社交性的稍微倾斜，就足以赋予不同的公寓不同的感觉。反过来，这些"感觉"也会影响居民，因此，人们确实可能会遇到具有显著不同风格的公寓，不能完全归结为建筑设计。

更具体地说，如果人们更喜欢某个开放而奢华的大厅，是因为跟他们的公寓相比，大厅是一个坐下休息和等待客人的更佳场所，或者也许因为大厅是一个展现个人地位的更佳场所，那么，开放透气的大厅就将会吸引越来越多的休息者；反过来，它就成为更有吸引力的休息场所，并被（未来的公寓寻找者）视为公寓的一项特征。尽管显而易见的是，在其他方面都等同的情况下，住户的审美旨趣和社会旨趣将会跟大厅的物理外表完全匹配起来——因为跟那些其公共场所空无一人的公寓相比，那些更看重开阔大厅所内在具备的社交可能的人们很有可能会选择如此设计的公寓；但是，住户的偏好还是会被大厅所形塑。于是，大厅和大厅布置自然就成为居住者的表意标识——通过选择过程来间接表现、通过大厅对他们的影响来直接体现。

冒着冗余的危险，我们还可以说，就像一个诊所的候诊室跟一个私人医生的候诊室在感觉和目的上都迥然不同一样，那些花时间待在大厅的人和那些只是经由大厅进入公寓的人对于大厅的体验也是迥然不同的。身处布置简略、只有一张固定在地上的椅子（为了防止椅子的移动）的大厅中，外人不禁会感到，对于那些居住其中的人来说，这幢大楼最多不过是个空壳而已；在最差的情况下，一旦稍有机会，住在那里的人可能还会毫不犹豫地偷窃大厅中的廉价家具。这种大楼宣告了某种特定形式的实用主义，这种实用主义适合于社交生活已经商品化和私人化以后的某种城市场所。住户似乎想要急切地通过门卫进入电梯。相比之下，进入一个宏伟壮丽得使人感到某种集体静默的大厅中，则像是突然进入一座布道刚刚开始几分钟后的场面壮观的教堂。冬天，身穿皮草外套的女士们会彼此寒暄，也会跟门卫相互问候。而在这些极端之间，人们会看到划出了一块小型公共空间的舒适大厅，这些大厅既没有因其宏伟壮观而给人留下深刻印象，也没有表现出某种城市特有的孤寂。

尽管并非完全决定，但大厅的物理外貌仍然会形塑住户与住户之间、住户与门卫之间的互动结构。这似乎是某种反讽。在不到30个单元的、较小的大楼中，分配给大厅的空间一般也是很小的，人们从穿过外面大门到进入电梯中只需要几步路的距离。在这些很小的大厅中，我们只会看到一两个座椅，以便来访者在进入公寓之前短暂停留或等待公寓主人下楼来见。在此，住户倾向于尽快穿过开放空间，只是在电梯或邮箱前稍作停留。门卫很可能站在小小的矮墙或桌子后面。晚上，当人流不再那么稠密之后，他们也许会在矮墙或桌子后面坐下来；但在白班期间，我们通常会看到，门卫始终站在门前或大楼前，而室内的门是大开着的。在此，住户之间交谈的机会很少，只是在等电梯时或等门卫从后面房间取回衣物、包裹或录像带时，住户之间才会简短寒暄几句。与之相反，在单元数翻倍或三倍以上的、比较大的公寓中，会相应地配有更大的大厅，这些空间更大的大厅则方便了住户之间的交谈；当住户经过大厅时，会稍作停留，与周围的人进行互动。① 于是，城市中的新来者都会注意到某种反讽之事：看似可以促进社区团结的小型公寓却经常使人感到最为疏远。门卫跟他们的住户的相遇和互动，正是发生在这些各种各样的空间之中，如果他们不是身处大门之外或后面储物室的话。因此，大厅在界定他们之间互动性质方

---

① 根据观察，大厅规模与互动频率的实际关系是曲线状的。在特别大的大厅中，人们很少会观察到住户之间的社会互动和住户与其门卫之间的互动。

面（门卫看待住户的方式和住户看待门卫的方式）直接和间接地发挥着某种作用。某些公寓会有两个或三个门卫不断轮班，于是，门卫不太可能跟他们的住户发展和培养出各种个人性的关系，尽管他们都希望形成这种关系。反之，住户也很少会花费时间虑及他们的门卫（除非在圣诞奖金期间，参见第六章）。

除了这些差异之外，大厅及其形式还有一种一般性质会促进人们之间的一般性对话——除了住户与门卫单独进行较长谈话的情况。只要在大厅中坐上几个小时，我们就可以感受到，门卫与住户之间的多数互动都是多么地琐碎。我们会不断听到他们就天气、体育、交通、"生活"（以最为抽象的方式谈论，比如他们会说"我不能抱怨，没有人会听的"或者"不管怎样，你必须做你不得不做的事情"等等）进行的简短对话或对话片段，以至于我们会深感好奇，有关他人的任何实际知识是如何被传达的。在更为激动人心的日子，我们也许会听到他们谈论大厅的一张新桌子、布告栏上的新消息、公寓修建到了某一层、花园中的活动、绿地上的新植物、小狗在街道上排便的问题、公寓里来的新家庭、"如今的孩子们"或脚手架何时搭建起来的（以及何时拆掉），如此等等。

需要注意的是，一般而言，他们谈论的事物跟大厅具有某种共同的一般性质，它们既不会体现出个体性，又并非毫无意义，因而可以为他们的琐碎谈话提供某种空壳；就像旨在介绍互不相识之人认识的偶遇，其典型特征是不会透露出个体性的各种琐碎谈话，这样的话题往往随手拈来，比如食物、家具、拥挤、设计、照明等等。总之，人们会充分利用那些在他们的各种社会关系中信手拈来的事物。因此，尽管各种大厅各不相同，但它们仍然具有很大的相似性，可以将其视为某种单一空间（unitary space）；然后分析其中发生的各种类型的互动，而无需始终考虑它们是宏伟还是渺小、是奢华还是简陋等条件。

门　　卫

尽管多数门卫都不喜欢生活在配有门卫的公寓中，但他们对自己子女的期望却是不同的。他们希望子女的生活，可以像那些生活中配有门卫的公寓中的人们一样；也就是说，像那些并未将自己的社区体验为异乡或被结构所束缚之地的那些人一样生活。就此而言，门卫们相信，他们是上升性代际流动这一更大过程的一部分，这一过程为很多少数族裔社区和移民社区提供了某种重要的理想。他们自己的经历也在一定程度上形塑了这种理想。来到美国的多数门卫都面临着渺茫的前途和难以匹配的技能要求——不是太过于复杂（比如将其培训为放射科医生、助理医师、工程师、音乐家等）因而不适于成为他们的入门级工作，就是根本不适合于城市就业。

当他们回家时，四分之一的门卫都会回到他们自有的住处，以此平衡他们的房屋租金，平均每个月 700 美元，这正好低于他们所服务的住户们付给他们的工作报酬。在我们的样本中，有四分之一的门卫是独居。在那些与人合住的门卫中，有四分之一的人在家里不说英语，他们在家用的语言多达 42 种。四分之三的门卫已婚，他们几乎都有子女。很多还与他们的父母住在一起。家里要是还有亲人在国外的话,他们通常会按月寄回支票,以便支持父母、堂兄妹,有时还有他们的子女的生活。于是,他们广泛地参与到了全球经济之中,将纽约郊区市镇跟中美洲和拉丁美洲的贫民区联系了起来。如果门卫寄钱资助国外亲人,他们的住户通常都会知道这一点,门卫生活中的这一情况经常是他们的住户在描述他们时谈到的内容。① 很多门卫都会将其亲人带到美国,因而他们经常生活在三代人构成的家庭之中,这一点是城市移民生活的一项常见特征。家庭规模、卧室数量或人均面积等简单指标就鲜明地体现了门卫跟其住户之间的家庭差异。

劳 动 经 验

很多门卫都是熟练的工人,他们曾在劳动力市场上打拼多年。在我们的样本中,门卫的平均年龄是 40 岁,尽管当我们对他们进行访谈时发现,其中大约有四分之一的人都不到 30 岁。在成为一名门卫之前,多数人都曾经干过其他工作。由于他们具有多种多样的工作经验,因而将各种因素都考虑进来的话,他们自己也会认识到,他们获得了一份好工作。于是,不管是在哪些通常的维度上,他们的工作满意度都很高。在我们访谈

---

① 造成这一点的原因很多。我认为,多数住户都将了解美国和他国的工资差异作为一种间接方式,而不是要努力弄清他们的门卫可以赚多少钱。如果门卫给老家邮寄一点金钱来提升其父母(或其他亲人)的地位和生活状况,那么,门卫就会感到,他们的门卫在某种程度上在这个国家一定干得不错。

的门卫中，超过 70% 的人都对自己的基本工资感到满意或十分满意，78% 的人都对他们的福利感到满意或十分满意。87% 的门卫都告诉我们，他们对他们服务的人感到满意或十分满意，超过四分之三的人都对他们的工作日程感到高度满意。毫不奇怪的是，正如我们后面将会讨论的那样，门卫的长期任职率非常高。由于门卫工作是个好工作，他们总体上对其工作很满意，因而毫不奇怪的是，他们都会在这份工作上从事很长时间。①

尽管他们认为福利和工资不错，但对于有些门卫来说，如果不从事额外工作，他们仍然难以维持生计。有四分之一的人会在正式经济中再从事一份全职或兼职的工作。有少数人说自己在非正式经济中兼职。前者中，也即在正式经济中从事第二份工作的人，其中有一半都是在其他公寓中工作，去做门卫、杂工、临时工或搬运工。其余的人则分布在多种多样的岗位上——比如作为宴会服务员、UPS 快递员、油漆工、网络销售员。那些在非正式经济中赚取额外收入的人，很多都利用他们的维修技能去从事油漆工、杂工或小型机械修理工的工作。在我们访谈的门卫中，有一半多的人说他们最近上过课或兼职学习过。其中，绝大多数都是某种形式的证书授予项目或职业教育。这些课程也许是工会提供的（32BJ），但更常见的是在纽约市的很多社区大学上课的。

---

① 当然，一般而言，人们都会认为当前工作好于之前的工作，但对于门卫来说，这种评估是显著的。在所有此前工作过的门卫中，只有 3% 的人认为此前工作好于当前工作，几乎一半的人都认为他们当前的工作要比之前的工作好或好很多。这些积极的感受也许还反映出，我们的样本会稍微偏向于长期任职的门卫；尽管这些强烈的积极的感受（跟其他类似地位的职业相比，这些感受是相当强烈的），并非源于伪造样本。

并不奇怪的是,跟年轻的工人相比,年老的工人不太会去参与教育活动,无论是为了提升技能还是获得学位。

我们访谈的门卫中,30%的人的直系亲属中也有人从事门卫。[①] 不用说,这是极其不同寻常的。我们访谈的多数门卫都喜欢他们的工作,都对他们的报酬、工作日程、福利和工作环境感到满意。然而,他们很少有人愿意让自己的子女成为门卫。对于年长一代来说,成为门卫意味着他们可以获得稳定的下层中产阶级地位,并有机会将他们的子女推到更高声望的职业上去。在年长一代的人们中,强烈投身于某种向上流动的后致意识形态(achievement ideology of upward mobility),并将这一使命传给他们的子女。对于那些 30 岁以下的人来说,这种投身则不那么强烈,他们往往将其工作视为通向自己职业梦想之路上的一站而已——其职业梦想可能会较为浪漫化,比如成为摩托车赛手、音乐家、演员或商用飞行员。在描述他们的住户时,门卫对于其住户财富所得的解释方式,也体现了这一代际差异。年轻一代的门卫倾向于将住户视为遗产继承者或运气较佳者,而年长一代则认为住户的成功主要源于辛苦工作和努力奋斗。[②]

---

① 在较早的时代,特定条件下,儿子通常都会继承其父亲的职业;因此,这里我们看到代际的职业继承率(the rate for intergenerational occupational inheritance)为 30%,虽然有些高,却并未超出常规。但在 21 世纪初,家庭成员共同投资于住房交易的比例是非常高的。

② 还有另一个持续进行的过程,使他们的解释变得更为复杂。年长的门卫从事门卫工作的时间要长于年轻的门卫。与其住户之间形成对立关系的年轻门卫——这体现了我们通常认为他们是含着金钥匙长大因而被宠坏的一代人这一观点,通常会在该职位上任职较短,无论是因为被辞退还是因为他们主动离职。因此,要比较年长门卫和年轻门卫,就需要考虑年长门卫的选择性(selectivity)。

反讽的是，年长一代希望将机会传给他们的子女（这无异于否认了他们对其住户成功的解释），而年轻一代则试图通过自己的努力来获得成功——获得他们自己选择的尽管有些浪漫的职业（这无异于否认了他们对其住户成功的解释）。不管怎样，尽管很多门卫家里还有其他亲人从事门卫工作，而且他们几乎所有人都认为这是一份好工作，但他们中的多数却都不希望他们的子女成为门卫。

社 会 活 动

门卫将他们的多数时间都用于观察其住户的进进出出，尤其是那些上小夜班的人。设想一下，在一个拥有上百个单元的公寓里，每个单元的住户都会做他们的事情——外出就餐、做运动、去剧院观影、到咖啡馆约见朋友、在公园散步、参与舞会或派对——每周仅有两三次。如果公寓中每个单元每年都会发生几个社会事件（晚餐派对、鸡尾酒会、讨论小组、扑克游戏等），那么，在每个晚上，公寓里都将会发生点事情，这意味着将会有客人到来。于是，即使每个单元中只是发生任何轻微的或非常温和的活动，门卫也会看到人们为这些事而进进出出，无论是在哪一天。再安静的公寓也会成为活动喧哗之地。

跟他们对那些活动所经历的集体感受不同的是，门卫**感到**（perceive）他们自己过着的是一种安静而闲散的生活。在描述和枚举他们的活动时，门卫通常都会说，他们很少出去。他们很少去旅行。他们很少归属于某些组织。他们的多数时间都用于读书、看电视或跟亲人一起从事家庭活动。如果不算代表他们利益的工会的话，在所有门卫中，几乎有四分之三的人都不属于任何组织或俱乐部。在我们访谈的门卫中，确实有人归属于某个组织，但其中有 37 人（大约占 20%）都仅仅归属于一个组织。在我们访谈的门卫中，只有 6% 的人参加了两个或更多的组织或俱乐部。而很多这些组织都不会有任何集体活动——比如当地健身房。门卫们也不太可能会参加任何其他组织活动。60% 的门卫都未参加任何宗教活动。几乎高达 90% 的门卫都未参加任何以社区为基础组织的活动。69% 的门卫都说他们没有任何户外活动，比如爬山、散步或跑步。将近有一半（44%）的门卫说他们没有任何兴趣爱好，只有 40% 的门卫说他们在过去六个月内看过电影，大约有三分之一的门卫去过酒吧，30% 的门卫参加过某项体育活动。罗伯特·帕特南（Robert Putnam）发现美国人越来越"独自打保龄球"，但跟他的发现相反的是，门卫们似乎通常都不去打保龄球。①

值得注意的是，门卫们的活动跟他们所**观察到**的多数住户行为之间存在很大反差。门卫们观察着他们的住户为各种社会事务、卖弄炫耀、周末度假而进进出出。实际上，他们的住户也许并不比他们更加活跃；但是，他们对住户活动的集体体验却是十分显著的；他们感到，他们的生活与其住户的生活之间存在着某种鸿沟。他们自己想要的是前一种生活，而他们希望

---

① 参见，帕特南（Putnam），《独自打保龄球》（*Bowling Alone*）。

他们的子女过上的是后一种生活。同样，如果门卫看到住户外出参加社会活动时，他们还经常会看住户是否需要帮助处理家务活动，如解决水槽破裂、厕所堵塞、油漆剥落等问题。住户会认为，让门卫和勤杂工来处理这些修理事务是合理的，因为这通常都是租赁合同或协议的一部分。于是，门卫将他们的很多时间都用于处理那些事情。看着住户们"快乐地享受社交生活"和"没有时间"从事家务维修活动，二者的结合犹如某种油炸薯片（尽管有些夸张），在提醒人们注意他们与其住户在生活方式和人生轨迹方面存在差异。

职业生涯与代际差异

我们可以再次将代际差异辨认和分离出来。很多年轻一代的门卫都有业余爱好，比如音乐、表演或追求某种成绩。就像我们都知道有些出租车司机拥有博士学位一样，很多门卫也将门卫工作视为某种机会，以便聚焦于他们真正的职业兴趣——比如成为汽车或摩托车赛手、组建乐队、成为演员等。就此而言，很多人都将门卫工作视为一个机会，以便找到可以帮助他们实现自己职业追求的人。于是，他们可能会希望公寓中的律师可以为他们也许将会签署的合同给予建议，希望公寓中的经纪人可以帮助他们见到制片人，希望演员可以帮助他们见到经纪人。但总体上，不是因为"公寓里住着帮不上忙的人"就是因为"帮得上忙的人不会真正花时间帮助他们"，因而事情并非如此顺利，他们总是感到失望。尽管很多门卫都说，当他们遇到个人困扰时——如交通事故、与经理发生冲突等，住户曾帮过他们；但是，很少有门卫说，他们的住户曾帮助他们追求门卫工作之外的职业目标。①

这些代际差异不能被过分强调，但它们却很可能反映了他们生命历程的差异。拥有子女的年轻门卫，不太可能会考虑门卫之外的职业生涯。相反，他们将门卫工作视为其职业生涯。但是，在此，对职业生涯观念的理解极为重要，它完全不同于人们在权威、技能、责任等方面实现的职位升迁。相反，职业生涯是贯穿一个人整个生命历程的一项稳定工作，它给予从业者的回报是，在长期服务的最后，从业者将可以安居养老。这一取向不应被过于强调，因为门卫对于职业生涯的取向，会对他们跟住户、工会、上级管理员以及他们在其日常生态（everyday ecology）中所接触的所有他人之间的关系产生强有力的影响。

门卫工作的一个关键要素是，它不会随着工作年限而发生任何变化。由于对门卫提出的正式技能要求是很有限的，因而所有门卫拿到的都是工会谈判工资（不包括那些试用期的人），都受到同样的监管。于是，工作二十年的人跟第一年工作的人，都处于同样的一般体制之下。因此，工龄长获得的唯一实际好处是工作日程，也即，资格老的门卫可以选择他们喜欢的班次来

---

① 冒着冗余的危险，再次说明一下，该问题是选择性的。我们只是访谈了在门口工作的门卫，所以，那些因住户确实为他们找到经纪人而离职的门卫，就难以被我们访谈到了。

工作。结果，年轻门卫几乎看不到他们的工作境况年复一年地会发生任何变化；根据其公寓的人口统计情况，其工作日程可能要十年甚至二十年才变化一次，比如使他们从中班变成白班。门卫之所以对他们的职业生涯感到挫败，是因为升迁的可能性很低，他们感到，工会提供的教育机会跟提升可能是毫无关联的。

随着年限而改变的唯一一点是他们与住户之间的关系。但这是至关重要的，因为正是通过与住户的互动，门卫们才形成了他们所声称的职业地位，并创造出了行使责任、做出判断的机会。于是，门卫的职业生涯尽管不会回报给他们以更高的正式收入，但却带给他们非正式的回报，最实际的是他们在圣诞节收到的奖金的多少，但最重要的或许是他们的自我概念（self-concept）和身份认同的转变。正是这后一种回报，使他们从事的不只是一项每天上下班的工作；对于职业化的门卫来说，最重要的是投身到一种跟其他职业生涯完全不同的职业生涯之中；而门卫职业的独特之处就在于，在很长时期内，他们日复一日地以某种微小而亲密的方式，跟他们所服务之人既保持着很近的空间距离，但又保持着很远的社会距离。

书 写 策 略

在聚焦于各种模型和聚焦于现象描述的两种社会学文献之间，似乎存在着巨大的鸿沟。这种不匹配跟将任何现实场所组织起来的视角所必然存在的二元性,具有紧密联系。也即,setting是多种视角的交界面;在此,可将其理解为"下面"(underside)和"上面"(upper side)这样的简单术语;在"下面",可以看到鲜活的体验和认知如何渗透到话语之中,并与自我和他人联系起来(比如在访谈中);在"上面",可以看到生成各种结构的系统过程、动力机制和流变趋势,那些在setting中生活和工作的人未必会观察到这些结构或将其予以理论化。总体而言,民族志学者、访谈者和田野工作者(无论他们多么不情愿地被归为一类)主要感兴趣的是,从底层或下面的视角,来描述他们身处其中的复杂世界。聚焦于下面世界之人的核心观念是,通过作为杠杆的描述,就可以产生新的洞见。一般来说,社会科学模型家感兴趣的则是,看似超越于各种setting的形式化过程,也即,从上面的视角来观看。在此情况下,模型是使他们看到某些东西的杠杆,而这些东西是参与其中的人也许看不到、不能看到的,或者是虽然看到但却难以用文字表述清楚的。

模型和田野之间的鸿沟,就像是历史学与社会学之间的鸿沟;历史学的目的在于描述,而社会学的目的则在于抽象。缺乏经验指涉、不关心脉络的抽象,在社会学意义上毫无价值。同样,社会学也不能从纯粹的描述中有任何收获,即使这样的活动确实存在。就像社会科学的历史一样,我们充分的理由认为,对于两种视角来说,模型和深描之间的明确联系既是可取的也是有益的。因此,本书正是要尝试阐明这样的联系,尽管有时清楚明确,有时暗含其中。在有关的地方,我会论述如何以这样一种方式将下面视角和上面视角组织到一起,以便使每种视角都"正确"。或许有人会好奇,为何要讨论求职过程;对于很多朋友和机构来说,谈论劳动市场似乎是绕道而行。当然,肯定还会有人好奇,我为何没有呈现出真正的、形式化的模型。同样,有些人会认为有关奖金的集体行动问题似乎过于抽象,而另一些人则认为该体系跟很多异质性旨趣脉络下的秩序—效果问题(the order-effects problem)极为相似,并好奇这一点为何没有得到充分的展开。我的想法是力求平衡。我希望本书将会(或许令人不安地)介于这些各不相同的思想共同体之间;为彼此打开一些远景,而又不封闭任何一方的视角,以此提供一种综合性的整体。

(叙述)结构

在某种层面上,本书具有某种叙述结构。我首先叙述的是获得门卫这项工作(第二章),最后叙述的是因工资而罢工(第七章)。这似乎包括了门卫工作的开端和一种可能结果。在二者之间,我讨论了纯粹的时间体验(sheer experience of time)(第三章);门卫与住户之间围绕安全、性、各种关系所进行的互动和斗争(第四章);门厅中的各种或长或短的谈话(第五章);每年一度的圣诞奖金(第六章)。虽然从中可以看到某种过程叙事,但我们同样也可以看到本书的结构。从结构角度看,也许可以认为,本书对源于社会距离遥远而空间距离接近(distance/closeness)这一张力的各种特定问题进行了一系列详细探讨，而它们共同构成了一种看待门卫生活世界的整合性视角。从这一视角出发，读者应该会看到自己所期望看到的内容。

第二章讨论了门卫是如何获得他们的工作的，他们从事的是何种类型的工作，他们获得其工作的原因和方式何以会影响住户和他人的经历。首先要说明的第一点是，门卫工作是好工作。关键是，非正式的网络互动过程主导着门卫工作的劳动力市场。因而需要从门卫、管理员和住户的视角，来思考这样一种匹配体系（matching system）得以形成的各种原因，并将其跟其他类型的市场进行对比，分析其公平与否。在此，核心的结果是，根据种族和（或）族裔来看的话，有些人是没有机会从事门卫工作的；一旦被雇用，门卫在职业内和职业外的流动都将比较低；结果是，门卫的任职期都极其长久，从而会形塑他们与住户的关系；作为其社会背景和对住户偏好之理解的副产品，门卫会参与到对某些少数族裔和很多黑人来访者的相对系统性的歧视之中，尽管他们并非种族主义者，或者并非有意歧视他人。

第三章讨论的是，当门卫工作时会发生何种事情，也即他们获得其工作后的事情。成为一名门卫的现象学体验是，他们会同时感到无聊和筋疲力尽。他们既感到有很多事情要做，但又感到很少有事情可做。第三章将通过将其服务员—客户系统（server-client systems）进行比较，讨论为何会出现上述情况。我还将讨论门卫们如何应对如下事实：多数住户都认为门卫几乎无所事事，除了他们需要门卫的时候。我会讨论门卫如何对住户做工作，以便处理好那些约束他们的各种冲突性要求。这项工作的部分内容在于，培育住户养成自己的偏好，于是门卫就可以为他们提供直接的个人化服务。提供直接的个人化服务的能力，支撑着住户们的很多地位要求，并使门卫可以将其工作表述为专业性的而不是服务性的。

第四章和第五章将缩小我们的关注焦点，从前述各章有关工作之时间体验的更为模型驱动（model-driven）的观察，转向通过三项实质性议题来分析空间距离接近和社会距离遥远这一核心问题。这三项议题分别是大厅互动情境中的犯罪（安全）、性（关系）和荣誉（尊敬），它们影响着门卫和住户们的体验。第四章主要聚焦于犯罪和性问题，第五章主要关注尊敬问题。前面各章更为正式地讨论了各项主题，但核心思想是在微观层面得到发展的。我更详细讨论的分析性主题是门卫的专业服务要求、地位斗争以及围绕令人垂涎的角色而发生的冲突，主要的描述性问题是，门卫和住户如何协商彼此边界、维持相互关系、理解（或误解）特定阶级的符号和标识。自始至终，我们讨论的是，门卫和住户如何去看待和界定门卫工作以及他们之间的关系，因而主要聚焦于他们的认知和解释。

第六章将焦点转向每年的一个特定时刻——圣诞节和圣诞奖金，讨论住户们是如何解释奖金的，门卫们如何看待奖金，门卫和住户为何都不能解释他们通过奖金所表明的信号。奖金是对住户和门卫之间关系的一种编码方式，以便将依赖和熟识中立化，从而产生距离。这么做确实有效吗？奖金如何不同于小费，以及门卫和住户们如何来形塑彼此对于奖金的理解是这里的核心主题。在第七章，我将考虑，宏大的劳工运动和工会如何影响了门卫的工作体验和门卫—住户关系。于是，焦点将转向1991年的罢工和其他年份对于罢工的处理方式。我将分析门卫如何帮助住户进行罢工准备工作，以及住户如何帮助门卫，尽管他们身处警戒线之外。最后，我们将讨论，在显著的工会腐败背景下，劳工运动背后的结构性力量这一宏大主题。

最后一章是从理论角度重述本书的核心观点。关注焦点开始转向，在空间距离十分接近但社会距离又很遥远的脉络下如何建造某种社会结构的问题。我将讨论9·11事件之后的新安全体制带给住宅公寓的变化，以及这些变化如何通过合法化将安全的重要性置于其他修辞性主张之上，进而通过消除提供个性化、专业化服务的基础，迫使门卫和住户之间的关系发生转变。

第二章

迈出第一步

之前的工作让我觉得非常累,但却不知道,我有个朋友是公寓居委会的主任,他对我很好。于是,一天,我告诉他,我感到工作很累,我(正在)在找其他工作。过了一两天,他跟我说:"你愿意来我的公寓做门卫吗?"我说:"愿意。"我就是这样找到这份工作的,然后就来这儿工作了。

你知道吗?这是多么神奇!很多年前,当我还是一个小孩子的时候,我姐夫是一个就像这种公寓的管理员。我并不完全记得这个公寓具体在哪里,但我却经常出门跟门卫交谈,因为我常常感到无聊,于是出门去找他聊天,从来没有想过,有一天,我也会成为他们中的一员。你知道我的意思吗?这是很多年前的事啊!我当时大概八岁左右。从来没有想过,我有天会干这个,我现在干的就是他以前干的工作。我姐夫是管理员,因此,我经常出门跟门卫聊天,三十年后,我现在也成了他们中的一员。我觉得这很神奇,你也许不会这么感受强烈,但也会觉得有点怪怪的吧。

刚到早上 5:30,艾伦(Allan)就关上家门,朝地铁站走去。这天早上,他要坐三站火车,从布鲁克林的卡罗尔花园到他在西区大街工作的公寓。他的换班时间是 7 点整,他需要在 6:45 前到达，以便换衣服开始工作，尽管在人们离开家去学校或去上班之前的这一个小时左右，几乎不会发生什么事情。他已经沿着同样的通勤路线上下班达十三年之久，虽然只是在最近这几年才开始上早班。在这十三年中，他努力抚养着两个孩子，其中一个上高中，另一个上大学。他存够钱后，买了一幢拥有三个卧室的双层公寓。他拥有一份很好的稳定工作。他多数时间都不会去想，但偶尔却会记起，他获得这份工作完全事出偶然，只是因为他有一天晚上在第 59 街等待 1 号列车。那天晚上，他偶然碰到他的一位老同学的父亲克莱夫。克莱夫在第 72 街和百老汇附近的一个大公寓里做管理员。克莱夫的朋友是他自己居住的那个公寓的管理员，克莱夫的儿子现在就在这个公寓工作，这里正好有岗位空缺。第二天，艾伦跟克莱夫一起去搞定了这份工作。事情看起来很容易，他也很幸运。

但对多数人来说，门卫工作都很难获得，几乎不可能获得。在某种程度上，这只是因为供求法则。似乎很多人都可以成为一名门卫。从外部来看，这份工作看起来并不需要很多技能，尽管我们后面会发现，事实**绝非**如此。要成为一名门卫，不需要任何特定的教育文凭。尽管多数门卫需要能够理解英语表达的各种简单事务，但即使英语并不流利，他们还是可以勉强应付。体力也不是这个岗位的前提条件，尽管经常需要长久站立。因为多数人都拥有充分的英语水平和站立能力，因此，相对而言，似乎很少有人不能成为门卫。况且，收入还不错。每个门卫通常一小时至少可以赚 17 美元。加班机会很是常见，当参加工会的门卫加班工作时，他们每个小时可以赚到 26 美元。节假日的上班工资是平时的 1.5 倍，而所有门卫几乎都需要在某些节假日上班。① 因此，一个门卫每年大约会赚 38 000 美元，这还不算小费和年终奖。正如我们后面将会谈到的，尽管小费和奖金的多少会随着不同公寓而变化，但很多门卫都说，他们每年至少可以获得 10 000 美元的小费。由于奖金和小费等收入通常并不向国税局报告，所以，门卫拿到手的收入相当于每年应纳税所得为 55 000 到 60 000 美元的那些人。

比较而言，门卫的所得跟一位社会学助理教授在他工作第一年的收入差不多。他们的所得要高于纽约市公立学校的全职教师，在他们就业的第一年，他们的收入要比教师高出大约 70%。纽约警察在工作第一年大概会获得 35 000 美元，如果不算额外收入的各种机会的话。快速扫一眼报纸广告上的各种空缺职位招聘信息就会发现，门卫们的平均年收入要高于多数办公职员、技术员、电脑专家、客服经理和护士。在整个美国人口中，门卫的收入大概处于收入分布前 30% 的位置。换句话说，70% 的美国人收入要低于门卫。从事门卫工作的要求很少，报酬却相当高，因而门卫工作始终处于供不应求之中。

在纽约市，门卫的数量要多于出租车司机，但获得一份门卫工作的难度却远高于成为一名出租车司机，尽管从事门卫工

---

① 多数门卫每周都会加班，加班将会支付 1.5 倍工资。这有很多原因。首先，在拥有 24 小时服务的公寓里，四个门卫可以工作 24 小时，每周只有 8 小时是不工作的。多数公寓都不是再额外雇用一个门卫或一个兼职员工，而只是支付加班工资。短期内，这似乎是合乎逻辑的；但是，在常规的任期分布状况下，摊销在一年内，公寓则将会聪明地去雇用第五个人。他们不这么做的原因之一可能是，管理员想将加班视为对门卫的奖励，因为这是一项切实的好处，他们可以根据自己的意愿来分配，于是可以确保门卫对他们而不是住户保持忠诚。

作很少有任何明确要求。当然，纯粹的岗位数量并不能说明一份工作难以获得。在另一方面，很难找到一份教授工作，是因为周围没有那么多教授岗位。所以，绝对数量发挥着一定作用。但仍然有其他因素也在发挥着作用。这个其他因素便是，好工作总是比坏工作更难以获得。人们一旦获得好工作，就会努力留住那份工作。对于门卫来说，确实如此。在我们的样本中，门卫在其公寓中工作的平均时间几乎是十年。在我们访谈的门卫中，大约有四分之一的人都在其公寓中已经工作了十年多。还有很多门卫此前曾在其他公寓工作，而且也是作为门卫。获得一份门卫工作很难，而一旦获得，他们就会努力留在其工作上。① 当问到他们计划继续工作多久时，我们访谈的多数门卫都说，他们计划在同样的公寓继续工作至少五年时间，还有很多人说，他们希望一直做门卫，直到退休。假定保守的退休年龄是 65 岁的话，那么，在我们的样本中，门卫将在同样公寓中的工作年限平均至少十五年，有很多人都达到了二十五年甚至更长时间。

比较长的任职意味着门卫岗位很少会空缺，换人周期很长。

---

① 读者或许会对不得不考虑选择性问题感到厌烦，但是，在此，犹如跟在其他地方一样，它暴露出了问题的核心。正如上面指出的，门卫是通过某个稳定的就业公寓将带给他们逐渐增加的退休金来看待其职业生涯的。总体而言，这一看法会导致他们坚持较长的任期。但是，还有很多其他事情也在发挥着影响。首先，那些出于某些原因而将职业生涯视为延续一生的人，很可能会认为门卫这种工作有吸引力。于是，在进入时将会有所选择。其次，那些对职业生涯持有不同观点的门卫，更可能会退出这一工作；因此，我们可以观察到，任期与职业协会（career association）在横截面上存在关联；但是，它可以很容易地由成为门卫之人的稳定性特征或一旦进入后受到的选择性压力所生产出来。

假设想要从事门卫的人数，只是岗位数的五倍。那么，当高中毕业后，他们需要排队等待门卫岗位的空缺，等待就业的平均时间可能会非常长久。事实上，在目前的这种任职分布状况下，排队中的多数人可能永远都等不到这样一份工作。如果真的存在等候就业的某种队列，根据等候时间长短来分配工作——这是不可能发生的，那么，门卫通常可能要在55到65岁之间才会被雇用。多数人都不会在就业队伍中长期等待，门卫也不例外。因此，他们是如何获得门卫工作的？简短的答案是，他们早已一脚迈进了大门。门卫市场并不是一个完全公正的市场。为了更清晰地透视门卫的求职过程，我们应该看一看其他市场，而在这些其他市场中，多数在这方面或那方面也是不完美的。

器官市场、公寓市场、汽车市场、朋友市场与就业市场

市场正是为解决各种匹配问题而形成的。对于就业市场来说，其问题是将一系列空缺职位与具有适合这些空缺职位之特征的那些人匹配起来。市场的公正性可能依赖于我们想要努力最大化的目标是什么。如果我们想要尽量实现机会平等，那么，对求职者的筛选就应该以他们进入求职队列中的时间先后为基础。只要个体的特征符合对于空缺职位所需要之特征的特定描述，那么，先到先得模式就足以确保机会平等。这一模式毕竟是我们在日常生活中最为熟悉的模式。我们期待着排到正好先

于我们一步进入队列中的那个人后面买演出门票，我们排队购买冰激凌时，期待订单是以时间到达先后为基础的。当我们在某个酒店等待服务时，如果一个新进入到队列中的人获得了更多的关注，我们会感到生气。如此等等。

对于无差别的产品或匹配机制比较简单的地方来说，先到先得模式运作良好。如果我们排队等候公交车，我们都知道，当我们上车后，我们都将乘坐同样的车（尽管也许不会都坐同样的座位）。同样，我们排在前面那位顾客后面所买到的冰激凌，跟我们如果排在她前面所买到的冰激凌基本上是一样的。因此，通常情况下，当产品无差别时，我们对先到先得模式作为一项公平原则都会感到非常满意，因为它最为明确地体现了机会平等的理念。由于门卫工作似乎并不需要任何技能（也就是说，不需要对求职者做出区分），也由于公寓大楼相对都是同质性的（就其对于职位的要求而言），于是我们可以想象，门卫市场在形式上可以按照先到先得模式来运作。但实际上却并非如此，其原因很有启发意义。

简言之，先到先得模式不能达到诸多实际目的，这些实际目的旨在使更为复杂的那些产品的市场实现公平性，比如多数就业匹配市场或人体器官市场。在就业匹配市场中，先到先得模式尽管可以确保进入的公平性，但它却会导致上面已经指出的那些真实存在的荒谬之处；也就是说，在直到年龄足够大以获得良好工作之前（或者很可能因为年龄大而直接失业之前），年轻人将一直处于不好的工作岗位上，而人们的各种特征并不会影响他们被分配的位置。这或许是一种公平系统——每个人都可能具有同样的机会，但在实际上却是非理性的。没有人会对此感到高兴——无论管理员、住户，还是门卫。

即使在人体器官市场这个比较简单的情况中，人们对先到先得模式的集体不快也十分明显。人体器官市场之所以倾向于按照先到先得的市场来进行组织，是因为人们很难根据个体来设定不同价值，而一旦血型和匹配兼容性得以确立，器官又是无差别的。然而，器官市场上每个人对器官的需求却并非完全相同。在多数器官市场上，处于不同危险阶段的个体会同时进入排队等候之中。那些此前医疗护理条件较差的人，也许直到疾病晚期，才会被视为潜在的器官接受者。跟那些受到医生精心看护的人相比，他们在未进行器官移植时的预期寿命也会很短。同样，不管此前医疗护理得如何，不同人的病变过程也会不同。有些人也许会面对某种急性病，而其他人的病变过程则会十分缓慢。

解决方案之一或许是根据预期寿命来对个体进行排列，但这却可能导致医生们错误描述其病人们的生命机会。医生的诚实不会得到奖赏，因而会导致某种公用品悲剧，因为他们可能会通过将所有病情都描述为"严厉"，来消除这些病情之间的真正差异。于是，原本旨在根据需求来对个体接受者进行区分，以便提供一种比先到先得模式更为公平的规范；但这一做法却很快退化为一种先到先得模式，而这种模式反过来又再生产了医疗护理体系的不平等。其过程或许很公平——人们只是根据排队等候的先后顺序来获得器官，但犹如门卫就业市场一样，其结果却是非理性的。

跟设计出一个公平而合理的捐赠器官分配体系这样的复杂事项相比，器官市场甚至比就业市场还要简单，原因有二。第一，匹配问题实际上只有对于接受方来说才是困难的。也就是说，机会（获得）的平等性是需要最大化的唯一显著目标。在每种血型内，器官可以被视为是同质性的。当然，实际情况并非完全如此。有些器官会比其他器官更好一些。有些器官在人死后被处理得没有其他器官好，还有的器官之所以比其他器官更缺乏吸引力，只是因为捐献者的生活方式问题。有的器官比其他的器官更老一些，而所有器官都肯定会随着一些观察不到的特征而变化，而这些观察不到的特征只有在将来才会显现出来。就此而言，器官就像是人。它们也有历史，也有将会死去的未来，这使它们具有或大或小的吸引力，就像找对象一样。但是，把器官视为同质的将便于我们思考，这部分是因为它们极其稀缺，相对于成千上万永远不会进入到这一系统中的器官来说，它们都是相似的。因此，器官所体现出的那些"人力资本"差异，就可以被我们放心地忽略。在器官世界中，你一般获得的正是你能获得的。但对于人和工作岗位来说，情况却非如此。人和工作岗位的这种特征对于市场的实质性运作都影响甚大。

器官市场比就业市场简单，还因为它们是一次性的高风险市场。器官市场之所以高风险，是因为器官一旦被移植，就不能再被重新使用，也就是说不会再次出现在市场上。它们一旦到位——也就是说如果移植工作有效，空缺的位置就会一直被占据着。如果器官也可以被重新使用——就像工作岗位、汽车、朋友以及围绕它可以形成市场的其他各种事物一样，那么，就会突然出现一个更为困难的问题：柠檬问题（the problem of lemons）。可以设想一下，如果这发生在器官上。那些移植失败的器官，可能会重新进入到市场中。假定一定比例的移植失败是因为器官不好，好的器官可能会移植到新的接受者身上，而不好的器官却可能在多个使用者身上不断循环（随着器官的日益衰竭，其移植失败率可能会不断升高）。虽然更多的人获得了器官，但他们的共同经历则表明他们都可能是柠檬。① 无论从匹配问题的哪一方来看，不管是将人匹配到工作岗位上，还是将工作岗位跟人匹配起来，都很容易出现柠檬市场，尤其是当先到先得成为理想模式时。

柠檬市场常见于那些在多个使用者中不断循环的产品。最为明显的例子便是公寓、汽车、朋友等市场。在纽约市，早已众所周知的是，翻阅分类的公寓广告并不能帮助你找到好的公寓。很多空着的公寓，根本没有进入市场中。这些公寓都是朋友传给朋友，或者亲人传给亲人，经常世世代代都是如此。对于好的公寓来说，尤其如此。因此，一般而言，流通的公寓往往都是糟糕的公寓，或者至少是不那么好的公寓。于是，一个柠檬市场就形成了。从雇主的角度来看，问题在于不要雇到

---

① 对于有限参与的演出，则会存在某种程度上有些不同的动态机制。因为这里关心的"好"是数量有限的，就像一个器官一样——明星只能演出一晚的特定演出也是如此，因而，我们难以观察到，跟"柠檬市场"有关的那种自我实现的动态机制。但是，有限的数量会提供理由使人们认为，你不得不成为纽约的"某人"才能去看演出，因为如果你不是"某人"，那你就必须等看到报纸广告后再来看演出，而门票那时早已售完。"成为某人"实际上意味着认识某人，也就是要处于获得有关某个稀缺事物之信息的位置上，比如难以获得的门票或稀缺的器官。

"柠檬员工"（lemon workers）。如果人们都拥有同样的获得工作的机会，而柠檬员工在工作岗位上待的时间要比"良好员工"短，那么，无业的求职者通常就可能是一个柠檬。至少会有这样的担心。

纽约市公寓市场很有启发意义。对于缺乏内部信息的人来说，通常的公寓可能就会被视为一个柠檬，就像二手车市场通常会充满柠檬，或者当器官可以流通时，器官市场上可能会充满很多无用的器官。首先，基本机制都是相同的：人们会努力搬出不好的公寓，就像人们会努力卖掉不好的车一样。相反，如果获得了一个好器官、好公寓或好汽车，他们都会努力保持对它的拥有。因此，平均而言，跟汽车和公寓在人口中的总体分布相比，公开市场上的、使用过的公寓和汽车的质量要相对较低。第二，越是差的汽车（或公寓），特定拥有者对它的拥有时间就越短。于是，真正的柠檬甚至会比边际柠檬（marginal lemons）流通更快。对于寻求者的教训便是，当寻求一辆车或一间公寓时，最佳的策略是努力利用内部信息，以便避免得到一个柠檬。通常而言，内部信息源于社会网络。最佳信息往往是朋友的推荐。不是因为朋友必然是很好的判断者，而是因为朋友通常都会努力确保你不因他们而遭遇不好之事。如果雇主要寻找员工，对他们来说，实质理性之事自然是询问朋友。对于求职之人或寻找和雇用门卫的管理员来说，同样也是如此。

结交新朋友的市场也会导致跟"柠檬"的接触，于是，人们的共同经验是，一个人进入一个新社群中形成的首次友谊往往都比较短暂。其原理都是相同的。可以想象一下，哪些人有时间去结交新朋友。越是那些无趣的和不好的人，越是难以拥有真正的朋友。由于他们的朋友很少，所以他们拥有更多的空闲时间。就事实而言，他们更可能会有空闲时间去结交新朋友。在这一意义上，就像汽车和公寓一样，这些"柠檬"朋友通常都流通很快，都依赖于新来者的社交需要，这些新来者还没有时间去建立他们所想要的那种友谊。①

朋友市场实际上很接近于就业市场，主要因为匹配过程中的双方都积极地投入到了匹配的建构过程之中。朋友市场的一个反讽之处是，尽管"柠檬"朋友可以找到彼此并成为朋友，但他们的特征（比如他们很可能是无聊而偏狭之人）却尤其会令其他的那些无聊而偏狭之人不喜。于是，当他们相遇时，他们都会避开彼此。同样，不好的工作很难匹配到不好的员工。事实上，我们可以合理地推测，不好的员工在不好的工作岗位上待的时间会比好员工短。这意味，不好的工作和不好的员工都会有更多的流通，这是人们为何可以看到职位空缺和失业人口同时存在的原因之一。② 由于周围通常都流通着更多的坏工作

---

① 这很类似于，在约会服务还没有完全合法化之前，就运用这些约会服务来寻找伴侣的那些人的经历。如果只是失败者参与到这些类型的市场之中，而失败者也会像"成功者"一样歧视他人，那么，他们将永远都找不到匹配之人，而只是不断地跟新人建立短期关系，因而才会将自己界定为失败者——也就是难以维持一段长期关系的人。

② 上述图景描绘了一个稳固的世界，这个世界没有什么变化，也就是说，这个世界中的行动者对他们所处的环境毫无感觉。坏的朋友可以凭借友谊而成为好的朋友。同样，因为界定一个好员工的要素之一是任期，于是，在某些环境中看似是坏员工的个体，在其他环境中，则可能会成为"好"员工，也就是说，会在那里长期任职。这将会反过来增强他们对其他工作的获得机会，至少在中等时期内。

和坏员工，好工作和好员工必须将自己区隔出来，来实现正确的匹配。

这正是门卫职位的情况，也就是说，是好工作在寻找好员工。当匹配对于双方来说都成问题时（比如对于门卫职位来说，雇主对好员工有自己的偏好，而雇员对于好工作也有自己的偏好），双方都将会积极地投入到利用内部信息的寻找策略之中。这意味他们将放弃可以增强机会平等的正式系统，比如先到先得这样的模式。相反，市场是通过捷径，也即社会纽带来运作的。在劳动力市场中，利用内部信息的好处是，可以给予人们一种特定的特征，这一特征使很多工作难以被多数求职者所找到，但却荒谬地可以被某些求职者所轻易找到。对于那些已经迈出一小步的人来说，很容易就可以找到这些工作。这便是门卫就业市场的性质，需要理解的关键要素则是将匹配双方的信息网络联系起来的动态机制。

信息网络与求职过程

有关信息网络与求职过程，存在很多社会学研究文献可供我们援用。1973 年，马克·格兰诺维特（Mark Granovetter）从雇员寻找职位的角度，开展过一项奠基性研究。在题为"弱关系的优势"的一篇著名论文和《找工作》（Getting a Job）这本著作中，格兰诺维特指出，人们与熟人和朋友之间所存在的"弱关系"和网络关系，在职位获得过程中发挥着重要作用。在过去的四分之一世纪中,成百上千的论文和研究都支持了这一早期发现,不管何种类型的职业和社会脉络。实际上运作着两种相互独立的机制,可以帮助我们理解,为何关系连带会对求职者和雇主都造成影响。第一种机制在信息方面运作,主要跟求职者联系紧密。第二种机制涉及信任问题,对雇主的影响会更为显著。

首先考虑信息问题。最简单的框架是,信息只跟一方有关,比如在卖方市场上寻找公寓的那些人的问题,不会同时面临公寓也在找人占用它们的复杂问题。但是,多数工作,尤其是多数好工作,都跟公寓不同。也就是说,工作不只是"容纳"人们的简单职位。跟公寓不同的是,工作更偏好于特定的人。① 于是,工作市场比公寓市场复杂得多,因为雇主都想要实现良好的匹配。如果搜寻者可以从关系网络中获益,那么,雇主也就有充分的理由来将非正式网络视为潜在雇员的来源。简单的原因是,他们会信任那些自己所认识的某人(比如一位当前的员工)所提供的信息。如果公司里的一位当前的员工推荐了某人,雇主可以相当肯定地认为,该推荐是可靠的。第一,因为那些关心自己工作的人不可能推荐一个他们自己都信不过的人;第二,因为人们都会倾向于认识跟自己具有相似价值和取向的人。犹如"懒散"之人很可能拥有懒散的朋友一样,勤勉的员工也

---

① 公寓也可以偏好于特定类型的人,尤其是合作社公寓(cooperative apartment),会对潜在的拥有者提出特定的收入和"稳定性"标准。这些标准经常会阻止少数族裔或其他不受欢迎之人进入公寓内。比如,即使麦当娜也曾被一个合作社公寓拒之门外。

很可能拥有勤勉的朋友。

其次，再来考虑信任问题。我们都不会信任完全陌生之人，我们都会信任那些我们极其熟悉之人和那些跟我们具有共同价值之人。弱关系的有趣方面在于，它们正好位于这两个极端之间。可以考虑一下涉及三人的简单例子，这三人的小世界存在轻微重叠。这三人彼此都是朋友，并且也都通过跟他们相似的人联系在一起。在每个小世界的边界处，他们都会与邻近"世界"中的个体重叠，但将他们联系起来的关系却是很少的，而且彼此的距离也很远。正是重叠的稀少性，导致一个世界（比如 A）中知晓的信息，对一个邻近世界（比如 B 或 C）中的个体也会产生意义。但是，各个世界相互分离的事实则表明，每个世界都具有不同的规范、价值和取向等特征。世界 C 中的个体，尽管在某些方面跟世界 B 中的个体有些相似，但跟世界 A 中个体则没有重叠。于是，当 C 从 B 那里听说 A 那里（以及"一个朋友的朋友"或也许是"一个朋友的朋友的朋友"）有工作机会时，其信任的基础就会削弱。弱关系也许会提供信息，但却主要出现在扩展网络（extended networks）的边缘，（有关工作和个体的）信息的质量很可能是比较差的。

信任和信息两种机制，彼此处于紧张之中。信息的扩散会快速跨越很长的社会距离。信息的流通越远，人们对信息的信任度就越低，于是，信息的价值就越小。信息和信任之间的这种紧张关系，在个体想要获得非法服务时所采用的搜寻策略中，得到最为显著的体现。在其刚好于格兰诺维特的《找工作》之前出版的著作《寻找为人打胎者》（*Search for an*

Abortionist）中①，南茜·豪威尔·李（Nancy Howell Lee）表明，当堕胎是非法之事时，那些寻找为人打胎者的女性，如果寻找的路径很长（跨越了很多个小世界），那她们所获得的信息的质量就会比那些在亲密网络中寻找的人所获得的信息的质量低。工作并不同于为人打胎者。公司的空缺岗位在被填满之前会一直空着，不管有多少人知道它们。然而，当堕胎是非法之事时，为人打胎者则并不享有这样的奢侈。如果太多人知道他们，他们很可能就会被逮捕或需要移到别处。于是，有关为人打胎者的信息来源越是距离遥远，很多其他人都获得同样信息的可能性就越大，而该信息的有用性就越低。

在决定后果方面，同样关键的是所获得信息的质量。那些从跟自己世界相距遥远的世界中获得信息的女性，很难评估她们所获得信息的质量。对于那些关心安全性和医疗条件的女性来说，信息质量是十分关键的。李的研究表明，随着路径长度的增长——比如她们通过朋友的朋友的朋友来转介，那些女性自己的期望和他们实际获得的照顾之间存在的不一致就会日益增大。这一点从下述事实看完全符合逻辑：这些信息跨越了遥远的很多小世界，而这些小世界在价值和态度方面很少存在重叠。随着信息来源的距离日益扩大，价值和取向方面的相似性也就

---

① 跟男性的关系网络相比，女性的网络往往更加聚集在当地，因为女性受到历史限制而难以从事各专业化的职业，而这些职业通常是将（地理距离）遥远的个体联系起来的有效桥梁；部分也是因为，她们在婚后采用丈夫的姓氏后，就失去了远距离的关系。

逐渐减小。①

　　只有那些不好的车和不好的公寓，才需要不断找人来占用它们。对于工作来说，同样如此。如果工作机会很好，雇主对他们所要雇用之人也会极力挑剔。到达他们那里的那些最佳求职者已经跟他们业已认识之人（或他们认识之人认识的某人）具有某种联系，于是，雇主自然会利用推荐人提供的信息，来做出他们的选择。因此，那些能够获得内部信息的人会找到好工作，因为信息对于匹配过程中的双方都是有用的，这一假定也适用于我们这里的脉络——获得一份门卫工作。但是，对于内部信息的依赖会导致宏观层面上的不幸后果，尽管雇主和雇员都对这种相互匹配感到高兴。

内部人市场的两面：机会与短队列（short queues）

　　快速浏览一下任何周刊报纸的就业求职栏目，就可以看出，门卫职位很少会被贴出来以供人们公开搜寻。即使是那些登上广告的工作，也早在碰到报摊之前，就已经被填满了。在我们

---

① 在对其他非法事物的寻找中，也可以观察到类似的动态机制。在缺乏非正式关系网络的情况下，寻找妓女的男人或寻找毒品的人们，被假扮成妓女或供货商的警察抓捕的风险都会逐渐提高。于是，通过诱捕行动而抓获的人，多数都是菜鸟。这些诱捕行动很难抓住那些在阴暗的地下经济中保持着密切接触的人——他们具有丰富的实际经验和深入的内部联系。这些诱捕行动在新闻中看起来很好，但因为只能抓住那些菜鸟，所以它们很少对想要阻止的联络发生任何影响。

的样本中,很少有门卫是通过广告才听说他们的工作的。几乎没有人是通过填写申请表或提交简历,而获得其门卫工作的。对于那些还不是门卫的人来说,这些工作几乎很难得到。但是,对于已经是门卫的人来说,他们被雇用的通常经历都很简单,除了有一点幸运之外,没有别的因素。怎么会这样呢?

但愿有少数人是通过申请获得其工作的,但在我们的样本中,绝大多数都是通过亲人或朋友获得其工作的。乍看之下会更令人惊讶,他们中的多数人甚至都从未打算成为门卫,于是,他们中的很多人都说,他们根本不需要寻找他们的工作。事实上,当让他们描述自己是如何获得其工作时,机会在他们的故事中都发挥着关键作用。机会作为一种修辞,正是"弱关系优势"这一剧情的另一面,这一修辞的运用极为常见。在此,我仅提供少数几个例子。比如,在当前公寓大楼中仅仅工作了六个月的亚历克斯,这样描述他是如何获得其工作的:

> 我是通过我的一个朋友获得这份工作的。他是这个公寓大楼的物业经理,而他很久以来都是我的朋友,所以,我就是这样获得工作的。我完全没有出去找工作。他给我提供了这份工作,于是我就接受了。我此前一直没有工作,所以,除了接受这份工作,我完全没有其他选择。

没有寻找工作的亚历克斯,他的朋友知道他没有工作,正好就为他提供了一份门卫工作。塔尔坦是一名在格林尼治村做了两个月的门卫,他也描述了其获得工作的方式。机会同样是核心要素，其背景在于，他的堂兄纳布是一名公寓管理员。跟亚历克斯一样，塔尔坦也没有寻找工作，但机会似乎太好了而不能错过。

> 我的堂兄纳布是公寓管理员，我刚为 UPS 快递公司工作完，当时大约是中午 12 点，我正在西区公路上，我看到我的堂兄开车过来。我告诉堂兄，跟着前面那辆车，因为他可能正是要去斯塔顿岛。所以，我跳上他的车——我们已经看到了他，于是我说："你这是要去哪儿？"他说，"我正要去斯塔顿岛。"于是，我跳上他的车后，他问我："嗨！堂弟，你想要一份工作吗？"我想是的，就问："在哪里？"他说，"在我的大楼里当门卫，从下午 4 点到晚上 12 点。"我很喜欢，就说："好啊"，因为我在 UPS 的工作是在早上，早上 8 点到 12 点，正好有时间。我想要做这份工作，是因为我无事可做。于是，我就这样获得了这份工作。我要回家，他却说"我们走吧，你必须去工作了"。我获得这份工作，只是因为当时的一时冲动。

看起来只是因为机会而获得工作这一要素同样体现在埃米利奥身上，他是一名已经在中镇工作了三年的门卫：

> 这基本上是通过一位朋友获得的。他和我曾经一起工作过两年。我此前在一个餐馆工作，没有赚到多少钱，又很累。于是，他说："你为何不申请一下这里的暑期位置呢？"他继续说："我认识你，也知道你在此工作很好，所以，你为何不来面试一

下?"我按他说的做了。非常简单。十分钟之后,他们就问:"你何时可以开始工作?"

萨姆讲述了一个类似的故事:

纯粹是侥幸……无论如何,我当时失业了,我的一个朋友是第五大道上的一个公寓管理员——他去到大楼地址那里,他认识我现在工作的这个公寓的管理员。所以,他说:"听着,我有个朋友正在找工作,你的公寓大楼有任何空缺的位置吗?"这个管理员一定说,"是的,让他来吧",或者诸如此类的话,于是,我就到那儿接受了面试,当天那家伙就说,"去取一些工作的衣服",让我晚上就开始工作。我不得不让我的妻子给我送来换的衣服,因为我穿着西装,你知道的,这真的很疯狂。

同样的过程,也依赖于非正式的弱关系所传递的信息,似乎也会花费很长时间。可以看一下西蒙在1983年是如何获得其工作的,他说:

我曾经有一份生意,经营一个餐馆。有一次,我认识的一个主管……他问我是否愿意帮他忙……因为他手下的一个人经常不去工作,或就像喝醉了酒,或随意花钱,于是他遇到很大困难。我当然说:"我很愿意帮助你",我刚结束这件事,又去做了一些事情,不知道又发生了什么……所以,我去帮他,在那一周，他要我去帮忙四次，在下一周，我去帮忙五次，于是就几乎每天都会问我："哎呀，你能来一下吗？"一次，有一名公寓主管跟他在同一家公司工作，这个人即将离开一段时间，他需要我去暂时帮忙，于是，这个家伙一直都没回来，而我则成为全职工作。我不知道为什么，我想我马上就会结束，但他却一直没回来，所以，我在工作 17 年之后，关了我的生意，一直到现在……

在我们的样本中，只有很少的一些案例，描述了他们等待工作的情况。泰勒确实不得不等待，而且似乎还等待了很长时间。他偶然认识了一些公寓管理员；最后，这些管理员中的一位为他提供了一个可以填补的空缺岗位。

我有个朋友，我几乎已经认识他五年之久。我获得这份工作花费了大约三年时间，因为一直没有空出来的岗位。

就像多数例子一样，泰勒也是通过社会关系获得这份工作的。或许有些奇怪的是，因为总的来说似乎十分清楚，因而在解释他们如何获得其工作时，多数门卫都不会特别关注他们对信息网络的利用。在这里，以及在其他地方，我们都可以观察到一种奇怪的双重性。正如上面已经指出的，机会提供了主要的修辞策略，门卫们正是运用这一修辞策略来描述他们如何获得其工作的。那么，我们应该完全相信这些描述和解释吗？当人们讲述有关他们自己如何成为什么的故事时，机会经常都是描述中的主要叙述要素。以泰勒的情况为例，因为这是一个有关他如何成为一名门卫的故事，于是，他为了其他那些他本可能做最后却没有做的工作跟其他人进行的各种对话以及所有的搜寻工作、无效的线索和失败的申请就都被排除在故事之外。相反，我们听到的是一个正好发生了什么的故事，独一无二的一连串事件和境遇使他获得了门卫工作。这些恰好如此的故事必然是特殊的。他们的描述中都缺失了工作中更为宏大的社会过程，而正是这些更为宏大的社会过程才使"机会"在系统层面得以可能。

正如上面指出的，这些宏大社会过程其中之一便是"弱关系的优势"模式，该模式在个体层面之外运作，并以催生机会叙事的方式结构化了个体经历。就这里的情况而言，相关的机制是社会关系构成的信息/信任网络。虽然每个个体只是叙述了遇到一位朋友的偶然机会或带给他空缺岗位信息的幸运意外，而我们观察到的则是对弱关系的系统性利用。但背后还有更多东西。尤其重要的是，各种社会关系沿着种族和族群的断层线所达到的社会结构化。社会结构作为信息和信任的传递渠道这一事实，使各种机会提供给某些人的同时，也会阻碍其他人获得这些机会。网络引荐过程（The network referral process）本身又处于更大的脉络之中，而这个更大脉络是被社会关系结构的宏观模式所界定的。阶级和族群很大程度上形塑着这一结构，于是，在这个脉络或其他脉络中，社会关系的宏观结构化都在生产着我们经常观察到的、根据种族和族群所发生的劳动力—市场区隔（the labor-market segregation）。如果朋友都是同一族群的人，朋友和亲人的引荐对于找工作又至关重要的话，那么，结果便是人们只会雇用同一族群网络中的人。在宏观层面，这一机制将导致系统性偏差。

回想一下，我在前面曾指出，各种动态机制会在两种视角的交叉处体现出来——在此是模式和描述或上面和下面所提供的两种视角。如果我们从模式视角进行思考，就会发现，在门卫市场中运作的动态机制就类似于我们在观察其他职业部门时所得出的结论。通过聚焦于工作获得过程，我们可以看到，匹配过程的双方——门卫和雇主——都从对社会关系的利用中获益。雇主之所以获益，是因为他们可以由此做出更好的决策。雇员获得工作时之所以获益，是因为他们的关系网络为他们打开了本来紧闭的方便之门。对于门卫这样的职业来说（这些工作的形式要求［站立能力、听说英语能力、开门能力等等］与实际要求之间［审慎、良好的推理能力、化解压力和分清主次的能力等等］存在着巨大鸿沟），可以使信息的信任度和质量实现最大化的网络引荐，发挥着关键而重要的作用。

找工作的机制尽管揭示了各种网络过程，但门卫的故事却是机会的故事。于是，下面的视角便是机会的视角。简言之，机会解释占据优势，是因为网络动态机制体现并被体验为机会。回想一下，一个弱关系可将某个个体跟其他的一些社会世界联系起来。机会是弱关系的下面，因为一个弱关系就是跨越小世界的随机网络纽带。关系总是存在的，而机会也总是存在的。有时，关系会激活某些人很少感兴趣的机会。我也许会通过弱关系获得一份侍应生工作，但是，因为（目前）对这份工作毫无兴趣，我就忽视了这一激活。同样，有关特定类型工作岗位空缺的信息，也会经过范围广泛的一系列连接的过滤。只有当关系、机会和能够把握住机会之人之间的偶然匹配，才会真正促成一份工作。①

正如上面指出的，通过网络机制来雇人，虽然解决了就业市场中的匹配问题，但却导致了其他的模式化的规律，其中有些情况从规范角度看起来并不好，比如获得工作的机会会按照种族、族群和性别的断层线而存在系统性不平等。因而自然会有两种理解，一种是从个体经验的角度（机会要素的角度）进行理解，另一种是从结构性机制的系统性运作角度进行理解。只有当后者能阐明前者时，后者才有社会学意义。

同族网络和工作分配过程

个体层面的机会如何会导致宏观层面的偏差？它跟门卫**如**

---

① 将上面和下面两种视角整合到一起的一种方式是垃圾桶模式（the garbage can model），这一模式首先被用来描述复杂组织中的问题、解决方案和人员之间的匹配问题。关键是，上游与下游，模式与描述，尽管看到的内容不同，但我们可以看到，两种视角如何像罗生门一样揭示出了否则我们就看不到的总体中各个要素。参见科恩（Cohen）、马奇（March）和奥尔森（Olsen），"组织决策的垃圾桶模式"（A Garbage Can Model of Organizational Choice）。简言之，垃圾桶模式考虑的是，当各种问题和解决方案被员工独立提出来时，他们如何通过将它们混合进一个垃圾桶而"找到"彼此。这里的核心洞见是，组织会为并不存在的问题生成解决方案，也会产生尚未找到解决方案的问题。人员是问题和解决方案的"调动者"，要为某个问题确定解决方案，需要三者之间的相互协调。三者在垃圾筒中的混合是机会要素。同样地，在这里，空缺的职位（问题）需要通过动员人员（人际网络推荐）来找到对应的人（解决方案）。

何被雇用来从事他们的工作为何有重要意义？首先，需要考虑一下，哪些原则在总体上对雇佣起到了结构化作用，而所有的工作匹配过程都是通过这些原则或围绕这些原则进行的。最为基本的原则是，个体不能因为跟职位无关的理由而被拒绝，比如他们的性别、年龄、种族、体重或族群。这一原则已经被写入平权行动和机会平等的法律之中。

机会平等原则制约着各种空缺职位的发布，因此，不论属于哪个种族和族群，所有人都被认为具有平等的机会去申请某个职位和被列为某个职位的候选。尽管有这些正式原则，但规避公平就业的做法也很常见，这些规避做法有很多不同的形式。在多数就业市场中，机会平等原则都会得到小心谨慎的正式遵守。多数大公司都有人力关系部门，在诸多其他事务之外，这些部门还会专门负责确保公司的做法符合国家和联邦政府制定的各项雇佣规定。尽管完全遵循正式标准来比较候选人，但多数雇佣决策都会在事后使用诉讼证明的措辞来将自身正当化，让雇主在选择时可以偏向他最为偏好的候选人。①

---

① 比如，雇主得到指点，为了完成所需要的人力关系形式以备审计检查，要使用"所选中的候选人表现出了很好的口头表达能力"这样的措辞，而不是更为诚实地使用"候选人不能恰当地使用英语"这样不利于应对诉讼的措辞。同样，拒绝某个候选人，因为他在面试时穿着太随便："候选人在面试时看起来有些衣冠不整"，这样说会令人不太满意，不如说："所选中的候选人展现出了在职业环境中工作的丰富经验"，等等。此外，正如彼得森（Peterson）、沙伯塔（Saporta）和塞德尔（Seidel），在"提供一份工作"（Offering a Job）一文中所指出的，如果将族裔性与职位匹配结合起来的话，即使是非歧视性的雇佣程序在总体上看也会是歧视性的。比如，当一个族群比其他族群拥有更有限的机会的话，就会发生这一情况。

正式申请为雇主提供了材料，这些材料可以事后证明其雇佣决策的正当，否则其雇佣决策将会很难被解释。于是，多数职位空缺都需要正式申请，门卫职位也不例外。但是，即使门卫自己也只是将申请视为粉饰。多数时候，他们都看透了雇佣过程的**形式**性质。正如艾布拉姆所言：

> 是的，人们会申请特定职位，但是，你知道的，他们往往都是通过某种关系而来的。比如说，你知道这个家伙和那个家伙，于是老板会问某人，你知道的，比如打给一个管理员，他就推荐了某人。一切都联系在一起。这些都和关系有关。他们现在甚至不会找人来申请了。就比如他们认识这个公寓大楼里的另一个管理员，他们会问："你知道谁可以来这里……为我们工作吗？"或者说："你认识可以……的人吗？"这就是现在的情况。你可以去办公室，提交申请，接受面试，诸如此类的事情，但你认识某人，你就进来了，就是这样。

不过，仍会存在一些困惑。虽然艾布拉姆很清楚，申请不是他求职过程的必然要素，但其他门卫却并不那么清楚他们是如何被雇用的。比如，卡尔起初说他获得这份工作是因为他填写了一份申请。但是，随着探问逐渐深入，一种不同的解释很快产生。

问：你是如何获得门卫工作的？
答：如何？实际上，你必须提交申请。你可以去主要办公室,或者你可以跟管理员交谈,询问是否有空缺职位;然后,我猜,你就被雇用了。他们将会雇用你。他们会给你大约九十天的试用期。如果他们觉得你很适合这份工作,那么他们就会留下你。

问:在成为门卫的过程中,你有任何家庭关系起到作用吗?

答:没有家庭关系,但有朋友关系。有个很好的朋友,我们认识很久了。

问:他是门卫?

答:是的,是门卫。实际上,他是一个管理员,我认识很久了,于是受到了他的帮助。这对我帮助很大。[①]

艾瑞克描述了大约六年前的求职过程。在一位朋友的推荐下,他填写了一份申请(知道那里有一个空缺岗位),然后就立刻被雇用了。

最初,有个朋友推荐了我;一个在这里工作的朋友。我来接受了一次面试。我提交了一份申请。我填完申请,他们就把我叫了回来,于是我就来工作了。我就是这么开始的。

正如上面指出的,雇主有合理的理由去雇用他们认识的人,当前雇员推荐的人,或他们有合理理由相信的其他人推荐的人。

---

① 这里的提问是关于卡尔如何获得其工作的,但他最初是从一般角度谈论人们如何获得其工作的,尽管他是通过弱关系找到工作的。

总体而言，跟那些看到公开的招工列表而来求职的人相比，那些有人推荐的人更有可能成为好的雇员。事实上，人们往往有合理的理由推测，那些前来求职而没有私人关系的人也许是害群之马。所以，在相同条件下，管理员会强烈地坚持雇用通过人际关系网络来求职的门卫。这同样也适用于工会推荐人去应聘新公布的职位。工会有时虽然也会将个人塞到职位上，但他们更青睐的是，让跟当前工会成员关系紧密的人来填补新空缺出来的职位。正如乔丹所言：

但实际上，我认为，在求职领域，现在几乎已经完全是靠口头推荐找工作。我是说，现在我的情况，我正好认识管理公寓大楼的管理委员会中的人，所以，这是一件跟私人朋友有关的事情。因此，通常都是这样子……或者是通过亲人介绍的。事实上，我认为工会也十分鼓励这么做，因为他们感到，如果你推荐一个认识的人，也就意味着很可能指定了一个好人，而不只是从总工会的大厅中找了一个陌生人，那么你不知道你雇用的是个什么样的人。我想，以一种不言而喻的方式，我认为工会成员的想法都会存在一种总体趋势，如果你从工会大厅中找人，就好像在说："嗯。这是一个失败者。"他们通常都是这种人；他们一般都是因为跟住户发生矛盾而丢掉工作，然后开始诉讼，于是一直处于工作和等待悬而未决的诉讼之间，所以，他们又开始找工作，你懂的。

工会跟雇主拥有很多相同的动机。工会寻求的是那些很可能加入进来的员工，或许更为关键的是，推测这些人会支持他们的那些跟合同谈判联系紧密的变相罢工活动。但是，工会虽然想要安置其成员，但却并不想要独立思考者或麻烦制造者，这些人可能最终会在跟住户的诉讼中或在跟公寓管理方的听证会上挑战工会的政策。于是，工会很乐于支持那些信誉良好的成员所推荐的朋友。因此，如果工会成员推荐朋友或家人去应聘空缺的职位，工会会更为自信地认为，如果他们被雇用了，这些人将会加入工会，正如他们已经加入工会的朋友那样。

族裔和种族不平等

无论是工会，还是雇用门卫的管理员，都不需要系统性地歧视少数族裔，以导致获得职位方面的不平等。跟生活在一个族群多样的城市中的所有普通公民相比，没有理由认为，公寓管理员更不可能是种族主义者。但是，无论他们是否心存偏见，如果管理员的族裔和种族构成是不平等的话，那么，他们通过人际关系网络来雇人，必将导致门卫职业在种族和族裔构成方面的不平等。

显而易见，雇用亲人就意味着雇用同族裔的人。由于友情经常也是沿着种族和族裔的线索而被结构化的，因而雇佣朋友，也会导致同样的后果。塞尔班是一位在派克大街工作了四分之一世纪的门卫，他这样描述这一过程：

多年前，有很多爱尔兰人，这是一件移民工作，你懂的。我不是说，所有门卫都是移民，而是说大部分都是移民工作。多年前全都是爱尔兰人，现在则全是南美人。你可以看到很多南美人。多数情况下你看到的都是南美人。当然，也要看情况而定。当我最初来这里的时候，他们有一个罗马尼亚裔的管理员，因而在这里工作的多数人都是罗马尼亚人。而现在，我们有一个西班牙裔的管理员，因而在这里工作的多数人，几乎所有人都是西班牙人。事情就是这么进展的。而街对面的那栋大楼，有个爱尔兰管理员，因而那里工作的所有人都是爱尔兰人。（他指向附近的另一栋大楼说）那栋大楼里的管理员可能就是在这个国家出生的，因为在那栋大楼里工作的人是十分混杂的。你懂的，几乎没有特别混杂的群体。没有一个特殊的种族。

有证据表明，东欧人逐渐控制了公寓服务产业。艾萨克于1990年从匈牙利移民过来，是在上东区已经做了九年的门卫；在回答一个有关其就业史的一般问题时，他描述了使自己找到工作的族裔分类筛选过程：

我的第一份工作，是在哈莱姆……的一个搬家公司。第二份工作是在一个美容院。我先是做杂务工，然后失业了，因为他们解雇了我。于是，我通过匈牙利黑手党找到了这份工作……当我说匈牙利黑手党时，我指的是其他的匈牙利人。你懂的，每个族裔群体是如何找到自己位置的，是个很有趣的事情。韩国人最终进入了杂货店的水果摊。巴基斯坦人和印度人最后进入了报摊。东欧人最后进入了公寓大楼。就像阿尔巴尼亚人和波兰人一样，匈牙利人最后是在服务业工作……这些都是传统工作。所以，我联系了一个匈牙利朋友，我跟他是在奥地利的一个难民营认识的。(他告诉朋友有个匈牙利人正在做公寓管理员）我就是这样找到工作的，（街对面）那栋大楼的管理员是匈牙利人，我并不认识他。所以，我去找他，跟他谈话。我问他是否有空缺的工作，他说没有，但他知道这个地方，正有一个空缺职位。这就是我所说的匈牙利黑手党的意思。这是合法的，但是他们会给你建议。阿尔巴尼亚人也同样如此。

尽管艾萨克工作的大楼主要是匈牙利人（对面的大楼也是如此），但在有些公寓大楼里，门卫的族裔构成则是更为多样化的，正如塞尔班所指出的。尽管多样性也许仅限于某个特定的地区。塞尔巴斯蒂安是在东区中镇上工作了七年之久的门卫，他对同事的描述是"所有人都有那么一点点，牙买加人，特立尼达拉岛人，秘鲁人"。这是在门罗主义（the Monroe Doctrine）范围内的所有人都有那么一点点。同样地，上西区的一座大楼内有两位巴基斯坦人和一位印度人做门卫。跟这栋大楼紧挨着的大楼里，有一名西班牙裔的管理员。四名门卫中的三人，都是西班牙人。不过，这些区域聚集的人群表明世界大得很。

当然，公寓门卫在族裔方面的同质性，也可能跟工作获得的不平等没有任何联系。如果通过非正式友谊和同一族群关系网络而运作的雇佣决策可以覆盖纽约市人口的整体分布，而每栋大楼都只会聚集一个族裔群体，那么，从事门卫工作的总体人口就可能是无偏的。然而，实际情况却并非如此。纽约市少数族裔人群全都被彻底排除在门卫工作之外。最为显著的缺席是来自东方的人，其实是数量较大的穆斯林人群。

当问他是否认识任何中国人做门卫时，塞尔巴斯蒂安说道：

没有。根本没有中国门卫。不。老实说，我不知道。也许不是这样，只是我不知道。也许，他们从未被引荐到这一领域，或是诸如此类的什么。我实际上并不清楚。

他不知道有任何一位中国门卫，是完全合情合理的。在我们访谈过的大约250名门卫中，分别只有一人认同自己是中国人、韩国人或日本人。为了对比，只是选择少数几个原籍国：每七人中就有一人分别出生于哥伦比亚、圭亚那和多米尼加共和国；每五人中就有一人生于爱尔兰、科索沃、阿尔巴尼亚、匈牙利和波兰；每十四人中就有一人生于波多黎各。然而，在纽约市，有大量的多米尼加人、波多黎各人、哥伦比亚人等少数族裔人口，也有很大数量的中国人和韩国人。最近这些年来，穆斯林人群在纽约市扩张迅速，但却很少有穆斯林门卫。他们很少从事门卫工作，因为他们不会"被引荐到这一领域"。相反，人们经常发现，他们在从事出租车业务，无论是黄种人还是吉卜赛人。但是，"被引荐到这一领域"究竟意味着什么？以及，我们为何会观察到工作机会存在着强烈的、以族群为基础的结构化趋势？答案很大程度上就存在于管理员身上。①

管 理 员

正如上西区一栋公寓的管理员，谈到他初次雇用黑人门卫到这栋公寓时的情况："我盘算了一下，我是黑人，我们在这工作，所以，为什么不雇黑人呢；但是，当我处理了一个西班牙家伙后，又雇了另一个西班牙家伙来替代他。我不想任何人觉得，我有种族偏见。"②

引荐游戏中的关键角色是管理员，他们对于其公寓、雇员以及住户（假如有些住户完全可信的话），几乎行使着专制性的权威。之所以形成以族裔为基础的机会机构，最简单的原因就在管理员身上，因为他们做出了多数雇佣决策，他们自己也曾做过门卫。由此推断，二十年前门卫在种族和族裔方面的分布情况，为今天管理员的分布状况提供了相对准确的图景；同样，根据今天门卫的分布状况，**也许**也可以准确地预测下一代管理

---

① 关于同族群的职业飞地，有很多研究文献，这里只是一个局部例子。由于这只是更为一般化的过程的一个实例，因而这里的目标并不是要通过聚焦于宏观层面的社会关系结构来解释这个一般化过程，而只是关注雇佣过程的微观动态机制。有关前者，可参见瓦尔丁格（Waldinger），《还是应许之城吗？——后工业时期纽约的非洲裔美国人和新移民》(*Still the Promised City?——African-Americans and New Immigrants in Postindustrial New York*)。

② 罗伯特（Roberts），"在曼哈顿，黑人门卫是稀有物种"（In Manhattan, Black Doormen Are Rare Breed）。

员的分布状况。① 因此，门卫的族裔构成的转变将是很慢的——这是城市新移民群体的分布发生长期人口转变的后果，以及那些更为稳固的移民群体的机会发生转变的后果。由于管理员的人际网络主要是他们自己族裔群体内的成员，因而他们经常倾向于雇用同一族裔群体内的人，而不会跨越族裔群体。管理员大都生活在他们所监管的公寓内，这一事实进一步加剧了内向型视角。因此，导致各个族裔社群发生长期性转变的宏大的人口总数压力，却在很大程度上不会影响他们。于是，跟处于类似地位的其他同族群成员相比，公寓管理员也许有着更为狭隘的参照框架。②

管理员也许强烈地偏好于雇用内群体成员，但他们也非常精明，会努力避免给人造成仅仅根据族裔偏好来雇人的印象；因此，每位门卫在形式上都是通过一次申请过程而被雇的。但是，这却是一个已经结果的过程。从每位门卫的角度看，是一些机缘凑巧的幸运组合使他们找到了工作。但从系统性的角度看，是喜欢雇用人际网络内的人这一强烈偏好催生了显著的族群区隔。这种区隔不但导致了两个就业阶级——那些进来的人

---

① 尽管成为一名管理员的路径经常都需要在一段时间内做过门卫，但随着管理员的工作内容日益变得行政化，这一向上流动的路径也可能被打破。通过当前门卫的族裔构成状况（假定从当前一代到管理员的晋升率是没有族裔偏向的），来推测未来管理员的族裔构成，也有可能不是一个好的策略。跟东欧人相比，黑人门卫很有可能不会成为管理员；就好像是，跟白人棒球手相比，黑人棒球手不太可能成为教练。

② 这里的想法是，因为管理员主要是生活在白人社区内，他们跟新的移民群体很少接触，而新移民群体则是通过社区邻里的继替过程来让老移民接触新文化，比如多米尼加人扩展到哈莱姆那里，等等。

与被排斥之外的人之间的区隔，而且还导致了很多小型市场，区隔出来的每个小族群都占据着一个小市场。在每个细分的小型市场中，微观的朋友关系网络决定着谁会找到工作。进入错误的细分市场中的所有人，虽然小心谨慎地填写申请，但很可能不会被雇用；最简单的原因是，他们缺乏强烈的引荐。正如瓦尔坦所言，那些做出决策的人，并不会认真关心正式的雇佣过程：

> 我在这份工作之前唯一的工作，我之所以获得它，是因为我的朋友，他是一位物业经理。我跟他有联系，管理室告诉他，他们这里需要人，他们就要了，所以，我甚至没有正式申请。实际上，我确实申请了这份工作，但不像正式面试或类似事情。他们把我送到那里，就是这样。就好像说，有人确实正式申请了这份工作，但他们却并不关心这些；如果你确实申请了，但你却并不认识任何人，那么，你去申请一份工作，就好像是，他们接受了你的申请，但他们却不会真的关心申请程序，因为所有这些家伙都已心中有人了。好比说，好吧，我的老板，他需要某人，他会打电话给他的朋友，比如其他公寓中的管理员，他会说："嗨！我需要个人，你知道谁可以来吗？"……人们就是这么进来的。

简言之，这一过程可以解释我们一开始所指出的事实之一。那些想要成为一名门卫的人，多数都缺乏机会；而那些已经成为门卫的人，经常是很容易就找到了其工作，因为当他们开始申请时，早已先行迈出了第一步。由于多数雇佣都是在同一族裔网络中进行的，因而有些人就被完全关在了这一系统的门外，而其他则可以轻轻松松地进来。就进入机会而言，网络动态机制导致了一个形式上不公平的市场，因为在基本原则上，内部信息取代了先到先得。尽管形式上不公平，但它却导致了实质性的理性后果，比如跟器官市场形成了鲜明对比，器官市场导致的是实质上非理性的宏观后果。管理员不能完全靠机缘巧合来找门卫，因为他们如果这么做，他们就可能像是拥有一个人来人往的旋转门。如果任期是工作业绩的关键，做出决策的唯一实质理性基础就是那些拥有更多信息的人。问题的关键不在于信息系统本身的运作，而在于获得管理员所拥有之信息的机会是有偏的。

小　　结

找到这样一份工作，是很不容易的。你不得不认识某个人正好认识另一个人，也就是有一些关系。很多人问我，我是如何获得这样一份工作的？这不是那么简单的，你需要认识公寓里的某个人或某个认识这些人的人。

门卫工作是可以找到的好工作，而门卫通常都会长期任职。多数门卫获得这份工作的方式，不是由于刻意寻找，似乎是突然从事的。他们显然是因为机缘巧合而陷入其中的，这大概就是他们叙述自己成为一名门卫过程时给出的解释。但这种叙述则有些天真。个体会经历各种机缘巧合之事，但机会却是社会结构的产物。在此，雇员的求职过程和雇主在市场中的匹配决策就是结构性要素。其求职过程是在亲属、朋友、同族所构成的非正式网络中运作的。正是这些非正式网络为某些个体提供了系统性机会，但同时却阻碍了其他个体的进入。那些位置便利之人在利用其个人网络时，做得天衣无缝，看起来毫不费劲。但那些想要进来的局外人，则会被无情地拒之门外。尽管他们可能完成了申请，穿着整齐的西装参加了面试，展现出了对工作要求的良好理解，如此等等。但是，他们却不可能被雇用。这是否意味着门卫市场是不公正的呢？于是，市场结构是否会影响门卫做什么？以及，市场结构是否是非理性的，如果是的话，那它对谁是非理性的呢？

一种正式而公正的门卫市场或许是，所有空缺岗位都被及时张贴出来，根据申请日期先到先得，从而实现有序匹配。在此，所有个体可能都有同等机会成为门卫。各种正式而公正的约束也是得到采用的。比如，只有那些符合某些先决条件的人，才被允许进入工作序列中的某些岗位。比如说，那些不能站立的人，那些不会说英语的人，以及那些不友好的人，则会被移出候选名单。即使有这些严格规定，这样一种市场可能会公正，但它却可能是非理性的。那些可能被雇用的门卫，很可能都是老人。因而他们在每个公寓的平均任职期限可能会很短。于是，他们对公寓的归属感就会比较低，因为他们进来不久就将离开。此外，由于很少有门卫会随着年龄增大而进入管理岗位，所以还不得不发展出一个跟门卫市场分开的管理员市场，管理员要具备不同于门卫的技能。

同样糟糕的是，管理员只是根据个体的资格证书来雇用职员，而资格证书跟工作匹配只有非常弱的关联。大多数人都会开门，但很少有人能够精神饱满地从事门卫工作二十来年。大多数人都会记得朋友们的名字，但很少有人会记得他们所服务的朋友或人们的名字和面孔。大多数人都可以偶尔保守某个秘密，但很少有人可以保守可能多达几百人的各种秘密，而他们跟这几百号人在某种程度上却只是勉强地联系在一起。因此，我们可以发现，门卫工作的实际特征——这里只是考虑了正式要求和实质活动之间的不匹配，必然在雇佣过程中发挥着某种作用。倘若如此，那么，那些在资格证书上难以看出的东西就成为最为关键的要素。这些素质会通过个人推荐得到确认，而只有值得信赖之人的推荐才是有用的。反过来，信任需要以共同的经验和期待为前提——这种共同性是联系紧密的关系网络的产物，而关系网络不可避免地是族群和种族隔离的。所以，只要有可能，管理员就会理性地雇用族群网络内的人，至少他们是这么看的。但他们的合理性会导致显著的机会不平等和某种奇怪而悖谬的事实，也即，对于有些人来说，门卫工作很容易就可以获得，而对于其他人来说，则完全不可能获得这份工作。格兰诺维特指出，弱关系在求职过程中至关重要，但我们却很难不注意到职业获得在宏观层面上存在的各种偏差，这一点是美国社会的典型特征。在此，通过聚焦于一个单独案例，我们可以看到，微观过程如何紧密地联系着和造就了我们所观察到的宏观结构。不过，同样有趣的是，那些从这种联系中受益（借此获得一份工作）和受损（借此被关在劳动力市场的大门之外）的人，都倾向于用机缘巧合来解释他们的后果。

门卫如何获得其工作为何至关重要？工作获得过程及其宏观和微观后果对于门卫做什么会有何影响吗？答案是肯定的，这正是我们接下来要讨论的话题。一旦迈入大门，门卫将会做什么？他们在同一公寓中长期待着为何会很重要？他们会遇到什么样的问题？他们的工作是否过于烦琐和压力过大，因而经常需要具备高度的敏感性和深刻的洞察力，以便在复杂的社会漩涡中从容应对，而这样的素质是由紧密的个人联系和遥远的社会距离构成的各种矛盾要求所形塑而成的吗？或者说，他们的工作是否是任何人都可以做的？这些问题都反映的三个议题，正是我在随后的章节中将要讨论的内容。

第三章

服务时间

我最不喜欢的是什么？是压力，是充满压力。我已在这里工作一段时间，觉得这是一件压力很大、很大的工作，真的是充满压力。如果你不知道你在门口该做什么，你就会做得很差劲。

（这份工作）基本上是给懒人做的……嗯，你可能会感到惊讶。说白了，你可以给一个猴子打扮一下，只要他会开这扇门和那扇门，他们就是摆设，你懂的？这就是事实。因为，我的意思是，做这件工作根本不需要任何智力。唯一需要做的是不断重复。

美丽的早春的一天，下午四点的上西区，门卫们就站立在他们的公寓大楼前。街对面，小孩子在公园里玩耍，他们的父母或保姆正坐在长凳上谈话，我们可以设想一下，诸如此类的各种事情。慢跑、遛狗或骑自行车的人从旁经过。回到公寓大楼前，似乎什么也没发生过。两名门卫离开他们的位置，跨越过他们中间相隔的 75 英尺，在中间相遇。他们一边交谈，还经常回头看他们所看守的大门。有的人会吸根香烟。他们一直都持续注意是否有危险。但危险不是源自潜在的罪犯，而是来自管理员，管理员随时都可能从他们居住的大楼中走出来。因此，他们的谈话往往很短暂。大约一两分钟。然后，他们就会回到他们的位置上。每五分钟左右，每个公寓大楼就会有人进来。当他们走向大楼时，他们会稍微调整步速，以便让门卫为他们开门。门卫通常都会向他们打招呼，有时还可以看到，他们会进行简短的对话。"今天的天气真好啊？"是这些对话的常见开头。如果天气比较冷，可能会听到友好地说"穿暖和点儿"。不管天气如何，总有一些一般性的事情可以谈论。

有时可以看到，住户正要出去。当门卫在外面时，多数住户都会努力自己开门，但人们也时常等待门卫的服务。突然，在一栋楼内，有一阵慌张的活动。一对年老的夫妇从电梯走向大厅，等待服务，开门出去。一辆出租车停在门口。邮差到达，干洗店的卡车也开过来。大约有那么几秒钟，每个人都被挤在了门口。门卫艾布拉姆让那对老夫妇出去，让邮差进来，走向后面的邮箱那里。艾布拉姆把干洗的衣物拿进来。出租车不得不在门口等待，因为大厅一直在忙活着。他几乎没有瞥见它的存在。

从出租车上下来一个提着购物袋的家庭。快速转移焦点，去思考他们的经历。他们用力提着袋子走到门前，当艾布拉姆到后面的屋子去登记干洗衣物时，把门关上了。当他回来时，他们已经用他们的钥匙打开门进入了大楼，正在按电梯。当他们两个小时前离开时，他正静静地坐在大厅读《邮报》。他们会感到奇怪：当我们需要他时，他却不在这里。随后，当他们放下杂货后，又离开大楼，到公园去散步。这时 4 点半，门卫正准备离开。他正在跟街上的邻居谈话，这位邻居打卡下班早了几分钟。留在大厅里的是瑞奇,他要值的是小夜班。刚刚换班的他,现在正在搜寻抽屉,看有没有什么可以阅读的。电梯停在一楼,那一家人走向大门。瑞奇还没站起来,小孩子已经快速跑到门前。他向那家人打招呼,跟他们谈下天气。他们都认为,今天天气很好。

对瑞奇来说,小夜班要值到晚上1点。这是一个安静的夜晚,多数住户都待在家里。一个中国餐馆的几份外卖已经送到,有些录像带已经寄到。瑞奇将一盒录像带直接送到一间公寓,又拿着其他录像带到另一间公寓,而不是用室内电话告诉住户,他们的录像带已经送到。不久之后,一个矮个子男人下来收集它们。偶尔看到的旁观者也许会对瑞奇的行为感到疑惑——他为何阻止了某个公司直接送到室内,而又允许其他公司直接进去?一位住户正在筹办一个小型聚会。瑞奇辨认出,这群人中有些人是参加聚会的客人。他们此前曾经来过,他无需打电话询问,就直接放他们进去了。其他的到访者也到达了,瑞奇问他们将要去哪里。没有询问住户,他就让一名年轻男人直接到14楼去,然后他又赶紧给那间公寓打了电话,提醒他们这个年轻人正在过去。准备前往二层的夫妇被要求等等,他要确认一下,是否有人正在等他们。等他们上去时,他又走到楼梯处,确认他们是否真的停在了二层。

大约九点半,电梯停到了一楼,阿曼达从里面走出来。她看起来好像是要出去跑步。瑞奇向她打招呼,问她将要去做什么。他注意到,这时候去跑步有些晚了,建议她"出去要注意安全"。她漫步到窗户下的长凳那里坐下来。她询问他这一天如何。他们谈论了天气和邻里。她告诉他，六楼的住户正准备搬出去。阿曼达帮他打发时间，有时，会有人进来或出去。这些离开或进入的住户多数都会打招呼说嗨，尽管也有少数人一声不吭地走过去。多数情况下，阿曼达也会跟他们说话。快到 11 点时，阿曼达看了一下手表，似乎认识到她已经失去了出去的机会。她回到电梯里，又返回了自己的公寓。然后，瑞奇说，这样的事情，至少每周会发生在她身上一次。还有一些其他人也会跟他谈很多话。聆听是其工作内容的一部分，但当瑞奇跟人说话时，多数人都不会认为他是在工作。到那天晚上为止，至少有十几位住户都看到他整晚都无所事事。而这是他们的通常经历。然而需要再次指出的是，与此同时，当他们最为需要他时，他经常都在忙碌之中。住户对此感到困惑。我们还观察到或许同样令人困惑的其他事情：整个晚上，瑞奇在以不同的方式处理相似的问题。有的客人不得不等待，而有的客人则被允许直接进入。有时，他会打电话给住户，让他们来取走自己的录像带，而有时，他又让寄送者直接送进去。似乎没有任何理由或规律，可以说明他的选择性提供服务。我们该如何解释这些不同的行为模式？以及，它们有何重要意义？

本章将要关注的正是住户和门卫的日常经历，他们在看似微小的各种互动中进行着协商，这些微小互动不只发生在整个一天之中，而且是发生在一整年之中，通常还发生在很多年的过程中。多数公寓大楼里的多数住户都知道门卫的名字。很多人是看着他逐渐变老的。他们对他的家庭则所知甚少。但一般来说，他们都几乎不知道。他们不知道他喜欢吃什么样的食物，不知道他最近在家看过的电影是哪部，不知道他的饮酒习惯、他的朋友或亲人。相反，瑞奇以及其他门卫则一直对他们的住户观察了很多年。他知道他们何时回家，知道他们晚上做什么，看什么电影，以及喜欢吃什么食物。如果他们喝酒，他也会知道。他知道他们中的某位是否有外遇，是否遭遇困扰，以及他们的某位朋友何时过来。他可能一看就可以认出他们的亲人。他还知道他们的喜好（很大程度上是因为他帮他们培养出了这些喜好）。当有朋友来访时，他们希望被通知吗？他们想把他们的录像带留在楼下吗？如果想的话，又是为何？他知道谁把录像带留在楼下，是因为他们要避免给那些送来录像带的小孩子小费；知道谁把录像带留在楼下，是因为他们租借了色情录像带，不想让送录像带的小孩子凑巧看到他们，以免尴尬。他们希望每次遇到他们都打招呼呢，还是说，只是希望最初几次打招呼就好？如果被问到，任何门卫都将会告诉你，他们的工作内容就是知晓所有这些事情，虽然很少有门卫会告诉你，就住在他们公寓中的特定住户的任何事情。

门卫们桥接和维持着公寓内外之间的界限。他们最终会在同一公寓大楼里工作多年，以各种同样细微的方式，在服务着同样的住户。正是他们与同一住户之间关系的持久性，他们不断提供的服务的"细微性"，以及人来人往的无规律性，在限定着他们的一天，并制造了使其经历得以产生和结构化的特定现象学条件。住户和门卫的关系日复一日、年复一年地再生产着它们自己，在这些关系中，住户和门卫共同管理着大厅的各项事务，就像在持续不断的跳舞。在本章中，我将聚焦于这一管理过程的一个方面，也即对活动和时间的管理。我将讨论一个无论是从门卫还是住户视角看都是大厅中最为显而易见的矛盾，也即无所事事、无聊与忙碌不堪、压力之间的紧张。

在考察对时间的管理时，门卫工作经历的一个核心特征就是，门卫同时用无聊和压力大来形容他们的工作这一事实。没有一个门卫可以逃脱这个明显很奇怪的问题。我将讨论这一矛盾的根源，并表明这是服务员—客户系统所存在的一个一般问题。尽管所有的服务员—客户系统都会产生忙碌时期（压力）和无所事事时期（无聊），但作为服务员的门卫与作为客户的住户之间所形成的特殊关系却导致了一系列独特的议题和问题，这一系列议题和问题为大厅作为某种互动性环境的日常建构提供了纺线。在聚焦于这个深层次问题之前，让我们首先梳理简单的定量资料，按照他们已做的工作来认识其工作的具体细节。

门卫的实际工作内容是什么？

有一种观点认为，门卫是服务于住户的私人管家，不管住户提出什么要求，都要在住户提出要求时满足住户。通常情况下，持有这种观点的人往往是那些并未接触过门卫的人。但在描述他们的工作时，有些门卫会将这种观点视为基本模式。正如艾萨克所言：

> 或多或少，我们的工作就是让住户的生活更简单方便，以

至于他们都无需动手。这就是我们的工作。所以，或多或少，不论他们需要什么，那都是我们需要做的。我们为他们提供便利。

很多门卫更强烈地认为，他们的住户完全没用，不能自理。在回答"你认为人们为何生活在配有门卫的公寓中"这一问题时，鲍勃说：

他们需要我们，是因为他们自己不能生活。这是我唯一知道的事情。我们在这里干的事情，我自己可以做，你知道我的意思吗？我得帮他们开门，可开门是我自己就可以干的事情。提袋子，搬行李，诸如这样的鬼事情。但他们不能做这些事，他们有钱，然后为这些事付钱。

尽管他们会做大量事情，但仍然有很多事情是门卫不会为住户做的。同样，有住户想要他们的门卫做的事情会为其他住户造成问题，因此，门卫不能轻易地同时满足其所有住户的需要。除此之外，门卫还有很多工作，我们可以参照一个一般性的工作列表，来描述其工作的具体细节。

那么，下面就是其工作的各种细节。通常对一名门卫进行观察可以发现，他只是站在门前或坐在大厅里面的桌子后边。而在任何既定时刻，这事实上就是门卫们正在做的事情。尽管他们的多数时间都花费在门前或大厅里，而且在这些时间中的多数都是无所事事的，门卫通常做的工作实际上远不止为住户及其访客开门。在这一节,我将讨论门卫们的具体工作内容是什么,以及这些工作内容如何随着班次和邻里的变化而变化。目的是从定量角度进行简单描述,以作为背景。表3.1最下面一行表明,几乎所有门卫都会迎接客人(92.6%)、签收包裹(88.7%)、通告客人到访(89.7%)、提供安保(90.2%)。超过一半的门卫说,他们会叫出租车(69.6%)、清扫公共区域(63.2%)、铲雪(56.9%)、为住户送包裹(52.9%)。大约有三分之一的门卫会负责递送邮件(35.8%)、进行公寓前面户外区域的清洁(39.7%)、递送报刊(32.4%)、操作电梯(33.3%),以及在所服务公寓内帮助从事较小的维修保障任务(33.3%)。只有很少的门卫会去为住户停车(9.8%)、移除住户的垃圾(20.1%)或从事其他活动(没有在表中显示),比如园艺工作(6.7%)和核查身份(6.7%)。

表3.1总体上根据班次展现了这些活动的分布。尽管任何一天的24小时都可以潜在地被分为三班不重叠的八小时轮班,但有些门卫经常在不同的班次工作(比如半个小夜班或半个夜班)。在受访者中,只有5%的门卫单独值完整的夜班(晚上12点到早上7点);在那些晚上工作的门卫中,多数都是在小夜班和夜班之间交替倒换。因此,在门卫考虑他们的工作时,他们会总结自己可能要工作的多个班次。在这种可能会导致班次区分模糊的背景下,我将联系工作任务的总体分布,来讨论班次如何结构化工作任务。若对这一点给予特别留意,我们就会从表3.1中看出,从门卫的工作内容来看,各个班次十分相似。不管门卫具体做什么,他们的正式工作内容似乎都不会随着班次

表 3.1 不同班次的工作内容

班次	迎接客人	叫出租车	递送报刊	递送邮件	停车	签收包裹	铲雪	清扫公共区域	移除住户的垃圾	进行户外公共区域的清洁	通告客人到访	提供安保	维修保障任务	操作电梯	为住户送包裹
白班 N=57	51 89.5%	43 75.4%	19 33.3%	23 40.4%	4 7.0%	50 87.7%	32 56.1%	31 54.4%	11 19.3%	21 36.8%	50 87.7%	50 87.7%	17 29.8%	18 31.6%	31 54.4%
小夜班 N=95	92 96.8%	63 66.3%	30 31.6%	28 29.5%	9 9.5%	86 90.5%	51 53.7%	56 58.9%	18 18.9%	36 37.9%	87 91.6%	84 88.4%	31 32.6%	32 33.7%	48 50.5%
夜班 N=10	10 100%	7 70.0%	4 40.0%	2 20.0%	3 30.0%	7 70.0%	7 70.0%	8 80.0%	3 30.0%	2 20.0%	9 90.0%	10 100%	4 40.0%	2 20.0%	4 40.0%
多重班次 N=42	36 85.7%	29 69.0%	13 31.0%	20 47.6%	4 9.5%	39 92.9%	26 61.9%	34 81.0%	9 21.4%	22 52.4%	37 88.1%	40 95.2%	16 38.1%	16 38.15%	25 59.5%
合计 N=204	189 92.6%	142 69.9%	66 32.4%	73 35.8%	20 9.8%	181 88.7%	116 56.9%	129 63.2%	41 20.1%	81 39.7%	183 89.7%	184 90.2%	69 33.3%	68 33.3%	108 52.9%

而发生变化。正如在白班和小夜班之间倒换的东区门卫彼得所言：

> 每天一般是怎么过的？我们来上班，然后照章办事。做好登记工作，丢开我们不需要做的事情。接收包裹，干洗衣物，分类邮件，以及食物配送。我们要协调各个食物配送方；要协调工人和杂务工。我们指引杂务工和管理员到公寓存在问题的地方。我们接收各种投诉，然后让杂务工去解决问题。我们必须（向住户）通告所有访客，并细心关注进入公寓里的每个人。我们必须时刻警惕危险——对于大厅和内部区域，我们负有责任。这基本上就是我们的职责。每一天通常都这样过。其他都是一些常见事务。也就是（人和物品要）进来，要登记。登记包裹、快递，干洗衣物，邮件分类，向住户打招呼，叫出租车，协调各项工作，确保一切进展顺利。这基本上就是我们的工作。

对于"轮班如何？是否影响你的工作内容？"这样的类似问题，尼古拉回答说：

> 不，实际上没什么影响。上小夜班时，我会在 8 点后用更多时间阅读书报。我会接收到更多的外卖——比萨或中餐，我会把楼下的垃圾收起来并分类，晚上把垃圾丢到街上垃圾桶里，但上小夜班，你必须做好准备。当人们下班回来时，我会把干洗衣物和包裹登记出来。有时，晚上是非常无聊透顶的，没有别的事情。2 点以后，我会坐下来，把脚搭在空中；然后，晨报

就会送到，我会收到《邮报》《纽约时报》《华尔街日报》，在所有报纸上标上 14C 或 13A 公寓，大概如此。我打扫大厅，为新的一天做好准备。

这表明，即使工作的正式内容没什么不同——必须时刻关注门口、需要登记时进行登记、跟踪事情进展等等，当对时间段进行细分后，我们会发现门卫在每个班次上的感受变化很大。当值小夜班时，相对于刚上班时的忙碌不堪，晚上 8 点以后会比较空闲；当值夜班时，凌晨 2 点以后会感觉时间过得很慢，只会有零星的事情，比如当晨报送到时。随着轮班的变化，跟他人的关系和对于自己工作时间表、晋升机会的满意度，也会发生变化。那些值白班的人更可能对他们的工作时间表、他们的人际关系和晋升机会感到非常满意；那些值小夜班或夜班的人则更多地感到不满意。从表 3.2、3.3 和 3.4 中可以看出这些联系，这些表格列出了门卫的工作班次和他们对人际接触、工作时间表和晋升机会的满意度。

表 3.2　不同班次的门卫对跟他人接触的满意度

班次	非常满意	满意	不太满意	不满意	合　计
白班	24 (41.4%)	25 (43.1%)	6 (10.3%)	3 (5.2%)	58 (100%)
小夜班	30 (31.6%)	54 (56.8%)	5 (5.3%)	6 (6.3%)	95 (100%)
夜班	2 (18.2%)	8 (72.7%)	1 (9.1%)	0	11 (100%)

续表

班次	非常满意	满意	不太满意	不满意	合计
多重班次	11 (26.2%)	26 (61.9%)	3 (7.1%)	2 (4.8%)	42 (100%)
合计	67 (32.5%)	113 (54.9%)	15 (7.3%)	11 (5.3%)	206 (100%)

表3.3 不同班次的门卫对工作时间表的满意度

班次	非常满意	满意	不太满意	不满意	合计
白班	26 (45.6%)	19 (33.3%)	6 (10.5%)	6 (10.5%)	57 (100%)
小夜班	18 (18.4%)	49 (50.0%)	17 (17.3%)	14 (14.3%)	98 (100%)
夜班	1 (10.0%)	4 (40.0%)	3 (30.0%)	2 (20.0%)	10 (100%)
多重班次	6 (15.0%)	19 (47.5%)	9 (22.5%)	6 (15.0%)	40 (100%)
合计	51 (24.9%)	91 (44.4%)	35 (17.1%)	28 (13.7%)	205 (100%)

表3.4 不同班次的门卫对于晋升机会的满意度

班次	非常满意	满意	不太满意	不满意	合计
白班	7 (14.9%)	11 (23.4%)	6 (12.8%)	23 (48.9%)	47 (100%)
小夜班	5 (5.8%)	26 (30.2%)	22 (25.6%)	33 (38.4%)	86 (100%)

续表

班次	非常满意	满意	不太满意	不满意	合 计
夜班	0	3 (33.3%)	3 (33.3%)	3 (33.3%)	9 (100%)
多重班次	3 (8.1%)	16 (43.2%)	8 (21.6%)	10 (27.0%)	37 (100%)
合计	15 (8.4%)	56 (31.3%)	39 (21.8%)	69 (38.5%)	179 (100%)

社 区 效 应？

然而，工作内容确实会随着社区而有所变化，尽管变化并不显著。在此，我仅聚焦于上东区、东区、西区、中城和下城，这些都是简单的纽约市社会—空间区域。表3.5体现了不同社区的门卫的工作内容的差异。正如预期的那样，社区之间的最显著差异主要体现在那些频率比较低的工作内容方面。此外，即使在所有的更为常见的活动方面，上东区的门卫也比其他门卫做得更多。同样，在所有的频率较低的活动方面，中城的门卫做得最少，在有些情况下显著少于所有其他区域的门卫。总体上，将纽约的刻板印象和他们的经验结合起来看的话，上东区的门卫经常做得最多，而中城的门卫往往做得最少。但是，在所有可能的比较中，多数差异都并不具有统计学上的显著意义——也即，不管在哪里工作，门卫们都做着同样的事情（无论以何种形式）。

表 3.5 不同社区（工作场所邮政编码）的门卫工作

社区	迎接客人	叫出租车	递送报刊	递送邮件	停车	签收包裹	铲雪	清扫公共区域	移除住户的垃圾	进行户外公共区域的清洁	通告客人到访	提供安保	维修保障任务	操作电梯	为住户送包裹
下镇 N=17	14 82.4%	7 41.2%	4 23.5%	4 23.5%	2 11.8%	13 76.5%	8 47.1%	7 41.2%	3 17.6%	4 23.5%	14 82.4%	17 100%	5 29.4%	3 17.6%	4 23.5%
中镇 N=11	8 72.7%	5 45.5%	2 18.2%	3 27.3%	9		3 27.3%	6 54.5%	1 9.1%	2 18.2%	8 72.7%	9 81.8%	2 18.2%	1 9.1%	2 18.2%
东区 N=39	39 100%	32 82.1%	3 7.7%	8 20.5%	3 7.7%	38 97.4%	20 51.3%	28 71.8%	5 12.8%	14 35.9%	38 97.4%	35 89.7%	13 33.3%	4 10.3%	19 48.7%
上东区 N=80	78 97.5%	70 87.5%	41 51.3%	37 46.3%	9 11.3%	72 90.0%	54 67.5%	52 65.0%	22 27.5%	34 42.5%	75 93.8%	75 93.8%	28 35.0%	37 46.3	48 60.0%
上西区 N=60	53 88.3%	28 46.7%	17 28.3%	21 35.0%	7 11.7%	52 86.7%	31 51.7%	37 61.7%	10 16.7%	27 45.0%	51 86.7%	51 85.0%	20 33.3%	23 38.3%	37 61.7%
合计 N=207	192 92.8%	142 68.6%	67 32.4%	73 35.3%	21 10.1%	184 88.9%	116 56.0%	130 62.8%	41 19.8%	81 39.1%	186 89.9%	184 90.2%	68 32.9%	68 32.9%	110 53.1%

* 译注：原著为 8.05%，应为 85.0%。

这并不意味着没有社区效应，也不意味着没有有关社区效应的讨论。在对自己在东区和西区做门卫的经验进行比较时，一个门卫评论道：

这里（西区）要更好。这座公寓里的人都是普通人。他们有工作，所以，他们知道做一个员工多不容易。因此，他们对你会更好一些。当我工作繁忙时，他们会理解和等待。而在东区，每个人都认为他们有特殊的事情。

康斯柯呼应了这种感触：

从我个人角度看，我想说，在东区工作要更辛苦。因为他们，东区的住户们，会更为苛刻，我的意思是这是顶级公寓里的顶级。我是说，你需要特别留心注意。你要时刻保持警惕。决不能玩耍。你知道我的意思。你必须小心谨慎。

但是，犹如很多其他事情一样，这似乎只是一个简单的刻板印象，因为具有类似经验（在不同公寓工作）的其他门卫则表达了相反的观点；比如，现在正在东区工作的卡门——从中镇的一个大公寓转到了这里——如此描述他的新客户：

这座公寓里的人是更好的那种人。我的一些朋友说，这里（东区）的人很势利，但这不是事实。他们都很得体。也就是说，他们对待你的方式都很恰当。更好的、高素质的人不会轻视门卫，而低素质的人却通常会难为门卫，他们的自卑情结，让他们努力通过贬低他人来补偿自己。①

总之，跟社会阶级之间的距离相比，城区因素对于住户—门卫之间互动的影响很小——对纽约市进行的估计，但只是部分。

无　　聊

尽管如此，若考虑到所有因素的话，无论班次还是社区，在对门卫活动的结构化方面所起到的作用，都没有我们预期的那么大。虽然上东区的门卫对他们日常工作的描述中的确包含更多的任务，但他们在描述中提到自己无聊和无所事事的概率同其他城区的门卫一样。他们也没有说感到更多压力。不管在哪里工作和值什么班次，所有门卫对其工作的描述都是在纯粹无聊与忙忙碌碌之间的不断转换。比如，在西区工作的门卫约翰这样描述他的日常：

大概像这样，忙碌一番后安静下来，然后又开始忙碌，你看我现在可以接受访谈，但其他时候，我甚至可能都没有时间

---

① 不过，这种感触之所以产生，可能如鲍勃（西区的一个门卫）所言："当你服侍富人时，你自己也会开始变成势利之人。"

跟你打招呼,因为我非常忙。有刚买完杂货的人会进来,还有你看到的那些送货的家伙们,于是忙碌起来,然后又像现在一样,你看,静悄悄的。

艾瑞克以类似的口吻描述了忙碌不堪与无聊之间的转换,不过,在此,他区分了忙碌日(周六)和安静日(周日):

这依赖于你值的是什么班。我的工作就像是救援人员。我值两个班:下午 4 点到晚上 12 点和午夜到早上 8 点。通常,4 点到 12 点会很忙,因为人们不断进进出出。出去看电影、吃饭,诸如此类的事情。这里,人们都不做饭。所以,他们会出去吃晚饭什么的,因而我很忙,进进出出……周日是最糟糕的时间。每个小时感觉就像是三小时(因为没有什么事情可做)。

在一天中的很长时间内,门卫经常都是完全无事可做。因而他们往往感到很无聊。正如伊蒙在描述他的日常时所说:①

无聊,非常无聊。在一个人进来和另一个人进来之间是一段很长的时间。有时候,可能半个小时,15 分钟,而他们希望,

---

① 在五段引用的中间,读者也许已经对这些不断重复的感触感到无聊。但正如素德·文卡特斯(Sudhir Venkatesh)告诉我的,书籍不像电影,在电影中,导演可以形塑观众的情绪;而跟电影制作人不同的是,当进展缓慢时,读者会跳读某些部分。我借此机会说这些,是因为无聊(boredom)的体验是如此显著,以至于在某种意义上,如果不让读者感到无聊,就难以传达出门卫的无聊感。

当他们过来时，你要一直站着并注意力集中或是什么。

马里奥扩展了这一话题：

我来到这，大约每 20 分钟会吸根烟。我每天都看报，前台下面放着的东西我都会读。晚上 8 点是我的晚餐休息时间。有时候，我的朋友会过来，我们一起聊天和闲逛。我必须按下按钮让送货人进来，询问住户他们愿意自己下来还是让送货的上去。大概就是这样。

菲利克斯以类似的话描述了他的工作：

这个班次确实很无聊。它是 4 点到 12 点，这时，多数人都正好回家。因此，我通常需要做的是帮他们把包裹或食物拿进来。这一工作最难的部分是，努力保持清醒。这是最难做到的。你可以看看。你在这待上 20 分钟，也不会有一个人进来。所以，晚上是最难熬的。我得注视着门口，努力不去做任何其他事情。不可以读报或看手机，他们就希望你像一个雕塑一样站在门口。这项工作并不需要你做太多。

压　　力

但无聊只是门卫讲述的故事的一半。故事的另一半，则是有关压力。在访谈中将其工作描述为死一般沉寂无聊的门卫，同时也会说，他们担负着高度的压力和责任。比如，当被问及工作中最不喜欢的内容时，佩德罗如此回答：

> 我最不喜欢什么？压力，压力很大。我已在这工作了一段时间，真的是一件压力很大很大的工作，它会让你感到压力山大。如果你不知道你在门口要干些什么，你真的会把事情弄糟。

同样，拉朗也将其日常的一天描述为压力很大、工作很忙：

> 一天中的日常就是很多工作……而且还会更多。有时候，最忙碌的时候会是邮件送到时、包裹寄到时和干洗衣物到达时。中国小伙会想办法混进公寓，将菜单贴到楼里，这始终是一个问题。有些人在公寓内办公，他们让信使进进出出，住户会给你东西，让某人拿走。他们给你的指令，以及跟你交代的任何事情，这类事务可能很简单，但是，你可能要同时处理5到7件甚至12件这些一下都跳了出来的事情，而他们都认自己的是最重要的那一件。

听起来有些荒谬的"中国小伙"问题，经常会引发抱怨。所有公寓大楼都张贴了"不准张贴菜单"的标志，但这似乎并不能完全消除问题。正如已经在东区工作了二十一年的门卫汤姆所言（注意当他去处理车辆时是如何发现自己陷入危险的！）：

二十一年之久……我还是不知道中国小伙，中国人，那些中餐馆的伙计们，是如何混进这个地方并将菜单塞进每个门缝的。这真的难倒了我。我觉得他们会盯着你。当你去为某人叫车时，他们就鬼鬼祟祟地混了进去。但他之前一定藏在灌木丛中的某个地方。这是我能想到的最为奇怪的事情。

拉德扎克在上东区一个合住公寓中工作，这个公寓的住户流动性很强，他这样描述他的一天：

你必须确保没有任何未通告过的人或不受欢迎之人上去。我们在后门安装了安保摄像机，所以，你必须时刻注意那扇门。要注意当有人离开时，也会有人进来；你必须担心登记东西。UPS 快递公司将会送来 50 个箱子，你必须一一登记，同时，你还在安排一个杂务工进入某个公寓，或者正通过电话接受服务订单，比如说："噢，我的浴缸漏水。"所以，你必须坐在这里，把事情一一登记入册。于是，你要为来到这里的所有修理工、杂工，登记好所有这些事情。你要把贴纸贴到箱子上，以便住户回到家，知道他们有个包裹要取。你懂的，很多都要你负责；这不是一件简单的工作。你要回复电话，你要接听无线步话机，同时内部对讲机也会响起，你有 15 个人正在排队等包裹，你要应对快递人员。我的意思是说，有时候，我真想说："让我一个人静静！"

需要予以解释的问题是,对于同一份工作为何会同时感到无聊和压力大?可以同样如此描述其他工作吗?如果可以的话,那么是哪些工作,以及为何?显而易见,可与之比较的是服务业中的其他工作,飞越大西洋的空乘人员、调酒师和侍者、婚礼策划师、机场安保人员、公园里的热狗兜售者,这些人都会进入我们的脑海,其工作被视为会同时体验无所事事和突然爆发的巨大压力。理解这一体验——从上面的、模式的视角——便是下一部分的核心。

队 列 和 拥 挤

为何门卫们在为没事可做而感到无聊的同时又会因为工作太多而感到压力大?问题的答案有一个陌生的来源——处理机场交通流量问题的人,处理电话和电力服务中转接网络的人,为高要求、高敏感度的电脑系统组织最优服务网络的人,他们负责的这些系统担负不起任何故障——简而言之就是运筹学问题。运筹学中有一个长期而杰出的学术传统,就是专门关注拥挤、队列和等待问题的。尽管最近动态模型服务系统方面已经取得了相当大的进步(主要是通过复杂仿真取得的进步,这一研究方向最初受到伦纳德·克兰罗克[Leonard Klienrock]的严厉批评),但对于我们的研究目的而言,最为相关的是早期的经典研究。在此,1961 年,戴维·考克斯(D. R. Cox)和瓦特·斯密斯(Walter Smith)的导论性文本为我们提供了最方便的出发点。①

在合理的范围内，服务员是为了高效地处理好某些时段内的平均客流而设定的。人们不会期待杂货店在下午 4 点到 7 点之间只有一条结账通道，同样，人们也不会期待凌晨 2 点到 3 点之间会看到八位收银员。如果公司安排太多的服务员来处理日常的平均客流，那这是在浪费钱。另一方面，如果服务员安排得太少，他们就难以处理常规的客户需求。因此，公司会找到处理常规客流的最佳服务员人数，在技术上将常规客流界定为"某段时期 T 内的平均客流"。尽管"某段时期 T 内的平均客流"将会接近于观察到的客流平均数，但对于任何一段既定时期 T 而言，实际观察到的客流却将是变化的。有些时期将会被视为冷淡期，而其他时期则会被视为高峰期。为平均客流而设计的系统，自然会在有些时期是应接不暇的，而在另一些时期又是闲置不用的。

如果客流在平均值周围的变化是唯一问题，那么，服务系统虽然将难以完美地校准，但复杂性却会相对较小，当然也就不足以产生数学理论的一个分支领域——队列理论了。运筹学研究中众所周知的真正的问题在于，鉴于客户到达会存在一定程度的不规律性，服务于一名客户的时间具有可变性，因而服务员—客户系统（服务员可以是从柜台前的员工到机场跑道的任何东西）一定会产生拥挤问题。

---

① 克兰罗克等（Klienrock et al.），《沟通网络》（*Communication Nets*）；克兰罗克等（Klienrock et al.），《排队系统》（*Queuing Systems*）；考克斯（Cox）和史密斯（Smith），《队列》（*Queues*）。

首先，只考虑到达时间的可变性所引发的问题。可将到达时间界定为一名客户（顾客、飞机、信息等等）进入系统的那一瞬间。这可以是一通电话，一名下楼乘坐出租车的住户，一位送中餐的外卖员，到达门口的其他人，等等。何种模型可以最佳地预测下一位客户的到达时间？除非有预先安排好的到达时间表（比如，跟医生每 15 分钟预约一次，或跑道上每 15 分钟起飞一次），最简单的、也是最精确的模型会预测说，某个元素的到达可能性是随机的。当然，也存在更为复杂的模式。但是，正如我们将会看到的，它们通常会加剧某个随机到达模式所导致的状况。

到　　达

假定在特定时期 T 内——此时期可以是一分钟、一个小时或一天——社会为所讨论系统所界定的任何一段时间间隔内，平均会发生 N 次事件。在我们的情况里，我们可以按照 8 小时轮班制来思考。如果事件的到达在时间上是随机发生的，那么，一个事件到达的可能性就只是 T/N。假设一个简单的情况，N = 100 个事件，在单个班次内到达，可分为 100 个小的时间间隔（对于每个 8 小时班次而言，就是 8 × 60 分钟 = 480 分钟/100，或者说大约每 5 分钟发生一个事件）。如果所有事件都不会占满 5 分钟，而每个事件的到达最终都间隔在 5 分钟左右，那么，生活将会简单得多。一个服务员就可以日复一日地独自处理好这些事情，如果这个服务员是人而不是机器的话，也不会感到有压力或无聊。

但生活并非如此简单。暂时忽略第二个深层次问题，也即完成一个事件所需花费时间的可变性，只是考虑在当天 100 个 5 分钟内各个事件的发生时机问题。当天有些时期会很空闲，而其他时期则又事件频发。这种有时空闲、有时繁忙的模式是正常的。它源于如下事实：每个客户到达的可能性都独立于其他客户的到达。因而一个事件到达的概率，在所剩时间范围内是一样的。于是，其到达自然"不在乎"时间问题（这正是独立性的含义），他们将会根据自己的意愿到达。这意味着，他们可能会在某个时间段一起到达。如果他们在某些时间段一起到达，其他时间段则将不会发生任何事件。当他们一起到达时，则会产生拥挤问题。当拥挤发生时，门卫就会感到压力。当没有客户到达时，服务员就会无所事事，门卫就会感到无聊。就是如此简单。

于是，由于满足每个请求的服务时间是相互独立的，客户到达时间的简单分布将会导致某些时间段的拥挤和其他时间段的空闲。如果所有客户都是同质性的，他们可以随意安排；因而可以通过组织服务系统来避免拥挤。比如，邮筒服务就是如此。邮政服务将每个地方都视为相似的，通过建立一个信件收集的时间表使每天可以接受到一次或两次服务（清空邮筒）的邮筒数量最大化。多数装配过程都是如此运作的。比如，同样的瓶子（作为客户）以固定的时间间隔通过每条装配线，等待盖子（作为服务员）加盖上去。但是，对于运筹学专家来说，这些简单的例子都需要满足如下条件：事件是可以筹划的，客户是同质性的，服务每个顾客的时间是不变的。但这些条件的满足是很少见的。

第一个问题便是社会情境问题，比如在公寓大厅中，来到这里的客户都有不同的需要。有些需要几秒钟就可以满足，而有些需要则要花费更长时间。导致服务每个客户的时间长短不断变化的各种根源，是数不尽的。举一个熟悉的例子，考虑一下杂货店里发生的事情。每个人去店里都是要去买杂货的，因而在一定程度上，服务时间似乎应该是很固定的。但实际上显然并非如此。服务时间（在此主要指在收银台结账的时间）不断变化的根源之一是购物车中货物的多少——这使杂货店专门为那些购买了很少物品的顾客开设了快捷通道。但是，即使忽略了购买数量问题，时间延迟的可能情况似乎还是无限多的。我们多数人都有过这样的不幸遭遇，站在我们前面的那位顾客，在费力地数着硬币，以便"帮到忙"，给出准确的零钱。同样，跟那些购物车中装着进口新鲜蔬菜和植物的顾客相比，购物车装的都是可扫描价格的罐装物品的顾客，会更快地完成付款；对于前者，收银员必须查找并输入代码。

没有任何理由可使人们相信，服务时间的可变性是可以完全预测的。在杂货店里，那些购物车中只有罐装物品的顾客，跟那些只购买进口蔬菜的顾客，可能会同时到达。在公寓大厅里，难以递送的物品或难以满足的客人不会等员工空闲的时才到达。因为到达大厅（或商店）的人们具有不同的需要，因而服务时间会有很大的可变性；这意味着，有些客户在有些时间将不得不在队列中等候。

跟到达时间的可变性相伴随的是，这种可变性导致的后果：服务员将会在某些时间极其忙碌，而客户将不得不排队等待。即使短期的意外延误，也会导致某些时间队列的拥挤。如果拥挤达到系统性的严重程度，就需要额外增加服务员（更多的职员、另一位门卫、额外的实习牙医、为小飞机准备一条新跑道等等）。但是，除非大量的冗员根植于服务员系统之中，否则在某些时刻，会有不止一位客户同时到达服务点；或者，当服务员在忙时，除了正在接受服务的人之外，所有人都要排队等待。等待是动态性服务系统的首要后果。如果人们不得不等待很久，或者他们经常都有不得不等待的经历的话，顾客的严重不满就将是一个显著的次级后果。① 从客户的视角看——也就是从那些经常不得不排队等待的人的角度看，这也许是唯一重要的后果。但事实并不完全如此。还有多种观点需要我们考虑，这些观点可使我们看清楚其他一些同样重要的后果。

服务的优先级

对于那些从事服务的人而言，拥挤会导致各种困境和决策。

---

① 在许多拥挤状态很常见的系统中，客户也许会有多重策略可供选择。用赫希曼（Hirschman）在《退出、呼吁和忠诚》（*Exit*, *Voice*, *Loyalty*）一书中的术语来说，他们可以退出，可以表达自己的呼声，或者保持忠诚。当飞机正在飞行时，飞机上的乘客不准有退出选项，但是，他们可以在下一次乘机时选择另一家航空公司。如果某个地方过于拥挤，饮酒客经常都可以找到一个不那么忙碌的酒吧。但是，住户很少拥有现实的退出选项。于是，他们不是抱怨（呼声），就是表达忠诚。出于后面将讨论的原因，住户通常的反应都是忠诚。

这些困境主要都围绕着服务的优先级问题，这一问题在运筹学中被视为"排队规则"（queue discipline）——或者说，从排队等候的人中选出一位为其优先提供服务的方法。谁或何种需要应该优先服务？应该如何决定优先级？如果会发生的话，人们会在何时掉出队列？为了制定优先计划，必须做出决策。优先计划本身并不会为拥挤问题提供解决方案。正如我们将会看到的，即使运用了优先级系统，对于各种活动或个体进行了服务时间的先后分配，还是经常会出现具有同样优先级的客户竞争同样优先的服务员注意力的问题，除非系统预留了大量的冗员。甚至存在更复杂的情况，合理需求对于优先级的相互竞争就根植于同一个服务者系统之中。这两种状况都会导致拥挤困境，因而会强化员工对压力的感知。

比如，可以考虑一下，航空公司通常对航班取消的回应。设想一下，在一个系统中，有三架飞机在同一天从城市 A 飞往城市 B，而航空公司在为已经完全安排满的跑道服务者空间展开竞争。如果当天的第一架航班延迟了，本来将会被占用的跑道在这时就是空置的。下一架航班不能早点离开，因为他们必须等到计划的出发时间——以确保买到票的乘客都能登上飞机。延迟的航班需要重新安排时间，但安排在何时呢？有两个简单的规则。他们选择下一个空位置待着，但如果跑道都已被完全预定好了的话，这可能会导致一次长期的延误；或者，他们可以继续保持他们在队列中的位置，直到准备好起飞，而这会延误后面的航班。

对于这种情况的延误而言，当所有条件都相同时，机场会遵循第二选择，并坚持先到先得的规则。奇怪的是，当航班被取消时，航空公司应对客户的方式却有些不同。他们如果坚持先到先得规则，应该将第一个航班的乘客安排到第二个航班上，将第二个航班的乘客顺延到第三个航班上，延误第三个航班上的乘客，直到增加新的航班。这似乎是最自然不过的事情。毕竟，机场应付延误问题时遵循的是这一规则。而这也是我们对于牙医和医生的期待。如果9点30分的预约迟到了，而牙医直到10点30分都没有空闲（因而也就失去了10点整的预约机会），这位牙医可能永远都不会考虑先看10点30分的病人，会跳过10点的病人，直到当天最后有其他空闲时间时再看预约10点的病人。第一次预约的时间长度负担会逐渐往后转移，如同整个队列都延迟了。

显然，有些竞争性原则在发挥作用。同样显然的是，行业规范在制约着客户对于服务员服务方式的期待。航空公司不能轻易提升人们在预定航班上的座位等级。但是，他们可以将延迟顺延下去。他们之所以不这么做，是因为他们通过将延迟限制在某个旅客群体身上（那些不幸遇到航班取消的少数人），来尽量降低更多乘客的不满。当然，这也有助于他们在有关其服务的统计数据中得分更高，他们都一致同意通过广告来宣传其服务：延迟的只是少数航班。但是，为何医生和牙医的做法跟航空公司一样，也即，他们为何"牺牲"某些客户，让其余客户按计划进行？他们为何没有给出相似的说法：我们客户中的90%都是按时被诊断的！

机场知晓其客户的某些其他信息，这将有助于他们做出决策，改善先到先得的排队规则。他们知道飞机的尺寸、乘坐这次航班的乘客数量、接收机场的拥挤状况、飞机上需后续转机的乘客数量，以及"雇用"它的航空公司。如果航空公司在机场有一个枢纽，如果飞机比较大，如果能力足够，如果多数乘客将失去转机机会，如果接收机场很拥挤，那么，先到先得的排队规则很容易就会被牺牲，以让地面上具有更高优先性的飞机能够升空。某些飞机显然比其他飞机具有更高的重要性。但是，当它们同等重要的时候，机场还是会坚持先到先得的规则。这是因为机场在宣传其服务时都会包括每小时落地和起飞的飞机数量。这一数据对于特定的飞机是敏感的。这些飞机的延迟传递不会影响这一数据，因此机场乐于看到这么做。

牙医却不拥有这种奢侈。除了紧急状况之外，他们没有可以给予某些客户优先权的合理依据，因为所有客户都是平等的。同质性原则同样在此运作：牙医主要是通过推荐来获得病人的。相互熟悉的人之间会相互推荐，于是，多数病人在多数情况下都有着同样的社会地位。因此，牙医不能做出轻易牺牲某些病人的策略性决定。① 杂货店的收银员也没有可以决定首先服务谁这样的奢侈机会。所有顾客都是平等的，不管他们购买了什么。

---

① 当然，他们可以以治疗需要为依据做出决策，牺牲常规治疗来应对紧急治疗。他可以有区别地看待那些治疗方案过程很长而且对时间敏感的病人。但这些是对在边缘运作的服务优先级规则的临时更改。患有牙医恐惧症的读者也许会觉得自己在最后时刻取消预约是帮了别人的忙。他们用的借口会比祖父母在考试临近时期以不可能的比例大量去世的那些大学生看起来更有创意；不过他们其实没什么好开心的，因为就像航空公司一样，牙医通常也会提前考虑取消率（其比例根据实际而有所变化）因而接受过量预定。

另一方面，高档百货公司的销售员可以猜测客户可能的消费额，并将注意力分配给那些似乎可能对其月销售纪录做出重要贡献的客户。

公寓大厅里的排队规则

门卫则被困在高级零售店的工作人员和牙医之间的某个位置。对于门卫来说，争论的一方坚持认为所有客户都是平等的，或者至少所有的住户都是平等的。这是撇除紧急状况的牙医模式。争论的另一方则坚持认为，需要尽快给予关注的是赶时间的快递人员，需要签收的联邦快递员，来送将会快速冷掉的中餐的人员。这是高端销售员模式——认为某些客户拥有排队优先权。当然，快递人员并不愿意等待服务，他们有能力对住户和门卫施加结构性力量。[①] 优先服务快递人员会冒一些危险，因为等待服务也并不是门卫所服务之人——公寓住户——擅长的事。通常情况下，他们都是在其他生活道路上让别人等待服务的人。最后一种观点是，所有住户并非都是完全平等的。实际上，跟其他住户相比，对于门卫来说，有些住户似乎

[①] 在快递人员诉诸安全修辞之前，门卫不会轻易地为服务于快递人员辩护。如果他们不以安全为基础来为快递人员的服务优先性辩护，他们就必须努力声称，优先服务于快递人员是为了促进集体的好处。毕竟，一个人可以主张，每个住户都会同意，让其他住户等一等，以便使他们的中国食物到达时还是热乎乎的。但是，就像所有的集体物品/好处（goods）一样，如果所有条件都相同的话，每个住户可能很少关心其邻居食物的温度，而更希望自己首先得到服务

不是更为严苛，就是更为重要。这是事实。但这一点并非众所周知。

在这种混乱的背景下，如果每个人都同时到达的话，门卫就不得不启用危机模式来予以应对。他必须对服务的优先级做出决策。有些客户将难以马上得到服务。如果有四件事同时到达，那么就有三件事需要等待。这是一个简单的现实情况。而在整个过程中，拥挤状况可能会变得更糟。这是因为各种事情的到来不会受队列的拥挤情况影响。即使在门卫很忙的时候，它们也有可能到来，就像门卫空闲的时候一样。应对相互竞争的各种需要的经验会产生压力。而这种压力的体验可能还会更强，因为跟我们与商店的收银员或我们与牙医的关系不同的是，住户和门卫共同处于服务的长期迭代序列之中，经常要延续多年。为社会距离遥远而同时空间距离很近的住户不断提供细微的服务，会为门卫创造出额外的一些问题。他们不能忽视一份外卖或干洗衣物快递，来优先满足他们的住户的需要，因为要送到公寓大楼里的那些东西即将送给另一位住户。于是，他们尽管不得不施加排队规则，但他们却不能轻易承诺他们要采用何种特定的优先服务方案。优先服务方案会随着需要服务的特定住户不断发生变化。

门卫面临执行排队规则的问题，是因为具有不同优先级的客户很可能会同时到达。比如，当彼得正在接受访谈时，一位中餐的送餐员到了门口。很多门卫都给予外卖员在队列中很高的优先级，因为外卖的延迟会导致食物冷却和住户不快。延迟还会导致外人停留在大厅里，而这是门卫不太愿意的事情，因为他们必须在外人逗留期间留心他们。然而，在这种情况下，食物却被送到了错误的地址。在错误被纠正后，彼得说道：

> 她（订餐的人）并不住在这个公寓里，她是在外面的某个地方打电话的。（电话号码）是9530而不是5530，因而这位女士反问我："你在说什么？我没有订什么中餐。"这是经常发生的事。餐馆的人会弄错，所以到这里后，你叫错了人。他们会对你感到愤怒，因为你叫了他们，而东西却不是他们的。我没有弄错——是他们弄错了。你看，这会令人发狂，做这种工作的一个要点是你不能慌张。而当忙起来的时候，同时有五个送快递的来到这里，电话也正响起来，你还要阻止一个出租车停在这里，你知道的，你将会很忙，这时你可能就会慌张。多数公寓大楼都有两个门卫。现在我做的工作是两三个家伙的量。我要处理街道和进来的所有快递；我要不断地忙来忙去，除非像现在一样人流稀少。

他继续描述了，当客户同时挤到一块时，他是如何执行排队规则的。先到先得规则很快就被违背了；首先管理的是公寓内的人，然后是外人，除非……客户是一位年老的太太！

> 我有经验；另一个家伙会问："我该怎么做？"，电话这时响起来，一个出租车正停下来，杂货也送到了，中餐也来了，这时你会听到："我先来吧？"但我拒绝了她，我知道什么事要先来。出租车必须等一等，因为我没功夫忙活街上的事，无论如

何，我的首要目标是大厅这里。这里会变得很忙，相信我，你很难处理好的。如果你没有经验的话。它会令人发狂，但我已经习惯了这样；我的意思是说，它是小菜一碟。你知道我的意思吧？换句话说，我会首先聚焦于最为重要的事情，如果我看到出租车上下来一位老太太，我就会在帮助小孩子之前，首先去帮助那个老太太。

伊蒙描述了他面对经常难以控制的客户时，如何努力执行排队规则。这里的情况跟在跑道上排队的航空公司或在牙医诊所排队的病人很不一样。除了被动等待服务的客户之外，门卫通常对那些积极主动的、在有需要时会自我服务的客户感到满意。

你在努力将各种事情排序，而有时，有些人会从队列里跳出来，去自己干活。于是，他们会使你面对的情况更复杂，你不得不让那个人慢一点，或你不得不阻止那个正在跑进公寓的人，因为他不能就这样跑进公寓。首先你得能发现有人正在跑进去，其次你要弄清楚为什么。所以，在这同时，他让你的工作慢了下来，因为还有很多其他人，他们也许应该在他前面；直到你让他们回答你他们各自的情况之前，你可能已经陷入了四五件其他事情之中。所以，你要努力维持秩序，我想要做的就是保持公平。

要使各种事情排列整齐、保持秩序，并非总能做到，尤其是排队的人都有他们自己的计划和期待。在所有这些情况下，门卫都会努力解决拥挤带来的各种问题；而那些习惯了竞争第一原则，要求获得优先服务的客户们的同时到达，则会加剧拥挤程度。在有些情况下，他们的要求是不正当的。而在另一些情况下，为正当要求展开竞争的问题又是很常见的。不管它们正当与否，都不会对门卫的体验造成实质改变，因为他们仍然必须管理好自己因为要同时努力完成很多事情而感到的压力。他们对于其工作的自我理解，经常也不会帮助他们就如何开展工作做出更好的决策，尽管它有助于消除竞争优先性的其中一类事情——访客和客人。

客 人 问 题

正如我们前面看到的，多数门卫都说最优先考虑的是提供安保。在根本上，这包括管理公寓内外之间的关系。因明确的任务而到达这里的陌生人——比如送食物和干洗衣物的人——可以被快速筛出来。多数门卫看到的都是某一个快递人员经常进进出出，因而他们一眼就可以筛查出来。另一方面，对于那些到达这里但却没有明确任务的人，则需要更为仔细地筛查。筛查会花费时间，但却极为重要，因为门卫面临的主要风险便是他们放进公寓去的一些人会做出破坏行为。尽管发生的概率很小，但一旦发生这种事情，门卫就可能轻易丢掉其工作。因而，门卫有充分的理由，天然地抱有怀疑态度。一般而言，如果一位陌生人需要进去拜访某位住户，门卫必须联系住户，以确认访问的合法性。有些住户会愿意接受这种联系。但还有些住户则认为这是对他们的打扰，他们想要客人直接进去拜访他们，而无须接受筛查并由门卫通知。门卫必须去了解哪些住户有这种意愿，于是，对于有些住户，他们则要自行决策，不经当场筛查就放他们的客人进去，其决策的基础主要是访客的外貌和举止。

然而，矛盾的是，那些最关心自己安全的住户最可能会坚持要求筛查其访客，而他们最不可能拥有外貌上（对门卫和其他住户来说）看起来可能会令人怀疑的访客。这种矛盾在很多情境中都很常见。比如，那些最担心感染艾滋病问题的人，往往是危险最小的人（因为他们的担心转变成了可以防止他们感染艾滋病的行为）。同样，那些最担心被人偷窃抢劫的人，恰恰是最不可能陷入最可能发生偷窃抢劫的各种情境（黑暗的深夜独自一人走在街上、凌晨零点后的地铁上等）中的人。由于最不传统的住户最可能会希望少一些打扰，而他们的访客往往也不是那么传统的，看起来"没什么问题"的人，因此，当门卫面对是否呼叫住户的选择时，他们得依靠直觉，而且其决策必然是一个快速决策。他们需要根据访客所访问的那个人的情况，非常快速地解读访客所发出的各种信号。

人们普遍认为，门卫不太可能让黑人进公寓，而他们却总是让白人进去。对这一假设的真正检验将是一项审计研究，但这种感觉非常普遍，足以使我们努力理解这样一种状况是如何产生的。因为门卫都是从族裔网络中被雇用来的，除非偶然，否则他们不太可能是黑人。尽管并不必然是公然的种族主义，但门卫大都是白人这一事实可能会导致的后果是，他们会系统性地加大黑人相比于白人进入其公寓中的难度。这是最简单的解释。它也是最不可能的。更有可能的情况是，其他人会认为这是实际情况——门卫只是在执行他们的住户所拥有的偏好，以及在住户的偏好不能提供足够的指导时，门卫会自行做出快速决策。然而，前述做法（按照住户的意愿去做）并不是完全无辜的，因为在可能的时候，门卫的工作也会形塑其住户们的偏好。雅各布详细描述了这样一种情况：

> 你还要调整你的工作，以适应客户的个人要求。我们可以举例说明，比如一个住户，一对住户——不是一个，他们的要求都极其严格。他们都要你（有访客时）通知他们；如果他们说"好的"，可以让那个人（以他们知道他是谁为基础）进来，然后你就放那个人进去。但是，还有其他住户，如果你呼叫他们，他们会很不悦，他们会说："不要打扰我——只管让他们上来！"现在，你可以注意到，比如说有两个不同的人过来，你挡住了一个人，询问他要去哪里，去弄清楚他能不能去见那个要求严格的人……所以他不得不在那待着。与此同时，这里又来了另一个人，他要去的是不同的公寓，这个公寓里的住户不让你等待，不让你打扰："尽管让他进来。"……我就会让他上去。考虑一下那些一天来了五次，都是到同一个公寓的家伙们：你不必询问，你不得不放他们上去。那么，当你放这个家伙上去后……第一个人会说："你怎么没有让我进来……你怎么把我挡

在门卫那里?"

我有一次,那个混蛋认为我是因为她的肤色——她的肤色是……她是个黑人,所以才让其他人进去了,但其实这跟肤色完全无关,我告诉她:"因为那个人去的是另一个房间,而那个房间的住户对于门卫有不同的方式、不同的要求。"他想要我跟他以特定的方式合作,而那个人知道,我不能强迫他合作,这就是为什么。(所以,第二个人说),"不,我要进去"。"不,你不要进来,就算要我阻止你,把你弄出公寓,你也不准上去"。你知道的,你整天都是在处理这种事情,有时候你必须硬气一些,也许任何访客,有些人,不,有人要去这儿,有人要去那儿。但他们不能随意进入公寓大楼,所以,我将会挡住电梯,我会用手挡住电梯门……关键是,你有规则,你知道住户们希望如何。所以,你会发现在规则内的权利,你会调整它来适应客户,适应住户。

在此,种族与住户偏好(或许也是门卫的偏好)的结合导致少数族裔难以进入,但似乎为白人提供了不受约束的进入机会。集体性认知经验——不是任何人的有意为之——将可能是一种不平等。就这里的例子而言,雅各布遵循了其住户的偏好。坚持严格通知政策的住户正好邀请了一位黑人朋友,而这位黑人朋友到达的同时,一个坚持公开访问政策的住户也有一位白人朋友到访。出现相反结果也是同样可能的,但客人用来解释行动的种族脉络却使这种可能发生的情境不会被赋予同样的意义,甚至在以后不会以同样的方式被叙述。排队的机制很可能会导致这种拥挤事件。黑人客人并未受到歧视，但看起来却好像是她受到了歧视。如果不断发生这种事情的话，那么，集体经验就会感到这是一种歧视，即使这种微小事件的基础并非歧视性。

假如一名罪犯进入了公寓大楼的话，住户和门卫的工作面临的风险就会很大，因此，人们可能会认为，门卫们会经常呼叫住户，以便核查来访者。但是，遭遇违法犯罪的真实风险是很低的，而门卫跟住户保持持久的联系则是确定的。门卫每天都一定会看到他们的住户——他们必须关注他们的需要和意愿。正是对于住户的这种留心关注，使他们将其工作视为职业性的——也就是说，这意味着他们具有做出实质性区分的能力。当然，要坚持一个正式系统也不容易，比如在知道这不是他们的住户所希望的之时，仍然要不断地核查来访者。它也不是那么职业化。只有当门卫按规则办事的时候，也就是将他们与住户的关系界定为雇员—雇主关系（而不是服务员—客户关系）的时候，他们才会坚持各种正式系统。然而，反讽的是，通过牺牲他们对于职业地位的诉求来按规则办事，虽然会导致形式上公平的对待，但却会导致实质上的非理性后果。

住户永远是客户，无论他们多么年老、多么暴躁或在扮演角色中多么老练（比如具有固定的偏好）。因此，门卫很难轻易地牺牲一个住户来偏向另一个。这意味着，有些优先服务系统是难以运作的。同时，门卫也承担不起牺牲其他服务提供者的后果，因为多数服务提供者，从当地餐馆到国家邮政服务（UPS快递公司、联邦快递、美国邮政等等），都通过日复一日地按照同样的路线服务于同样的人来维持着路线的整全性（route integrity）。于是，门卫跟他们的服务提供者发展出了长期的关系，门卫承担不起疏远他们的后果。面对这一限制，当门卫工作压力很大时，首先遭到冷遇的便是外来访客。正如拉贾所言：

> 其他门卫……他们赚钱很多，但他们持有双重标准。当来的人不是住户时，这些门卫就不会好好对待他们。为什么，这是因为他们并不住在这儿。至于住户……请原谅我的措辞……他们（其他门卫）会拍（住户的）马屁。我不是这样子的……我全年都是一样的。我对每个人都很好。

由于跟住户或快递人员相比，他们更可能会牺牲住户的访客（即使是常客），因而我们可以毫不惊讶地发现，平均而言，在门卫接触的所有人中，访客是最不被门卫喜欢的。在所有门卫中，有80%的人都说喜欢所有的或多数的住户，但很少有人说喜欢住户的访客。跟管理员、快递人员、同事和维修工相比，客人"最不受"门卫待见；即使考虑到并非微不足道比例的门卫都非常不喜欢他们的管理员，也是如此。对住户的客人的喜欢情况与班次之间的关系也很有趣，参见表3.6。牺牲那些你不喜欢的人是比较容易的。无疑，客人被门卫们怠慢的感受，会导致他们做出此后的各种行为（直接进去、态度粗暴），而这些后来的行为又进一步提供了牺牲他们的理由。这是一个自证预言（self-fulfilling prophecy）的范例，也即关于结果的一系列信念所形塑的各种行为，导致了人们最初所相信的那些后果。[①]

表 3.6　不同班次的门卫对访客的喜欢情况

班次	所有访客	多数访客	有些访客	少数访客	没有访客	合计
白班	16 (28.6%)	20 (35.7%)	15 (26.8%)	3 (5.4%)	2 (3.6%)	56 (100%)
小夜班	28 (28.6%)	39 (39.8%)	23 (23.5%)	7 (7.1%)	1 (1.0%)	98 (100%)
夜班	3 (30.0%)	2 (20.0%)	2 (20.0%)	3 (30.0%)	0	10 (100%)
多重班次	11 (26.8%)	16 (39.0%)	10 (24.4%)	4 (9.8%)	0	41 (100%)
合计	58 (28.3%)	77 (37.6%)	50 (24.4%)	17 (8.3%)	3 (1.5%)	205 (100%)

这就可以理解，在门卫接触的所有人中，访客为何是他们最不喜欢的人。他们只是偶尔过来，他们没什么动力去表现得礼貌得体。如果是陌生人，门卫肯定会以怀疑的态度对待他们，以便确认他们到访的合法性。而访客又是相对弱势的。他们难

[①] 在社会学文献中，最为著名的自我实现的预言是"课堂中的皮格马利翁"这项研究，载于罗森塔尔（Rosenthal）和雅各布森（Jacobson）的《课堂中的皮格马利翁》（*Pygmalion in the Classroom*）一书中。在该研究中，教师被告知，根据一种新的评价测试，有些学生将在下一年度出现智力上的大发展。而这一测试只是简单的标准 IQ 测试，学生们被随机分成了实验组和控制组。毫不惊奇的是，那些据称智力将会有大发展的学生，其总的 IQ 将在一到三年级增加至少 30 分。老师对于学生智力发展的期待，使他们给予学生不同的关注。更具干预性的不是 IQ 的增加，而是老师对学生的主观评价，比如认为学生是充满求知欲的、让人烦恼的或难以教导的等等。随后，老师将此前成绩很好但却并未被视为是智力将大发展的学生，评价为捣蛋的、缺乏自信的或令人烦恼的。这些学生内化了老师对待他们的消极情愫，然后开始疏远学校。

以自己去弄清楚他们要访问的人是否在家，他们会受到门卫的摆布，因为门卫可以以安保为借口来合理化其服务的怠慢。这就是为何很多住户都会坚持让他们的访客不用安保检查直接进去，从而绕开门卫。但是，这么做却存在难以避免的双重问题。一方面，特定的要求使门卫承担着某种职业性的角色，而职业性是根据对他人的特定处置来界定的。另一方面，通过做出这种性质的特定要求，住户进一步减少了门卫展现出他们正在完成工作的机会。于是，跟其他人相比，住户们更可能会将门卫视为在需要特定服务的时刻无所事事或毫无帮助之人。

住户的感知

住户们谈论其门卫的情况并不是那么少见。事实上，因为他们每次回家都会看到门卫，或者他们每次回家都至少会期待看到门卫，谁在门口，以及门卫在干什么或没干什么都是经常出现的话题。即使说自己根本不关心这些的住户，也是如此。比如，罗莉注意到：

那天晚上，门卫不在门口。有时候，门会被锁上；而你需要自己用钥匙开门进来，因为他在休息或在吃东西。我并不完全确定他在干什么。一整天都有一个人一直在那里，但却是在晚上，尤其是深夜，大概7点到9点的样子。我并不清楚他们在干什么。我无所谓。就像我说的，我不需要人给我开门。我并不介意必须让我自己开门进来,但我只是疑惑:"他们在干什么?在大约两个小时的时间内,他们为什么不在那里?"我回到家,他还是不在那儿。我的一个室友之后回来时会提到门卫不在那里。我会说:"他们到底去哪里了?"

住户会跟他们的伙伴谈论起他们的门卫,如果他们没有伙伴,他们会跟自己的朋友和邻居谈论门卫。其谈话经常混合着好奇和抱怨。住户好奇的是,当门卫不在门口的时候,他们去哪里了。他们对于他们的门卫为何似乎永远都不在周围而感到疑惑(除了圣诞期间,我后面将会详细讨论这一主题)。他们好奇的是,门卫们在值班期间究竟在做什么,因为他们似乎在绝大多数时间内都完全无所事事。当然,所有这些似乎无知的想法,掩盖了他们对于在场与服务之间的明显不匹配(mismatch between presence and service)所产生的抱怨。正如上面指出的,这种不匹配源于门卫工作经验的随机性质:由于客户可能而且确实会同时带来各种各样的问题,所以,通常情况下,当一个人需要他们时,他们都很忙。

罗莉在 7 点到 9 点这段时间内没有看到其门卫,这一事实很大程度上跟门卫晚餐时间的安排而不是拥挤本身有关,但拥挤的事实意味着会导致第二个同样重要的后果。门卫在很多时间内都无所事事。实际上,他们在他们值班的多数时间内都很可能是无事可干的,除非他们要(他们经常这样做)帮助完成其他工作,而这些其他工作跟他们的主要工作仅仅存在间接联系——比如抛光大厅内的铜制品。于是,在多数情况下,当住户看到他们的门卫时，门卫似乎都无事可做。

最讽刺的是，当门卫完全无所事事的时候或当他们极其繁忙的时候，住户最有可能会观察门卫。在第一种情况下，他们只是得出结论，认为门卫并不真正做任何事情。而在第二种情况下，他们可能会感到被怠慢，因为他们在队列中的位置"没有受到尊重"，并得出门卫"无所事事"或"不关心他们的特定需要"这样的结论。做门卫这个工作的一个关键要素，就是要改变这些感知。奇怪的是，在运筹学研究中，很少有人认真去思考和理解服务员是如何形塑客户的。相反，在社会学中，很多人都对服务员系统如何形塑客户行为很有兴趣，比如在工作场所和实验室研究中。然而，那些对职业化（professionalization）的机制感兴趣的人，很少会关注对于职业地位的要求如何形塑了客户的偏好，因而通过制造客户偏好的区分而缓和了潜在的拥挤问题。

门卫面对住户感知的问题尤其鲜明，因为门卫作为服务者，跟作为其客户的住户之间的关系，不同于比如航空公司与他们的客户之间的关系。航空公司可以牺牲安排在特定的航班上的旅客，从而不将延迟顺延给总体上的旅客群体，但门卫却并不拥有这种奢侈。的确，如果被牺牲了，乘客也许不会再乘坐该航空公司的飞机；但是，如果所有航空公司都这么做，离开的乘客最终还是会回来。门卫面临的问题是，他们的客户一定会回来，不管他们是否被牺牲了。而且，他们马上就会回来。最糟糕的是，当他们回来时，因为门卫除了他们的本职工作之外（开门、看门、保卫大厅等等），在多数时间都无事可做，于是住户可能会看到门卫"无所事事",从而会强烈地提醒他们此前遭遇的"不公正"。

门卫可以通过做一些事来转变住户的看法。鉴于门卫做这些事情是为了应对服务者系统,因而可以将它们称之为"应对机制"(coping mechanisms)。最简单的便是,通过殷勤来努力管理住户的总体感知。这包括最简单的互动——比如说"早上好",或者扩展出明显奉承的服务。不管住户想不想,当他们进出的时候,门卫都会向他们打招呼。正如彼得所言:

> 这份工作的第二项内容,就是要对人好一点。你决不能让人们感到被你踩在脚下;你必须坦诚友善,问候他们:"早上好""下午好""晚上好",诸如此类;不管他们到这多少次,你每次都必须跟他们说"晚上好"。你可能会看到有的人每天到这五次,那你就必须跟他说五次。有个人跟我讲,他说:"你不必跟我讲早上好。"我说:"这就是我的工作,抱歉!"这就是我要做的事情。

于是,当住户并未投入进来时,门卫将会积极主动地跟他们的住户发生联系,努力让他们投入到对话之中——通常都是关于天气,但也会谈论他们将如何度过这一天,谈论公寓或交通。多数门卫都说,他们的多数住户都非常高兴跟他们聊天。因此,不管他们是否真的喜欢,门卫都会主动进行这些谈话。正如上面指出的,最为常见的话题是天气。通常在一天内,超过70%的门卫都说,他们会与他们的住户谈论天气。多数门卫

都花费了相当多的时间来谈论天气,他们在开始值班之前就要确保自己拥有最新的天气信息。正如安杰尔所言:

> 我要的做第一件事情,是我甚至还未上班的时候,在家里就要开始准备的。我打开气象台,听每天、每周的天气预报,无论能听到什么。我开始工作后,我可以说:"下午将会下雨,但晚上就会放晴。"或者别的任何新闻。这就是我的第一项工作。如果门卫不知道天气,或如果他们不知道是否有人在家,那说明他工作是够差的。

再如里奇更为坦率地说道:

> 我会追踪了解天气、时间、交通、所有事情。所以,当你出去时,你跟我说:"嘿!现在交通如何?"都是诸如此类的小事情。比如,我们是不应该带收音机的,但我经常带着我的小彭博机①,它会告诉我需要知道的事情。我想,当有人一个人问门卫:"你知道今天是否会下雨吗",而门卫却回答说:"不知道。"这是很糟糕的。我的意思是,你必须得了解天气。有些其他家伙真的懒,他们甚至不会把头伸出去,看看是否会下雨;如果你要做一名门卫,你就必须知道天气将会如何,以及现在如何。

---

① "彭博机"可能是彭博社(Bloomberg L. P)推出的用于收听其广播节目的设备,就像提供金融服务的彭博终端机一样。——译注

在他们的话题列表上，排在第二的是体育运动（68.8%）。在我们的门卫中，有超过一半的人都说，他们与住户的日常交谈都是关于公寓事务和时事的。在9·11事件之后，就像纽约市的其他所有人一样，门卫也不断谈论世贸中心、受害者和纽约市的命运。门卫可以谈论某些而不是所有当前的事件。天气、新闻、交通和公寓状况是他们快速交谈的一般内容，这种快速交谈虽然不含有可以体现出他们个人观点的内容，但却代表着其服务的可得性。相反，有些话题并不存在于他们的日常对话中；这些话题往往是当时的宏大问题——政治、宗教、文化价值等等。住户会利用门卫提供的这些谈话机会转而寻求帮助，来告诉他们的门卫，他们正在等待一个包裹、干洗衣物等等。当门卫无所事事的时候，他们通过发起对话跟住户发生联系，而这些住户迟早都会发现，他们的门卫太忙而难以提供帮助。在这种意义上，大厅中的闲聊既可以起到存储库的服务任务，但更关键的是，也可以发挥信号装置的服务，其运作将会使住户对门卫的感知从"无所事事"转向"可提供服务"。要成功地促成这种转换功能，门卫只需规训他们的住户，使他们发展出对于特定服务的偏好。但这是更难做到的。

谈 话 太 多

将看起来时刻准备好提供服务作为战略部署来应对门卫给住户留下的闲散的印象的问题在于，有时候，接连不断的交谈是很麻烦的，会使门卫从其他的工作中分心。正如汉斯谈及滔滔不绝的住户时所言："在外面（作为一种假设而不是真的在公寓外面），我们可以十分友好，并与人交谈，但我们必须首先做好我们的工作。"同样，菲利克斯在描述他与住户之间的不必要接触时，认为："有时候太多了。人们真的会让我有点烦。最难做的事情是，努力不让他们看出你受到了干扰。"

在有些情况下，住户会花费很长时间来跟门卫交谈。通常是在小夜班或夜班而不是白班的时候，门卫认识到，他们其实不是被叫出来"与人谈话，而只需倾听"。门卫们经常将自己视为无需付费的心理治疗师。埃尔伯特描述了很多这种情况中的一种：

> 一位住户询问，她是否可以只是跟我一起待一会儿，如果我不介意的话，她就会待在这儿，不断跟我倾诉，她必须把她的心事吐出来，因为发生在她身上的事情很疯狂，于是，你只需听着，你让他们倾诉。如果他们相信你，告诉你他们私人生活中的各种问题，那可能会有帮助，你就像是一个心理学家，我想……你让他们说话，而你只是听着。有时候感觉不错，所以，他们可能会跟你待上几个小时。

谈及这座公寓大楼中没有任何朋友的一位老人时，比利说道：

如果他感到孤独的话，我会让他下来，跟我聊聊天，只是吹牛闲侃，我并没有什么可说的，但我是一个很好的倾听者。所以，他会在一个班次内，下来一两次，我们会闲聊几分钟。

在有些时候，当有事情需要予以关注时，惯例性的闲谈就会导致优先级问题。提着杂货回到家的住户也许会发现，他们的门卫正在与人闲聊，于是没法给他们开门；而那些将闲聊作为可随时提供服务的信号的门卫，当自己想要摆脱时，却感到很难摆脱。正如拉德扎克所言：

你看，就像现在，我正在跟你谈论体育或其他什么事情，而一个人进来了，我不得不给她使个眼色什么的，告诉她："这个人很能讲；我马上就到你那儿。"所以，就好比是，我要一直跟你说一件事情，同时又要跟她说一件事。

这些眼色可以作为编码，编入住户与门卫之间的特定关系。一位住户描述了他与他的门卫如何发展出了一种很大程度上难以被其他住户破译的编码，因为他与其中一名门卫用西班牙语进行交流。用电视节目《裸城》（*Naked City*）中最后的一句话来说，"在裸城中有八百万个故事，而这只是其中的一个"；当瑞查德看到其门卫又一次陷入了长谈时，他的门卫会说："又一个故事"（西班牙语）。门卫与他们的住户之间所拥有的这种"特殊关系"并非独一无二，尽管这些关系被住户体验为独一无二的；住户往往相信他们的门卫跟他们关系尤其紧密，却不会去想，门卫必然跟其他人也如此关系紧密。成功的门卫会与其住户中的多数都发展出这种特殊关系。认为跟门卫拥有特殊关系的这种感知，会扩展到他们的关系之外。如果门卫在其公寓中工作了很多年，公寓中的住户几乎都会感到他们的公寓是独一无二的。于是，他们发现多数公寓都是如此时会很惊讶。与门卫交谈的住户会感到他们的关系特殊可以说明门卫具有投射出紧密关系的能力，尽管他们之间经常存在地位上的差异。后面会对这一投射能力（projection）给予更为详细的讨论。

少说多做

但问题是，正如谚语所说，言语是廉价的。平均而言，无论是跟那些有需要的住户展开闲聊还是进行深度对话，本身都不足以消除住户的如下感知：他们认为他们的门卫无事可做以及当住户需要门卫的时候，却遭到了门卫的忽视。为了扭转这些感知，门卫发展出了可以在他们空闲时间为住户提供的一些服务。他们也许会站出来为住户递送干洗衣物，额外乘坐一次电梯去亲自递送包裹，或者冲到外面去看看住户的汽车，确保停在公寓大楼前时不会收到罚单。对于多数门卫而言，这些细微的服务是其工作日的一贯特征。门卫并未明言他们提供这些服务是为了改变住户的感知。相反，他们说自己是为了提供专业的服务。不论门卫怎样说，这些服务通常都不会被住户注意到，因为住户会将这些服务视为公寓的政策规定，或者只是他们门卫的服务方式（除了圣诞季，这时，盛行修辞的转变会使住户们将微小服务视为非常规的，而门卫们这么做是为了即将到来的奖金）。甚至在圣诞季之外，提供额外的微小服务也不总是成功的。在有些时候，过于奉承性的服务也许会事与愿违。比如，唐纳德说他有一次"听到了一位住户跟另一位住户的谈话，我猜我也许太过于礼貌了或者诸如此类的；她说：'就好像有个英国管家在这儿工作。'"。

在描述其他门卫如何做的时候，有些门卫却采取了一种冷嘲热讽的态度。阿塔赞用相对苛刻的措辞，描述了他在这座公寓中的同事们：

> 有的门卫还会为住户做些别的事情。为他们做额外的事情。比如，你知道的，帮住户浇花、喂猫、遛狗或擦洗窗户。这些门卫为了额外的那点钱做的事情会让你吃惊。这是一种噱头，所有这些事情都是噱头，而这只是其中的一种。

正如上面指出的，多数住户在圣诞季的时候都会持有这种观点，也就是说，住户会将门卫的行为解读为是为了获得奖金。另一方面，门卫却说，他们的行为并无任何季节性的变化。他们错了，他们的行为实际上会发生变化。但住户也错了。门卫的行为变化（更加周到的服务），并非直接为了获得更多奖金，而是因为其工作时间所发生的十分微妙的结构性变化。随着假期的邻近，工作的节奏和强度也会日益增加。在圣诞季之前的几周内，包裹的数量会逐渐增加，即使在既定一天内接收到的包裹数量的稍微改变，都会为门卫创造出新的排队问题。较长的队列使住户需要门卫做什么事情时，门卫很可能正好在忙碌之中。因此，当门卫空闲的时候，他们会尽量补偿他们的住户，他们会花时间去帮住户提东西，当住户进门时跟住户打招呼，也会主动发起对话。很多住户都认为门卫显然是为了多拿奖金。相反，门卫们则将这些额外服务视为工作繁忙时期对住户的必要补偿。我将会在第六章中更为详细地讨论奖金问题。

为了转变住户对于门卫无所事事和在需要时又无甚帮助的认知，服务和谈话只是门卫运用的最简单的策略。事实上，门卫不能控制进入到大厅中的事件流（flow of events），因而就像任何服务员系统一样，他们注定难以同时为所有人提供服务。这一事实会制造压力，因为他们必须快速决定首先为谁提供服务——他们使用的优先服务方案将会使某些住户深感不快。如果他们经常都忙碌不堪，住户可能会调整其自己的规则，去适应先到先得模式，假定轮到他们的时候，门卫自然会服务他们——就像比萨店、杂货店和牙医诊所那样。然而，因为经常看到门卫无事可做，住户就会对他们在自己需要门卫时门卫不能提供服务而感到沮丧。对服务员系统的误读导致了住户的负面认知，嵌在这个系统中的门卫对付这种负面认知的主要"武器"就是形塑住户的偏好。

商店、牙医、机场以及其他服务员系统也会尝试形塑客户的偏好。比如，航空公司会开发给常客缩短排队队列的系统，商店会让特定的服务员服务于购买不同数量的货物的顾客，创造出不同的购物模式。这些服务的顾客进行行为选择的基础，是服务员系统所提供的激励结构（the incentive structures）。在缺乏快速结账渠道的情况下，人们不太可能只是为了购买一两个物品去商店。小型购物车（不能超过十个物品）中每个物品的平均代价要高于大型购物车中的物品，所以商店会创造出各种激励措施，来吸引那些小型购物车顾客。久而久之，这些激励措施就会改变购物行为。

同样，门卫也会逐渐地努力培养出住户们对于服务的特定偏好。如果他们成功了，他们就对他们工作日中的时间获得了一定的控制权；尽管这么做并不必然会减少压力，但却为他们对职业地位的主张奠定了基础。而这一点被证明在大厅的管理方面具有极其重要的意义。并非所有的门卫都会成功，有些策略会失败。为了形塑住户的偏好，门卫们需要从多种层面出发来对住户进行区分。如果门卫不能对住户进行区分——也就是引发住户的区分——他们就只能为住户们提供无差别服务，让住户们都受制于同样形式规则的在场（或缺席）。于是，导致失败的首要和最重要的原因在于，住户们对普遍主义的坚持，而不愿意在谈话、服务、打招呼、关照等方面变得特殊化。在这个意义上，那些按规则办事的门卫就将会失败。换句话说，跟住户保持特殊关系的门卫，必须放弃他们作为雇员的身份和对于职业地位的主张。一个显著的矛盾是，在修辞上，职业主义的其中一个层面蕴含着对于普遍主义的承诺。比如，医生要为所有人提供服务，不管他们经济能力如何。同样，我们会认为那些为某些人（比如那些缺乏经济能力的人、那些律师并不喜欢的人）提供不好服务的律师是不专业的。但这只是一种修辞结构，因为职业主义的显著指标是能够采取实质性行动，来抵制对于规则的盲目的、形式化的运用要求。门卫需要做出致力于职业性服务规范的承诺，但这种承诺必然会引入对住户的区分，以便更好地服务他们。① 当门卫不能对住户进行区分时，住户就可能会对门卫抱有消极态度。紧随其后的往往便是退出，因为通过见机行事来保护自己的门卫必须按规办事，这一经历会同时深深地挫伤住户和门卫。

通过小事进行区分

当客人到达时，门卫可以先让他们在大厅等着，然后电话联系公寓内的主人，通知其客人已经到达。门卫也可以让客人自己上去，同时在客人进入电梯的时候，电话通知主人。或者，他们就让访客自行上去，而不再电话通知。当有包裹到达时，门卫可以先将它们放在后面，将其送上去，提前电话通知，或将其放在前台。录像带可以在通知或没有通知的情况下，让快递员直接送上楼，也可以将其放置在前台。如果汽车提前抵达

---

① 这就引出了一个更为一般性的、有点偏离本书范围的问题。是否在所有的互动性社会系统——尤其是以正式的等级制为特征的系统中——特殊主义都会在实践中成为一种关键性的"应对策略"？比如研究生的培养，甚至工会的存在，都肯定如此。无需高谈阔论，我们也可以有把握地说，只要有可能，人们都会通过见机行事来努力保持实质理性。实施自我判断的意愿和能力都是职业地位的关键要素。

来接住户，门卫可以电话通知住户车已经到达，或者等到预定的出发时间再打电话。干洗衣物可以放在公共空间，或存到后面。当儿童下楼来玩时，门卫可以看着他们，或者随便他们。如果父母不在家而其青少年子女要出去参加聚会，门卫可以告诉或不告诉他们的父母。这些小事情，以及成百上千的很多其他小事情，似乎都无关紧要。而在多数情况下，它们确实无关紧要。但它们需要被关注。如果临时到访的客人到了楼下后门卫电话通知住户，那么，那些并不想跟他们社交的住户就会被逮个正着，并感到被不速之客困住了。比较好的做法是，在访客正在上楼时提醒 X 先生或 Y 夫人有人将会去拜访他们。住户也许想要避免给快递人员小费，如果这样的话，门卫也许可以先接收食物或录像带再亲自送给住户。当孩子在楼前玩耍时，有些父母也许想要门卫看着他们的小孩；而其他人也许会觉得，这么做是对门卫的侵扰。门卫并不关心他们的住户拥有什么样的偏好，只是关心他们有没有偏好，他们的偏好是什么。如果住户没有自己的偏好，门卫会帮助他们形成自己的偏好。正如在上东区一个小公寓大楼内上小夜班的提托所言，

> 我立刻试着问，他们想要如何。我应该在让客人上去之前还是之后电话通知他们？如果他们的孩子的朋友来玩，该怎么办？让他们直接上去，还是先电话询问？亲戚，人们经常想见的人，以及所有各种各样的人来的时候，该怎么办。如果他们并不介意，我会告诉他们有些人来访，我会电话询问，有些人来访则直接让其上去。如果他们不知道他们想要如何，我会告

诉他们我喜欢如何办。对我来说，如果我此前从未见过这个人，当他们走进电梯的时候，我会电话通知一下。如果我见过他们，他们经常来，我会在他们到大厅的时候就电话通知，于是他们就不必上去了。但是，你看，这是他们的选择。我让他们自己做出选择。

培养住户的偏好是一个互动性的过程。门卫也许会将包裹提到楼上，然后问一下："你愿意我在楼下为您接收包裹吗？"同样，如果孩子下楼去玩，门卫也许会给住户打电话说："嗨！夫人，这里是前台。对我来说，看着您的孩子是没有什么问题的。不过您希望我帮您看着孩子，以确保他们不要走出人行道吗？"通过不断尝试，门卫将会发现住户们所想要拥有的各种服务的组合。当他们弄清楚住户的偏好后，就会坚持他们的偏好，并经常提醒住户，让他们意识到这实际上是他们自己想要的。正如鲍勃所言：

我经常会说："我按照您希望的方式，将您的包裹安全地放在后面。"我想要他们知道，我在想着他们。因为他们不想让其他人看到自己的包裹，或不管什么原因，所以我没有将他们的包裹放在前台附近。

这些小诀窍提供了引导住户拥有并沟通自己的偏好的框架。在住户中引导出这些区分之所以重要，不是因为它可以使门卫提供更好的服务——多数区分都十分细小琐碎因而属于住户不那么关心的事情，而是因为这些区分为门卫在大厅中管理时间问题提供了解决方案。或者，更准确地说，是因为它可以解决跟时间体验有关的某些问题——不是有太多事情要做就是几乎无事可做，因而导致住户们对门卫的消极感知。

小　　结

人们发现自己很少会想到或谈到这样一种人，他们的工作就是想到办法以某些特定方式投入多少人去工作，可以充分地提供一种服务而不会造成太多的冗员。但是，这种人却有很多，他们都学习过运筹学。在运筹学中，一旦服务系统的结构（the structure of service systems）将形塑客户偏好的可能性得到确立①，这种问题就很常见，当然也足够复杂。这些问题这么难以解决的原因之一是，人们很难以被轻易地区分开。如果一名门卫工作有些忙，而忙碌时段在值班时间内是随机分布的（而不是集中在一段时间，可以通过雇用一位兼职助手来解决），那么，唯一的解决方案就是通过雇用另一名门卫，而在系统内增加过多的冗员。因为雇人是很花钱的，于是，服务者系统的经理就会试着在任何时候都努力减少正在工作的服务员数量。这

---

① 前面已经讨论过这种可能性。一个简单的例子是，只要客户努力将购物件数保持在10个或15个以下，以求通过快捷通道，商店的小物品通道就会形塑他们的行为。对于门卫来说，让住户知道每天在有些时刻会比较拥挤（或许是快递按计划送到的时候），也许可以促使住户们早一点或迟一点来报告他们的问题。

也会影响门卫的世界，就像其他的服务提供者一样，门卫也要与如下简单事实展开斗争：客户零零星星地到达，且拥有各不相同的需要。这就会导致有时候活动无比繁忙而有时候又长时间地无所事事、非常无聊。但在此，跟多数的其他服务员系统不同的是，门卫的客户会不断地出现和再出现。客户是门卫日常工作生活中必须面对的层面。因为他们的需要通常都不难，住户通常都不能理解为何他们的需求没有被满足，尤其是他们看到他们的门卫多数时候都无所事事。与此同时，尽管巨大的社会鸿沟将门卫与住户分割开来，但从服务的细微性和互动的持续性角度来看，住户跟其门卫之间的联系却十分紧密。这种关系紧密性部分是被门卫所引导出来的，其工作就是形塑住户对服务的偏好和跟他们的住户保持互动，这是他们所提出的职业地位主张的一部分。但是，这种关系紧密性还是严格筛查的产物，而门卫服务则是公寓大楼内外之间的界线。没有住户可以长期避免被门卫了解和记录到自己对于朋友、食物、电影、酒水及其他服务的偏好，如果没有这些偏好，那就将其引导出来。后面将会讨论这一事实的后果。

第四章

跨越界限

第四章 跨越界限

我想，如果有个身形巨大的黑人靠近我，而我看起来被吓坏了，那我的门卫可能会知道要出事了，或者他们看到此前从未和我一起过的任何一个彪形大汉或什么人那么对待我，他们都会产生怀疑，并努力为我做点什么。

前一章讨论了大厅中的时间管理，以及由于同时太闲和太忙所导致的紧张。在本章中，我将关注和讨论为大厅中的动态互动过程增色不少的两个实质问题——犯罪和性。正如前文所述，多数门卫都认为，他们在公寓大楼中的主要责任是提供安保。分析性地讲，"安保"这一词起到了某种修辞性功能，它包括了或许更应该称之为隔离（insulation）的很多服务。在这一宽泛意义上，"安保"的目的在于将住户跟街头的不确定性隔离，从而承受着潜在的混乱无序。通过承受混乱无序，门卫提升了住户的声望。因此，在一般意义上，门卫提供安保服务，就像执行秘书和管家提供的服务——其安保是要使主人免受不确定因素的干扰。当然，秘书和管家只是服务单个的个体，而门卫则要服务很多人，而其中的有些人，不管对于这些人自己还是对于他人都是有问题的。他们中的很多人都对其他住户感兴趣，将其他住户视为好奇、敌对或交友的对象。而有些人似乎对门卫感兴趣，将门卫视为幻想的对象。所有这些情况都会对门卫及其对大厅的管理造成特定问题，我在此正是要讨论这一系列问题及其后果。

如果我们在分析上可以说，安保是将隔离工作包裹起来的某种修辞，那么，对于门卫来说，安保还为他们提供某种现成的正当理由，使他们可以自行决策服务的优先级。对于有些住户来说，安保提供了一个方便的屏障，可以证明他们享受服务的正当性。而对另外一些住户来说，安保则确实是他们担忧的事。检视这些彼此竞争的各种图景，便是本章的目标之一。就安保而言，我要讨论的主要问题很简单：跟安保相关的事情实际上很少发生，但为何安保却会成为一个重要的修辞？对于安保的经验性关注，恰好为一个更为一般性的理论问题提供了诸多实例之一。本章将要讨论的理论问题是，在最为宽泛的意义上，门卫和住户如何通过互动来产生和维持他们各自的角色。乍看起来，探寻门卫和住户的角色如何在互动中产生似乎会有些奇怪，但正如上一章指出的，尽管只是住进某个公寓大楼就会使人们成为住户，但"住户"以及与其对应的"门卫"之间的关系的内容，却并非给定的，而是需要在与门卫的关系中学习如何成为一名住户；也就是说，人们不得不去学习如何确立自己的偏好、互动风格等等。于是，门卫是在一种动态过程中帮助住户学会如何成为住户，而与此同时，住户也在帮助门卫学会如何成为服务他们的门卫。

这种相互协调在所有角色和角色结构中都很常见。这样做是有道理的，因为如果角色的行为内容——也就是与其角色集相一致的行为——缺乏清晰界定的话，就根本不可能知道某个行为意味着什么。对于这有问题的最简单的分析性陈述是，一个事件的意义是以其在各种事件构成的序列中的位置为前提条件的，因而要理解某个事件的意义，我们就必须将该事件置于一个拥有开端和终点的序列之中。正是一种角色结构——制约着互动的一系列理解——的存在，为互动中的人们（在此是门卫与其住户）所经历的互动确定了界限，因而角色结构也是一种可以以其为基础而对某一事件抱有同样意义解释的框架。① 人们可以草率地说，认知是分散性的。但是，如果没有一个人们可以将各种互动对象都置于其中的角色结构，那么，行为的意义将是难以确定的。于是，在最根本意义上，本章和下一章关注的都是使共享意义得以可能的各种角色结构的产生。② 某种角色结构的产生还会涉及界限的绘制问题。在本章中，我们将讨论住户和门卫之间的各种正式与非正式的界限，以及门卫和住户以何种方式来界定他们独立于外面街道的共同世界。

---

① 可以考虑一个最简单的例子：对一个微笑的意义进行解释。首先，微笑的含义似乎是很清楚的——微笑是一种社会普遍接受的，表达愉快、高兴等情绪的方式。然而，我们所有人都有过这样的经历，在我们生活的有些时候，我们会发现，看起来天真无邪的微笑，被陌生人当作互动前奏还使用的微笑，却会变得有些阴险和令人讨厌，于是，这里的微笑体现的不是愉快或高兴，而是不当之事或惊骇之事。微笑含义的这种转变，源于它在一个互动序列中的位置；倘若互动内容没有相应的任何升级，或者不是在互动中对他人提供的内容升级做出回应，那么，同样的微笑本身也许会跟一次又一次地做出同样的微笑具有相当不同的意义。

② 当然，某种共享的角色结构只是一个要素。历史、个人生活史以及二者的交织也同样十分重要（正如米尔斯曾在《社会学的想象力》中提到的那样）。

所有访客都必须通知

首先，多数住户和多数门卫都同意，门卫应当为公寓提供安保服务。标准的执行流程便是到处都有的标志：**所有访客都必须通知**。这一标志之所以到处都有，是因为公寓管理者（以及住户和门卫）认为，潜在的犯罪分子很可能会运用程式化的策略来设法进入公寓①，而所有这些都意味着**不**会被通知给主人。于是，东区的一个大公寓楼的安全简报给门卫们的建议是，犯罪分子可能会努力通过各种各样方式进入公寓，他们会使用诸如"有人在等我""我有约""我是 X 医生，要去见某人"这样的借口。公寓管理员还指出，违法犯罪分子使用的一个标准策略是，先在公寓门口晃悠，直到一群住户回来时，努力趁机混进公寓大楼。有些门卫说，他们曾听说过这些技巧，尽管没有门卫说自己经历过这种事。

---

① 快速浏览一下过去一个世纪内的《纽约时报》就可以看出，犯罪分子尽管都运用简单的策略努力进入公寓（因而公寓管理者聚焦于某些程式化的策略是正确的），但其犯罪手法也存在很多创新。比如，人们可以从报刊上读到，一个有胆量的犯罪分子会伪装成快递员。他从空邮包中取出枪械，将门卫关到了公寓后面，然后跟同伙一起，对进入公寓或准备出去的住户进行了彻底抢劫。这群坏蛋在劫持东区一座高档公寓的十分钟内，抢了 1 312 美元的现金、2 250 美元的珠宝和一辆大众汽车（将其作为逃亡工具）。三周后，一名犯罪分子制定出了更完善的计划，使他可以抛弃他的同伙单独作案。他首先用枪对着门卫，将其锁到了员工休息室里面，然后穿上了额外的一件制服，在前台伪装起来，在抢劫住户并将其锁到后面房间内之前，会愉快地向住户打招呼："下午好！我是你们的新门卫。"他会在住户从电梯中下来的时候，精心选择住户，捕获了五位以上的受害者，在五分钟后，他带着 175 美元的现金和价值 5 345 美元的珠宝逃跑了。参见"被盗珠宝被列入官方名单"（Stolen Glemby Gems Are Offcially Listed）。

比如，鲍勃说："我曾经听说，有人跟着一位住户进来，一起进入电梯，然后劫持这位住户。你看，他们跟着住户，但却并不是跟住户一起的"。因为这（"跟着人群进来"）被视作一项常见的策略，所以公寓管理员让门卫们对这种可能要保持警惕，对来访的一群人都进行询问，即使其中有一名住户，以便确定他们是否真的是一起的。但是，管理者坚持对所有人进行百分之百的筛查，将会给门卫造成巨大的互动性难题。他们不能**每次都**询问住户跟他们走在一起的是不是他们的朋友。这么做会对住户造成太多干扰。更重要的是，这么做恰恰会发出他们并不想要发出的信号——他们并不认识他们的住户。由于认出他们的住户为他们对于职业地位的主张提供了核心基础，因而对于明文规定的严格遵守很可能是对职业性的去正当化（de-legitimizing）。

门卫尽管可以通过倾听和查看来寻找语言或视觉上的线索，来确认客人是否是被欢迎的（如果住户跟他们的"客人"在交谈或看着他们的"客人"，门卫就可以假定他们是正当的客人），但出于多种理由，这些线索经常是缺乏的。首先，最显而易见的是，门卫的在场会形塑住户和客人们的行为。一旦进入大厅，很多人都会将其注意力转向外部，转向门卫，于是不会对"内在"关系的性质暴露多少线索。对于夫妻来说尤其如此，他们会在进入大厅时竭力克制他们之间的亲密举动。① 其次，很常见

---

① 很多公寓大楼在电梯中安装了闭路监控系统，门卫可以看到监控。这些公寓中的少数几个门卫曾说，电梯里发生过各种各样的性行为（很难判断这是否是他们的幻想，后面会对此予以讨论）。但多数门卫都将会说，如果只有（转下页）

的是，住户往往会帮助他们的客人避开门卫，"溜进"公寓，尤其当其客人是出于某些原因而想要保持匿名的性伴侣时。但更一般地说，这些客人都是他们不愿意让他人发现跟自己有联系的人；这种情况经常发生在深夜，尤其是发生在那些想要为其私人生活的某些方面保持私密性的住户身上。反讽的是，住户努力在他们的客人周围建造一个私密性的屏障反而会激励门卫们穿透这一屏障去寻找住户与客人存在某种关系的线索。当缺乏这种线索时，门卫将不得不做出快速决策：那个访客是跟住户一起的，还是说仅仅将住户作为进入公寓的一种掩护？

为了能够以一定程度的可靠性来回答这一问题，门卫不得不倾注大量精力，在头脑里建立一个包括很多外貌和性格的人物库存，然后将这些外貌和性格跟每位住户联系起来。对于门卫会记得其住户的姓名和外貌，没有人会感到多么惊讶。但他们还可以记得住户的朋友和亲人的外貌，及其与住户的关系，则真的会令人惊讶。对于每位住户，门卫都会发展出精细的理论程式，这些理论程式可使门卫将各种不同类型（族裔群体或社会类型）的人们，划为正当的访客。多数公寓大楼中住户的社会阶级和族裔背景的同质性虽然减轻了门卫们的工作，但其工作内容的范围仍然十分广泛。如果公寓中的住户在公寓中住了很久，门卫的感知会具有极高的准确性，于是

（接上页）这对夫妻，他们几乎经常都会在电梯内、在"公众"眼光之外继续互动。于是，如果门卫怀疑某个客人的正当性，他们会查看电梯内监控，但这就像是马已跑了才关马房的门，有些为时已晚。

会降低所有住户面临的危险。尽管门卫们大多无意于探寻其住户的个人生活，但问题在于，为了做好他们的工作，他们确实需要知道一点住户的个人生活。关键在于，门卫会根据他们与住户及其访客之间的日常接触，发展出有关每位住户的各种推论，这些推论可帮助他们做出他们需要做出的各种决策。

用不了多久，住户也会逐渐认识到，他们的门卫拥有一套关于他们所接触之人的推论，而其推论一般来说还很精确。在一定层面上，这些知识提供了某种舒适感。住户会感到相对的安全感，如果他们确实被一名罪犯挟持到了公寓（"用一把刀子抵着我后背"），门卫将会意识到"那个人不是住户经常与之交往的人"，从而巧妙地进行干预。同时，住户也会认识到，如果门卫可以做到这一点，那么，他们会对住户的生活非常了解。① 这种认识对于那些认为自己有事情需要隐藏起来的住户来说，会感到极其不舒服。对于所有住户来说，也会有模糊的不舒服的感觉，即使他们并没有觉得有什么事情需要隐藏起来。对于门卫对自己的了解感到不舒服的住户，仍会倾向于拥有另一种认识，希望门卫多了解他们的邻居（或某些邻居）。

---

① 对于可以他们可以被"当作一本公开的书一样阅读"这样的思想，多数人也都感到很不舒服，而是会倾向于想象在自己周围至少存在着一个小小的神秘光环。当人们认识到，他们的门卫可以解读他们时，他们就会陷入一种比较微妙的、令人不安的存在性威胁之中。但由于他们知道门卫不会真正了解他们并利用他们之间在社会阶级和生活经历方面存在的巨大差异，这一事实会使他们感到安慰。

监 视 邻 居

很多公寓管理者面临着一天 24 小时确保有门卫在岗的高昂成本,因而认为闭路监控和用于开门的自动门禁系统的合用可能是一种更为经济的替代方案。① 这些系统可以在很大程度上降低成本,因为在多数配备门卫的公寓中,劳动力成本都占到了公寓运营预算的四分之一。当这种系统在 1967 年被首次引入时,公寓管理方可以节省相当大的一笔钱,几乎达到每年 20 万美元。在很多公寓中,节省额度甚至会更高;而现在,可以省下来的钱轻易就可以翻倍。由于每年每个单元的成本不到 200 美元,公寓会为住户铺设有线频道,当有人按响进入其公寓的门铃时,他们能够自己看到大厅和正门。这使住户可以比用语音监控更为准确的方式来查看其访客,也使他们可以确定自己放进来的人是否是他们的客人。尽管这种系统的设计并不是为了阻止那些尾随在其他合法访客背后、试图混进公寓的闯入者,而是为了取代活人作为门卫所发挥的核心的安保服务功能。

这种系统受到了公寓管理者的欢迎,他们兜售闭路监控所

---

① 现在,几乎所有公寓大楼都在电梯、里屋和大厅中安装了闭路监控。在有些公寓中,保安已经取代了门卫,其主要作用就是看着监控室。在同时有监控和门卫的公寓中,监控录像通常都不会保存,但也会有例外。不管是否保存监控录像,公寓大楼对于 24 小时监控的日益依赖都使门卫面临着比此前更多的监管。常见的是,管理员会选择性地观看监控录像,如果急着解雇门卫的话,他们会努力找出证据,证明他们的某个工作人员在工作时睡觉,或在午餐结束后没有按时回来上班等等。门卫也会观看监控录像,如果录像内容变得极为有趣或色情(如他们有时所说的),他们也许还会跟公寓中的其他人分享他们看到的内容。

提供的安保服务时会说"比门卫服务还好",因为一周七天、一天24小时,这种系统都不会中断也不需要休息。公寓不再会因为工作人员可能会去喝咖啡或抽烟而缺乏"基本的保护"。然而,在修辞上,安保从来都不是最主要的问题。此外,对于有些住户来说,24小时闭路监控系统日益普及反而成为核心问题。太多的住户似乎都无事可做,于是花费大量时间去监视大厅中的人来人往。早在电视台的高管们发现人们会花费数小时时间观看真人秀节目中他人的生活之前,公寓管理者和监控系统的销售人员就发现了这一点,正如视频设备公司的一名高管向《纽约时报》说道:

> 该服务尤其会吸引那些经常待在家的人,他们喜欢连着观看大厅监控好几个小时。然而,那些未婚住户和在公寓中办公的精神病学家有时则会反对这个系统,因为这个系统使他们的邻居可以查看他们的访客。

即使那些生活相对丰富多彩的住户(拥有自己的朋友和工作),也会发现"大厅秀"(正如有人描述的那样)看起来轻松而有趣。它比电视直播还要好,因为人们随后还有机会可以看到名人(邻居)离场、到街上、进入大厅,甚至看到他们在公寓中的情况(对于朋友)。由于大厅秀一直都在上演,因而有可能随时快速偷看一眼,只是看看是否发生了什么。更糟的是,人们发现他们可以以此前从未有过的方式来观看跟他们最为邻近的邻居。比如,当听到邻居在走廊的声音时,人们可以在邻居离开电梯、通过大厅时，快速窥视一下，就能从他们的穿着看他们晚上可能去做什么。邻居（那些生活在同一个走廊的人）已经够坏，但更可怕的噩梦源于被生活在同一座公寓中的陌生人毫无区分、完全不受控制地监视。

于是，起初是那些有合理理由希望大厅安保对其睁一只眼闭一只眼的人（比如在住宅楼一楼办公的精神病学家强烈反对不认识的邻居观察其病人的进出情况，此外还有离婚者、拥有活跃浪漫关系的单身者等），随后是大多数人，都会对这种不会中止的将他们及他们的朋友当成主角的真人秀感到不舒服。① 面对有某人在监视你的个人生活或者有很多侵扰性的邻居这样的二选一，多数住户都会强烈地倾向于门卫服务。门卫对住户的了解（knowledge）至少还是可控的，在很大程度上因为它也是公开的（也就是说，门卫在观察时，住户和门卫都是在场的，录像监控除外）。由于这种了解是公开的，跟匿名的观察者不同的是，门卫也需要面对空间接近和社会距离太远之间的紧张所造成的不适感。因此，门卫会跟住户一样，努力去协商这一紧张。② 就像人们指望聚会的主人来共同处理一次不经意的口误引

---

① 通常情况下，没有录音使人们观看大厅的监控录像时会更为兴奋，因为人们可以观察到的多数互动都极为细小琐碎，使其难以产生有关什么事情将会发生的更为有趣的推论。监视器为住户的幻想生活提供了一个外壳，其幻想生活经常远比他们所观察到的真实生活要更加刺激。这或许就是人们观看基本上没发生什么事情的监控但却感到很多乐趣的原因之一。

② "住户门卫"（tenant doormen）的情况却并非如此。正如下面会进一步指出的那样，当我们讨论1991年罢工的影响时，住户一般都表示，跟门卫们的监视相比，他们更不喜欢让住户在门卫换班期间监视他们的进进出出。但更成问题的是，住户门卫都有强制执行身份识别规定的趋势，不管是客人还是住户，不管他们认识他们与否——也就是说，不再像职业门卫那样行事。

起的尴尬一样，住户可以依靠他们的门卫来消除潜在的尴尬时刻。这便是自由裁量的意义所在。

提 前 通 知

正如前面指出的，因为门卫不能一直都看着大门，于是经常有人说，当门卫不在门口时，犯罪分子会搜寻住户的姓名，然后等门卫回来后，向门卫说他们要去访问这个或那个住户。"所有访客都必须通知"的规定就是为了阻止这种诡计。同样，如果没有事先通知，也不能放快递人员进入公寓，即使上门服务的"医生"也要被仔细筛查（后者或许具有正当的理由，因为任何人都会认为上门服务的医生可以进入公寓，但他们如果经常到访则是相对少见的、是先验上就可疑的）。门卫被要求，要向主人通知朋友、亲人、晚宴客人、放学后来玩的孩子等客人的到访。在理论上，任何人都不应该未经通知就进入公寓，即使他们经常来访。这一规定为门卫和住户都造成了各种互动性问题，他们经常合作起来，运用独特的口是心非的方式来对待此前描述的那些经常来访的人，比如，送他们坐上电梯，但等电梯门一关上，门卫就通过内部电话通知住户，有访客马上就到。

"所有访客都必须通知"这一规定的目的是为那些要求门卫遵守这一政策的住户阻挡客人的进入；但是，由于很多住户都宁愿门卫不用通知他们访客的到来，因而当门卫按照住户的偏好行事的时候，就面临着让"错误的人"进入公寓的风险。由于缺乏某种可靠理论指导他们做出决策，所以门卫们难以决定哪些人应该通知住户，哪些人应该直接放进去。缺乏一种为住户量身定做的理论，门卫只好以两个同质性原则为基础来自行决策。第一个原则是，住户的朋友也会像住户。由于多数住户都是上层阶级——至少从门卫的视角来看（回想一下，出于心理的和观察上的原因，门卫倾向于向上估计住户的阶级归属）——他们的朋友也很可能属于上层阶级。因为阶级和种族在纽约市（以及在美国的其他任何地方）存在强烈关联，于是，门卫很少会未经提前通知，就将黑人或其他少数族裔群体成员放进公寓。① 第二，正如前面指出的，因为门卫是从族裔网络中被雇来的，而黑人是不会出现在这些网络中的，于是，跟任何其他人相比，门卫们很可能会提前通知少数族裔的到访。前面讨论过，他们之所以可能这么做，是因为那些喜欢让他们通告所有来访者的住户最不可能拥有少数族裔朋友，或者是因为在不确定的情况下，门卫通过同质性原则来决定如何应对公寓来访者；由于这一原则在多数情况下都是很准确的，因而它也是相当有效的。于是，公寓大门对少数族裔更容易关闭，这一感知是准确的。全年都是如此，因而不存在特定的开放季或关门季。在这种情况，尽管门卫并不比任何其他人更充满偏见，但住户或门卫们的这些微小偏好的实践却具有相当显著的全局性

---

① 在此，我们可以看到，闭路监控系统的好处是，它们是毫无偏见的，即使并非有意如此。

影响。虽然种族歧视的经历似乎是在节假日前后达到高峰，但实际上现实的歧视却是相对恒定的。①

扩展私人领域的界限

犹如有很多公寓大楼一样，同样有很多用于处理安全问题的系统。在此，我只是简要地讨论一个系统——在这种系统中，若缺乏一位公寓内人员的陪同，客人或快递人员将寸步难行——这种系统需要雇用人员操作电梯，在楼梯处安装门锁，让住户在紧急情况下可以进入大厅但不允许其他人进入楼层。除非管理方雇用一位专门的电梯操作员，否则门卫的功能将主要从大厅转向电梯。因为电梯操作员需要回应所有的进出请求，会将大部分时间都花在大厅之外，因而实行这一系统的公寓经常都会雇一名专门的电梯操作员值白班，并努力让值小夜班和

---

① 斐莉西雅·李（Felicia Lee）在《纽约时报》（1999年11月28日）中指出："现在，节假日正式开始了，纽约市的社交计量表（social meters）正在疯狂地发出滴答声。从门卫到商店店员等一系列角色都正忙于收紧他们的排斥特权……我所熟悉的所有非裔美国人和棕色皮肤的拉美人都有他们自己的故事……那些对其他住户非常友好的门卫会打扰或忽视他们以及他们的黑人朋友和西班牙裔朋友。"参见李（Lee），"对于少量种族主义者来说，量表仍在运行"（For Racist Slights, the Meter Is Still Running）。在节假日前后为何会发生这些事情虽然还不十分清楚，但它在事实上则似乎是不可能以任何可衡量的方式激增的。更有可能的是，节假日期间的明显高峰是访问量增加的后果，在一年中其他时期以同样比率发生的潜在行为，只是因为没有达到临界值而没有得到注意而已。另外，或许也是受到另一种机制的驱动——在《纽约时报》撰文讨论歧视问题的困难性——节假日只是该文一开始运用的一个策略，而每个人都知道，这些基本的行为是持续存在于所有季节中的。

夜班。在需要门卫操作电梯的地方，经常会出现一种不同的互动体制。

在这些公寓楼中，住户与门卫之间的接触会更为频繁；因为当其他人不在车内时，电梯内的联合之旅会迫使住户与门卫之间社交。如果在其他公寓楼中，住户可以快速通过大厅，但在门卫操作电梯的公寓中，通过大厅的时间经常会大幅延长。乘坐电梯为策略性互动提供了一种新的脉络，因为住户会利用这个机会，把其他住户当作观众，去跟他们的门卫展开互动，借此表现自己的高贵风度，或者更微妙地表现出一种"随意、和气"的性格。这种被观察到的接触，对于某些人来说，也许会感到太过于个人化。那些新搬到这种公寓的人经常会感到，跟他们此前居住的配有门卫但需要自行操作电梯的公寓相比，他们在这种公寓中跟门卫的接触过于亲密了。但是，这与其说是现实，不如说主要是感知问题。在这两种公寓中的门卫都知道住户正在观看谁，电梯只是使这一点变得更为清楚明确。但是，明白住户在干什么这一事实明确地消除了有助于维持门卫和住户之间社会距离的其中一层模糊性，因而强化了他们之间的关系的性质。

最为显著的变化是，随着电梯操作员的设立，公寓内外之间的界限会得到延长和延伸；大厅的阈限现在延伸到了楼层内。反讽的是，设立电梯操作员的目的是为了将楼层保持为私人空间。但这种保持的代价是，让门卫更加显著地渗透进了住户的世界之中。

日常性的住户动机

几乎询问任何一位住户,他们为何生活在一个有门卫的公寓中,最快、最先得到的回答都说是为了安全。从对这些问题的回答中抽出几个例子,应该就足以说明这些一般观点。

当我通过一位经纪人寻找一间公寓时,我一定会强调我所要寻找的是有门卫的公寓,我想说,我认为他们在我这个年纪作用很大,作为一名单身女性,他们对我而言最重要的是为我提供安全服务;我感到安全和有保障,主要是因为他们就站在门口,当我深夜才回来或即使在白天或早上回来的时候,我经常都会感到有人就站在门口,在确保着我的安全,在查看那些进进出出公寓的人。

我还是要说是为了安全,我真的感到安全;跟我从小长大、与父母一起居住的郊区房子相比,在这里我感到更安全,所以,最关键的是安全。

正如前文所述,门卫也同意这样的说法,他们都一致指出,他们的主要功能就是提供安保。

我们在这就是确保安全,我们就是安全,你知道的,从我在这里开始,没出过任何重大问题,你懂的。我一点问题也没有。我经常留心注意各种事情,我做好自己的工作,我会查看进入这里的所有人，我会通知每个住户，我不会让某人单独上去，他们必须有人陪同才能进去，或者那些特殊的人可以进门……正要通过这里的来访者、家人和朋友们能进去，除此之外没有其他人能带人进去。

筛选、查看、通知甚至阻止所有人随意进入（"我不会让某人单独上去"），除非可以证明是访客、家人或朋友；没有言明的是"我认识的访客、家人和朋友"。

对于一个在这样的公寓中工作的门卫来说，最为重要的事情就是从事安全工作，这是工作之一，也是最主要的工作；也就是说，最主要的工作就是确保安全，防止闯入者、外人的混入。

这是一个很重、很重的责任。我的意思是说，我基本上就是负责安全，因为你必须努力确保没有人未经事先通知就进去，或者努力让不受欢迎的人不要进去。我们已经在后门安装了安全摄像头，所以，你必须要注意那个门。你必须注意，当有人离开的时候，会有人混进去。

如果没有我们站在门口，我敢说，至少每周会有一次抢劫或偷窃。对这一点，我敢向你担保。过去我会想："哦！门卫是多么扯淡、愚蠢的工作！"但你知道的，不，完全不是这样，这个岗位可以提供很大的安全保障。

接下来，在每次访谈中，安保都会成为核心主题。奇怪的是，只有**很少**的门卫能够回忆起他们的公寓中发生过某件事。在回答诸如下述这类简单问题时：这里曾经发生过什么事情吗？曾有人试图闯进去吗？你曾经阻止过什么试图进去的人吗？多数门卫——即使那些已经工作了二十多年的人——都未曾遇到过有任何事件。值得注意的是，在这一脉络下，现在正在工作中的很多门卫都是在纽约市高犯罪率时期做过门卫的人。因而他们未能回忆起任何一件（外人）破坏安全之事这一事实，是相当值得关注的。

问：所以，你从未见过有人试图闯进来？

答：没有，实际上真的没有。到 2001 年，我已经在这推门推了二十年。实际上，不管现在和过去，你都会遇到某个说将会干某事因而住在这儿的奇怪的人。但是，是否让他们进去……完全看你的决定。

没人强闯过，但在任何时候都可能被闯。假如我需要紧急帮助，我可以按下遇险按钮；就像你看到的那样，老板经常都不喜欢被人打扰。假如说我需要获得立刻帮助，因为我毫无装备或任何东西；我不是警察，可以自我防卫。你知道的，我能做的最佳选择就是按下我的遇险按钮，就是这样。并没有人会下来说："你需要帮助吗？"也不是说他们毫不关心。他们希望我来关心安全问题；这就是我在这儿的原因；我会随时伸出援助之手。主要的目标就是安全。

你看，我们在架子底下藏着一个黑色的木质球棒；如果有人要从我这儿闯进去的话，它就是我的帮手。

问：你用过它吗？

答：没有，但如果我需要的话，它就在那里。

不，没有发生过，但它们可能随时发生，因而需要遇险按钮、棒球棒、紧急警报和监控摄像头；总之，几乎所有公寓都拥有某种安保器械。多数门卫都有这些东西，但从未感到他们处于危险之中而必须运用它们。没有那么多的潜在闯入者。通则之外的例外也许也能为我们提供一些信息。比如，丹尼说道：

> 你的基本工作是安保。你需要做的是一名观察者，做一名不要被人轻易骗过的人……你知道我的意思。要比那些坐在门口、占据空间的人更加敏锐。我遇到过很多想要混进公寓的人，他们使用假名或想要去后面使用卫生间，或诸如此类的事情。

在此，作为一个精明人的外部证明在于，抓住那些想要混进去的人。其他那些没有观察到想要狡猾地混进去的人的门卫们，丹尼说他们非常呆板迟钝，但这似乎不太对。更为合理的可能是，在他们身上没有发生过任何事情。

经验与想法之间的不匹配，通常被归因于门卫的制服。[①] 有

---

① 住户也喜欢制服。他们的喜欢中有某种玩具的性质，感到"他们看起来是一个可爱的人"。"是的。我认为门卫必须要穿上制服。这样看起来会很友好。外表看着也更好，看起来给人的印象会更为深刻。我的意思是说，我不（转下页）

一种观点认为，犯罪分子之所以没有真的闯入有门卫的公寓，是因为他们看到门口站着穿着制服的人，就会认识到他们没有希望得手。正如鲍勃指出的："在晚上，制服就是一种威慑。它可以减少犯罪，使那些不断在外晃悠的人不太可能进到大厅内。看到穿着制服的人，他们甚至不敢过来。"

这种观点可能有可取之处，但主要基于不能进行实际观察的反事实，也就是说，在这种公寓中，如果没有门卫的话，犯罪率会变高。门卫的在场防止了犯罪活动的发生，因此，门卫几乎从未积极地阻止过任何非法闯入活动这一事实，是他们站在那里的效果。当然，我们可以看一下没有门卫的公寓中的犯罪率，但这些公寓都位于不同的社区，住着不同的人群，受到住户们的不同方式的监控，因而这种比较可能是误导性的。无论如何，拥有门卫的公寓中没有发生过太多的犯罪，至少没有

（接上页）是要努力给进入这座公寓中的人留下任何印象，而是说，如果它喜欢这座公寓或如果这是一个门卫的公寓的话，我就可以少操点心。但当你要拥有一名门卫的时候，你可能也会让他们穿上制服。"平心而论，其他住户也有其不同意见，也即："我所在公寓的制服有些好笑——尤其是帽子，他们应该为必须穿戴它们所感到的羞辱而获得额外报酬。"在肯尼迪执政期间，《纽约时报》曾经策划过一个有关制服改革的专题报道，指出："随着喜剧歌剧中总穿着类似服饰的将军人物的出现，曾经被视为穿戴良好之门卫所必备的肩章、穗带和饰物已经过时了。如今的门卫制服是单排扣的，它拥有自然的肩部……常春藤联盟的三纽扣或肯尼迪总统喜欢的双纽扣风格如今正流行。"此外，据报道，在1962年，住户更喜欢花哨的制服——甚至指定要穿全长礼服作为外套。据报道，由于被要求穿上配有金色花边的制服，以便跟华盖下的布料搭配起来，一个门卫对此提出了抗议："你是希望我看起来像列勃拉斯吗？"（顺便提一下，列勃拉斯因为如下名言而出名："我的衣着也许看起来很滑稽，但它们可以让我赚钱。"）参见"穿着讲究的门卫把肩章换成了常青藤样式"（Well-Dressed Doorman Trades Epaulets for Ivy League Look）第187页。

那种街头混乱无序滋生的犯罪。①

身处边缘的住户

但是，门卫们却面临着公寓内的混乱无序所引发的各种问题。通过培养住户的偏好，使他们更喜欢未经通告就让其访客进去，门卫们帮助促成了这种混乱无序。对于住户来说，这种偏好的形成具有很多原因。首先，有些住户感到，门卫的"通告"使来访变得过于形式化，因而改变了他们与访客之间的关系。正如邓巴所言：

我希望我的朋友们觉得，他们随时可以顺便到访。门卫知道我在不在家，所以如果我在家的话，我会让门卫尽管让他们进来看我就是。

然而，反讽的是，邓巴认识到，如果门卫不知道他在哪里，他们应该联系他，以便（在这种情况下）维持一种"开放性"的想象：

---

① 在所有条件都相同的情况下，跟没有门卫的公寓相比，那些住在有门卫的公寓中的住户更关心安全问题，这一事实增加了进入其公寓的难度，因而提供了额外的保护。此外，一个十分值得注意的发现是，生活在纽约市有门卫的公寓中的人很多都从未锁过门。有人竟然不锁门，但却对门卫和其他人假装锁上了门，因此，他们会让（比如）门卫为那些清洁服务人员、遛宠物的人等拿钥匙开门，尽管他们的门实际上是开着的。

对，如果他们知道我不在家，他们才应该联系我，否则就会看起来像是他们在阻止我的朋友进去找我。不过他们可能会弄错。我也许已经回家了，但他们却没有看到我或诸如此类的事情。

其次，对于门卫们认识他们所有的朋友这一点，很多住户都感到不适，即使他们对于门卫们知道他们多数朋友这一事实会感到舒适和理解。对于门卫来说，喜欢让他们自行决定谁应该通告或不应该通告的住户，使他们得以提供个人化的专业服务。因此，是很多门卫帮助住户意识到，他们的偏好是让某些朋友和访客未经通告就直接进入。这种"培训"很简单。一旦门卫认识了那些常客，门卫就经常会（在电话通知时）建议住户，门卫可以"直接让他们上去，因为我现在已经认得他们"。于是，住户开始认识到他们拥有获得特殊服务的机会——在此即认出他们的朋友们——而这些特殊服务是违背明文规定的。他们可以选择是否接受。而其选择，不管何种决定，正是门卫想要的。

让陌生人未经提前通告就直接进去是一件简单的事情，但所有小事情都可能会导致大问题。潜在的问题在于，首先为何会规范出现；而对于那些其活动会（完全或部分地）将门卫置于违法或违规境地的住户来说，这些潜在问题会特别严重。这些住户为门卫制造出了特定的问题，而门卫们之前就充分意识到了其住户的行为。

事实上，跟纽约市住宅楼有关的很多犯罪故事，似乎源于门卫没有通告就让人进入了公寓，因为门卫也知道，访客和住户都联合参与了这种活动。问题在于，小偷经常都没有荣誉可言，当犯罪分子缺乏监督时，坏事情就会发生。于是，比如在 1932 年，两个人通过伪装成私酒制造者，去给一名住户 H. C. 格莱姆送非法酒水，而通过了门卫把守的大门。他们用麻袋装满了瓶子，带着价值 35 万美元的珠宝逃走了。1937 年，在同样的情况下——两起案件中的小偷都知道他们所偷窃之家的妻子晚上外出，两个人假装成快递人员，骗过了西区第 72 街上的门卫，从艾萨克·凯勒那里偷走了价值 5 万美元的珠宝。刚巧，凯勒的妻子正是格莱姆的母亲。① 在 1960 年代中期，有一名住户因在毒品交易时失败而被杀，这一案件发生在一座高档公寓楼内。最近，在一个高档的东区公寓中，一位门卫因为让两人进入公寓而被停职。一进入公寓内，他们就推那位住户，并威胁他。当事的这位住户从事非法制造身份识别证。门卫很可能知道住户的事情，因而让他们进去了，以为他们要去拿他们此前已经付过钱的伪造证件。不幸的是，对于这件事中的所有相关人员来说，警察早些时候就已经发现了造假生意，并将其关停。不管牵涉其中的门卫对于毒品交易睁一只眼闭一只眼，还是帮助运送非法酒精或非法证件，那些卷入非法活动中的住户都具有一种跟坏分子进行交往的坏习惯。

多数门卫工作的公寓内都没有住户造假证件或进行非法交易。

---

① 尽管这些案件事实表明肯定有内鬼，但没有迹象可以证明门卫是合谋。然而，明确的共谋跟知道犯罪活动正在进行因而转移人们的目光的潜在共谋仅仅存在程度上的差别。

或者，即使他们确实在这种公寓内，那他们的住户都足够精明地避开了他们的捕获。然而，很多公寓中都有一些住户参与高端卖淫活动。纽约市的公寓管理者通常都认为，在多数公寓中都有一名"打工女"（working girl）；只要进入公寓或上楼的人流不是太高，她们就不算是坏房客。对于从事陪客服务的很多女性来说，门卫在她们的皮条客或服务之外，提供了额外的安全和保护。其中，自由决策十分重要。门卫们必须既登记嫖客的到访，但又不看他们。门卫所实施的自由决策意味着，他们让自己陷入某些危险之中，因为楼上的交易经常都可能出现问题。

  在所有这些情况中，门卫对于住户行为——非法送酒、陪客服务或证件伪造服务的了解——意味着如果他们自己没有暗中卷入其中的话，他们就不能准确地向主人"通告来访者"。住户面临的主要源自他们自己（或其邻居）行为的危险，也会使门卫陷入一种复杂的关系之中。他们知道正在发生什么事情，不管是因为他们非法信息的连接渠道还是因为他们具有很多看到这些事情的机会，不论如何他们都必须运用最大程度的自由裁量来行动。① 他们也许会从中直接获益，尽管很少有门

---

  ① 门卫对于住户及其朋友的进进出出的了解，有时候会使他们成为关注焦点，无论他们将会实施何种自行决策。第五大道969号公寓的门卫弗兰克·考德威尔（Frank Caldwell），就被召唤去为多丽丝·杜克（Doris Duke）于1943年9月H. R. 克伦威尔（H. R. Cromwell）提出离婚诉讼期间的行踪提供证词。同样，诺瓦尔·基思（Norval Keith）以自己的故事——反对其他目击者的宣誓证词，坚持认为绰号为"下巴"的文森特·吉甘特（Vincent "the Chin" Gigante）射杀了弗兰克·克斯特洛（Frank Costello）（他开枪当时说："这是给你的，弗兰克！"）。参见"门卫克斯特洛坚持他的故事"（Costello Doorman Sticks to His Story），《纽约时报》（*New York Times*）1958年5月17日，第40页。

卫会坦白说出他们暗中的了解与奖金之间的关系。① 当住户参与到非法行为中时,门卫起到了某种保护性角色。问题在于,他们所提供的保护使整座公寓面临日益升高的危险。使他们摆脱这种束缚的诀窍在于对大厅的管理,我将很快回来讨论这一问题。

跨 越 界 限

在色情文学中,通常都会发现,当被提到时,有盖瑞或查德这种听起来就有点黄色的名字的门卫,他们往往都会有这些行为:(1)"开始脱去他们的手套","向他们的孤独的住户提供不只是包裹等东西";(2)通过电梯或里屋里的监控摄像头,暗中窥看他们名为莫妮卡和比尔的住户"正在发生性关系";或者(3)悄悄地将年老的绅士引到住在公寓顶层的丰满的金发女郎那里,或许是某些流氓对老人的恩惠。面对三级片编剧所想象出来的这些场景,人们也许会发现,令人惊奇的是,真

---

① 尽管如此,但还是有一名门卫相对直率地指出:"(这里)有一些异装癖者——他们上去时穿着西服,下来时又穿着女人的衣服,你永远认不出来。就像这样的事情,真的让你很头疼。我们这儿有个家伙,你知道的,他看起来几乎完全正常,但是他还有这样的第二重生活,或诸如此类的事情,他喜欢被捆绑、鞭打等疯狂的事情。因此,他们都习惯于信任我。你懂的,在那种公寓中,他们通常都会信任你,因为你可能会伤害他们。"在这个事例中,尽管并未明确地提出敲诈,但人们确实会感到,门卫所具有的可供自由裁量的知识(the discretionary knowledge)可能会成为背后的某种微妙威胁。尽管这并不是那么常见。

正的门卫和真正的住户通常都比被想象出来的比尔和莫妮卡这样的人要无聊得多。① 此外，性确实存在于某些住户有关其门卫和某些门卫有关其住户的对话、想法之中。而性问题会以重要方式歪曲大厅中的动态互动，无论实际上是否发生了"任何事情"。

一位漂亮的女人走过大厅。当时跟阿曼多的交谈话题是优先服务，如何管理各种相互冲突的要求，比较拥挤时应该先为谁提供服务。阿曼多内心毫无波澜地回道："那位女士，你知道我的意思吧？"然后，他进一步阐明：

严格来说，我不会去她家参加派对，我不会出去闲逛，这只会造成很多问题。尽管机会一定会出现，但我不能这么做。这只会造成很多问题。那些姑娘，你每天都会见到。你不能跟她们谈恋爱。最终肯定会分手的，因为她们每天带着男的在你面前进进出出。工作已经压力很大了，你不会再去干那些事情。不会的，这样做是不好的。

另一天，在一个比较小的大厅中，对话绕来绕去，即将结束。大门正前方就是电梯，西蒙就在左边的一个比较大的前台后面。当他正在说话时，两位很有魅力的女性走了出去。

---

① 当然，不管门卫还是住户，都可能对我信任不够而不会谈论性话题。如果人们看一下全国层面的数据（参见劳曼［Laumann］和米歇尔［Michael］著《美国的性、爱与健康》［*Sex、love and health in America*］），就可以发现，多数美国人的性生活都比较无聊。没有任何理由认为门卫有何不同之处，更何况他们可能会更为传统，因为他们大都具有天主教和工人阶级的背景。

他暂停了对话，向两位女性打招呼，然后又相当突然地转身说道：

我会尽量不那么做。这真的不是一个好想法。我不想对她们了解太多，你懂的，同样，她们对我也不会知道得太多。

在回答有关价值取向和培训情况的一个问题时，在东区的公寓工作了不到一年的罗伯托说道："对，在这个公寓中，有个规定。管理员告诉我：'在外面，16 岁以下；在大楼里，85 岁以下。'"①

因此，这里的三则信息，跟其他评论一样，都表明门卫既注意到了住户的潜在性吸引力，也注意到了跟她们发生关系的显著风险。这通常都会被视为不可跨越的界限。

我们曾经有过一个门卫，他待人非常友好，但他跨越了界限，而我是不会这么做的。我们是朋友；我们握手言欢，怎样都行，至于跨越住户与雇员之间的界限，我是不会做的。于是，我们都知道存在着界限。那个住户，她仍然住在这里。她不是一个卖弄风骚的女人，她人很好。他有些误会了。他给她买花，给她写信，还在信中签上了自己的名字，而不是匿名邮寄。她读了信后，感觉受到冒犯，而她父亲是一名律师；两天后，他就被开除了。你懂的，住户和门卫之间存在微妙的界限，你必

---

① 此处指，在大楼中，门卫不得与住户建立恋爱关系。

须待人友好，但你不能跨越界限。

"85 岁以下"，"不是一个好想法"，"一条界限"，"最好远离麻烦"这些都说明，门卫们尽管知道他们需要将他们与住户之间的关系个人化，但这种个人化存在明显界限。虽然门卫也许会幻想他们的住户的事情，但从他们的角度看，当住户对其门卫的幻想采取行动时，就可能会产生危险。无论哪种方式，危险在于某些事情将会使门卫和住户对他们之间的界限共同构成威胁。比如，比尔说道：

一天晚上，当我值午夜班时，我正周六上班，这两个住户进了大厅，她们有点喝醉了，然后就在我面前脱衣服……是两个女人，我必须阻止她们。于是她们停止了。我没有跨越住户和雇员之间的界限。就是这样。

瑞安也讲道：

一天，我正在上夜班，有个女人进来，我猜她之前一定吸毒了。当时大约是早上 2 点半、3 点左右，她下来到这里，只穿着内衣。我该怎么办呢？我友好地接近她，跟她交谈，扶着她的手臂，跟她进入电梯，送她到走廊里。我帮助她到了走廊，就关了门，锁上电梯，下到了这里，因而她决不能再下来到这里了。如果她还想下来，她就必须走楼梯，我觉得她不会从楼梯走下来。后来我见到她的时候，她看起来就像什么都没发生过一样。

需要注意的是，界限的划定实际上围绕着二者关系的一个特定要素：性接触。住户可以而且也确实会与他们的门卫分享非常个人化的秘密。门卫也会容忍或积极参与这些秘密，而从不会觉得他们跨越了职业行为的界限。于是，提莫托说道：

有时候，人们可能会在午夜带着自己的私人问题下楼来，他们想要跟人谈论自己的问题，而其中的有些问题都是非常私人性的；即使是一名妻子，也可能下楼来，（比如说）她正因为她的丈夫而陷入某种困境，或者，有人下楼来是因为她正处于情感创伤之中。她正在经历情感创伤，她想要把酒都送给我，几瓶子的酒，这样她自己就不会喝太多。

荒谬之事总是时而发生，经常潜在地跟性有关，但也不是完全如此。比如，克里斯描述了一位住户因为将她自己锁在其房间外，而不得下楼到大厅中寻求帮助。在此，描述的尽管是相似的行文，但却没有提到跨界问题。

有一次，一位住户，有些奇怪的是，她下楼到大厅来，跑下来的，她只穿着内衣内裤，跑着通过大厅。你懂的，她就藏在我身后，因为我身材宽大，她说："克里斯，给我备用钥匙！"她出来倒垃圾，但门却在身后关上了，她陷入困境，被锁到了门外，因而她不得不坐电梯下楼，到大厅，都是这种人从你身边走过，藏到你身后，等待我给钥匙。

住户也会运用同样的"跨界"修辞，来描述那些对他们来说似乎太过于直接的门卫。在此，上西区的一位年轻漂亮的女士罗琳跟两位女性朋友住在一起，她描述了一个跨越界限的替补门卫，尽管她并不十分确定，**界限**是否被明文撰写在规范手册上。

我并不十分清楚门卫的规范手册……我们在暑假期间有一位替补门卫，因为那时门卫也会放假。他是一个比较年轻的家伙。他大约19岁左右，我觉得，他是那种跨越界限的人。一天，我进来，他说："我正想请你一起去吃午餐。"于是，我说："你是不是想要通过跟我说你正要请我出去吃午餐，来请我出去吃午餐？"但这是我与门卫发生的最为亲近的个人活动。我们并没有真的吃午餐。然而，他肯定让我感到了紧张害怕。

有人邀请我出去约会，但这种事情很奇怪，很怪异。而我则对他说："这是不是跨越了门卫指导规范上的某种界限呢？这么做不会越过职业范畴吗？"

当然，界限就写在手册上，一旦跨越界限，就会被解雇，无论此前是否受到过警告。工会也许会以没有实质证据的骚扰指控来抗拒解雇决定，但他们将难以保护一个陷入跨越界限问题中的门卫。

如果可以行禁止之事而不付出额外代价的话，被明文禁止的行为就会成为人们最喜欢做的事。于是，我们可以举一个简单的例子，每个人都会偶尔挖鼻孔。这是一件令人享受的事情。但是，人们通过挖鼻孔所获得的享受，通常都不会超越当公开挖鼻孔被逮住时所遭受的消极性社会惩罚的代价。因此，当人们觉得自己是一个人的时候，才会挖鼻孔，并感到享受。很多门卫和很多住户也许都很想发生某种性关系。明文禁止这种关系恰恰证明了有些人会喜欢这种关系，如果不会因此付出代价的话，只要有可能，他们就会做。当然，多数门卫都对他们的女性住户没有兴趣，多数拥有一种难以言说的兴趣的人也不需要某种正式规范来防止他们发生这种关系。比如，阿曼多避免与住户卷在一起，不是因为这是被禁止的，而是因为他不希望这种关系持续太久（如果真的发生这种关系的话）。因为他的理论是这种关系"最终肯定会断掉的，因为她们每天带着男的在你面前进进出出"，他认为看到自己的前任跟其他人在一起这种潜在代价太高了。

并不奇怪的是，门卫会承受跨越界限的主要代价。人们应不应该关心门卫是否与他们的住户发生关系呢？毕竟，如果一名住户跟商店收银员陷入热恋关系，没有人会认为这是什么麻烦之事。同样，住户跟他们的理发师、银行柜员、邮差发生关系，也不会引发太多惊讶和非难。[①] 有一种观点认为，这种关系

[①] 如果他们跟所有这些人都发生关系，也许会引发一些惊讶和非难，但这是另一回事了。

之所以被禁止，是因为门卫应该跟所有住户都保持同样的关系，因而特殊关系的形成会毁掉住户的平等性，可能导致服务的倾斜。另一种观点认为，门卫对于公寓内所有住户都知道得太多，他们与其中一位住户存在特殊关系会威胁到门卫的自由裁量。因此，即使不管明显的权力不对称问题，人们通常也会对他们的精神病医生（如果他们有的话）跟另一位病人之间存在特殊关系而感到反感。

有趣的是，人们却不会因为精神病医生恋爱或他们自己的精神病医生（再次假定如果他们有的话）拥有一位伴侣而感到困扰，因此，问题不在于可能发生的枕边谈话本身。令人反感的是，他们的精神病医生跟某人拥有某种关系，而这个人我们可能知道他/她是谁，知道我们跟他/她处于平等的结构性位置上。就此而言，人们认识到，自由裁量的关键不是"口风紧"，而是区分各个交际圈的能力。拥有某种关系的精神病医生并不是问题所在，即使他们谈论其病人，只要他们的伴侣不会跟其病人发生互动就行。于是，正是病人们在实践中的互锁性（interlocking）使自由裁量变成了问题所在。跟同一座公寓中的住户之间的互锁性相比，病人在实践中的互锁性则没有那么强烈（而且平均持续时间可能还很短）。此外，多数人都认为，他们告诉他们的律师、牧师或医生的事情都是十分私密的。他们对其门卫的信任会更少吗？

答案是肯定的。对于向其门卫询问其他住户的信息，住户们不会感到羞耻；而他们可能绝不会想着让他们的律师坐下来，跟他们谈论一下他的其他客户的事情。住户与门卫之间的社会阶层距离，给予住户们可以侵扰的社会空间。因为他们认为他们的门卫将会跟他们谈论其他住户，而且他们对于门卫的信任要低于对其律师或医生的信任。问题在于，很少有人会向他们的律师或精神病医生询问其他客户的事情，而很多人却发现自己对邻居很感兴趣，并将向他们的门卫询问邻居之事视为合情合理的。回想一下，正是这种好奇心导致监控摄像头取代门卫试验（the video-doorman experiments）在 20 世纪七八十年代的终结。如果所有住户都拥有这种好奇心，那么，他们每个人就都拥有同样的偏好：让他们的门卫不给其他人保密，但却跟他们自己保持特定的保密关系。当然，这对于门卫来说是不可能的。为了管理邻里之间的好奇心，门卫需要自行决策；如果跨越界限，将会威胁到他们在其他按规行事之人眼中的能力水平。尽管如此，他们还是经常向住户透露很多其他住户的信息，他们当然也会在同事之间谈论住户的事情。

自 由 裁 量

你要保密。（知情）仅限于你和那个人之间。你不能到处传播或告诉任何其他人。

门卫们都知道，小心谨慎是很重要的。回想一下，不管是通过直接对话还是间接观察，他们都知道很多住户的事情。他们的了解经常是相当细致的。如果他们的住户中有人有酗酒问题，他们肯定知道，而且还了解他们喜欢哪种酒（尽管知道这些事完全没什么用处）。在很多情况下，他们都知道住户的家庭情况，而住户们却不知道他们的家庭情况。比如，正值青少年的女儿是否有男朋友？如果有的话，他多久来一次，以及每次待多久？他是不是只会在家里没人时才来？在孩子睡着后，是否有人来找临时保姆？清洁女工是不是提前离开了？当天中午，丈夫是否曾回家？如此等等。

　　门卫也认识到，他们知道这些事情。如果询问他们是否愿意生活在一个拥有门卫的公寓内，很多门卫都会说不，正如前面指出的，他们之所以经常回答说不愿意，是因为他们认为自己"不是虚弱无力之人"。但是，他们会说不愿意，还因为他们知道他们自己对其住户的事情了解得很多，而这会使他们感到不适——或者更准确地说，有人对他们的事情了解很多这一点会使他们感到不适。比如，唐纳德说道：

> 我对这一点很不习惯。我猜，如果你要是从小就这么长大的话，你可能会很习惯，但我不想这样。我的意思是，总有人看你进去，你懂的，就是不断查看着你的进进出出。你懂的，我只是不太习惯这样。就像他们过来问我："你妻子回家了吗？"我说，"是的，她在家"或"他们不在这儿"。（展示出一本公寓登记簿以及上面画的框）我们会记录某人多会儿进去了，某人是多会儿出来的。

"这不适合我。当我回家时，没有人可以在监控中看我。

我拥有自己的隐私。"住户们不知道究竟有多少监控在注视着他们——不管是被动式的还是主动式的。如果他们真的清楚的话，他们也许会感到不太舒服。这种监控使门卫获得对住户的很多了解，但因为这种了解经常是模糊的，因而它只是促成了门卫有关每位住户所形成的理论，仅仅是他们可以在工作中使用的另一种零散资料。也就是说，门卫知道他们获得了这种了解，但是他们并不会按照它办事。但对于其他人来说，出于他们自己的理由，这些微小零散的资料是很有趣的；问题在于，门卫不会百分之百保护其住户的秘密，部分原因在于他们并不认为他们所了解的事情必然是有趣的。因此，不管住户对他们自己信息保密的关心，还是对于他人秘密的窥探，都具有一定依据。在回答有关生活在其公寓中的名人和其他新闻人物的问题时，多数门卫开始都会说他们不能自由随意地谈论住户的事情，但很快就开始告诉你，什么人住在哪里，他们是怎么样的。于是，在本研究的过程中，我了解到有关名人的无数事情，比如他们的住址，他们是不是令人讨厌，甚至知道他们多久去见一次他们的心理咨询师。例如，一位门卫忍不住说道：

　　KM 是电视剧《我们的孩子们》中的×××。她是一个很好的人，真的是一个好人。有时候，这样一个大名人，你觉得会很高傲，但她却是一个很好的人。我在这里遇到过罗杰·摩尔，他可是罗杰·摩尔。我还遇到过《吉利根岛》里的×××。她现在老了。一脸不悦，脾气暴躁，她也许是你见过的人中最差的女人。①

而对于最后一个例子,另一位门卫说道:

我不能自由地谈论这些。×××来这里看他的心理咨询师。我的意思是,他很少来这里,我被深深地镇住了,因为我之前只是看过他的电影。我告诉他,我真的很喜欢他的作品。他就走了过去,没有人注意到他,我想说:"难道只有我注意到他了吗?"能够遇到他,真是太酷了。我的意思是,我并未真的跟他说上几句话。我曾经看到过他四五次。你懂的,多数情况下,我只是打电话通知那位女士,他来了。

这种说漏嘴的情况不仅限于名人。正如上面指出的,门卫经常会谈论他们公寓中的新闻人物,不论他们是否特别有名。就此而言,当他们的公寓中住着一位 ABC 新闻的重要人物、一个知名法律公司的合伙人或一个诸如辉瑞这样公司的执行总裁时,门卫们会表现出一定的自豪感。他们经常都想将这一点告诉给陌生人。但是,臭名昭著之人的事情也会被谈到:

---

① 当然,并非所有门卫都会泄密。在此,我用大写字母代替了那些名人的名字,移除了其身份的明显标志,不是出于保护这些名人,而是为了严格遵守我们向门卫们做出的保密承诺。由于不能推断出罗杰·摩尔是生活在这个公寓还是仅仅顺便到访,因而保留了他的名字。

我认为不应该说这些，但我觉得很有趣，因为她是我们的一个住户，她因为在第十五大道上卖毒品而被捕。她为×××工作，她上了《纽约每日新闻》，《纽约每日新闻》来公寓采访，询问诸如此类的问题和事情。我的意思是说，她是一位50岁的太太。她甚至因为卖伟哥而被捕。（她是在街上被捕的吗？她是一名经销商？）是的，她实际上是一名经销商，她有自己的客户，她有自己的经销渠道，她经常进进出出，经常带着她的包。这个公寓中的每个人都知道她是做这个的。她在今年的暑假时期还被抓过，公寓中的每个人都知道，当人们看到她时，人们会私下谈论她的所作所为，以及诸如此类的事情。你能做的只是笑一笑。

人名，甚至他们是不是给小费的人、是否交往愉快等适度的细节信息都不是特别泄露性的，因而对于很多门卫来说，谈到它们似乎并不是言行不慎。但这是一种滑坡效应（slippery slope），被说出的那些有关住户的小细节（比如有人因为糖尿病而使用灌肠器、有人"打老婆"等）正是很多住户既不想让他人知道的私事，又想要知道的他人的私事。就像同一个诊所中的病人或同一所律师事务所的客户一样，住户共同生活在同一地点这一事实，使住户们拥有巨大的动力，想要努力利用门卫当作信息源泉。

由于在其自己的职业要求内，门卫的工作便包括发展出跟其住户之间的个人关系，因而这些信息经常都存在被散播的风险，或者更糟的是，运用这种了解来表明他们跟住户拥有特定关系。于是，当门卫与住户发生长时间对话时，公寓管理者和其他住户都会产生深深的怀疑。管理者虽然不能禁止这种对话，但他们可以尽力监视他们。比如，管理员经常会从他们的办公室观看他们的门卫，如果有门卫跟他们的住户似乎在进行过于亲密的对话，管理员就会呼叫他们，让他们向他报告。然而，管理员需要掌握一个度，因为很多住户都由于可以跟他们的门卫进行谈话，而对公寓工作人员感到满意。不过，管理员们最关注的是存在性关系的各种迹象，他们会努力阻止性关系持续下去。为何行为一旦越过界限就会被立刻禁止？造成威胁的不在于关系本身，更宽泛而言，在于存在私人关系的语境下为所有人提供同等服务的要求。知道哪些甚至对他们来说不算是知识的信息、跟住户存在私人关系的门卫，会使其他门卫感到不适——不管他们的个人习惯是什么。

有限的干预

当住户让门卫提供私人性的帮忙时，门卫们会如履薄冰。但在这种情况下，他们都将不得不提供帮助。如果让门卫帮他们藏匿几瓶酒，或让门卫在其丈夫出人意料地回家时通知她们，或者当其（暴戾成性的）丈夫醉酒回家时让门卫特别留心其房间中的麻烦事，那么，门卫们会尽其所能地提供帮助。对于喝醉酒的丈夫，门卫也许会通过移走垃圾或递送包裹，努力在其走廊内弄出一些动静，以此表明，一旦需要，他们就在门口。

对于卷入不正当关系中的丈夫或妻子，门卫的帮助方式是，呼叫和通知这些住户其配偶会立刻到来。但他们不会引开其配偶，哪怕是暂时的。如果有人明确问到，门卫都会提供其里屋或桌子里藏有的 X 级的录像。但是他们很少直接干预和努力影响其住户（或其住户的朋友）的行为，除非这种行为尤其违禁，会给公寓带来重大危险。

虽然看到事情走向错误方向，门卫们有时候也会去努力引导事情的发展，但是，他们的引导不会经常取得成功，尤其是当他们的干预不符合其住户所预期的利益时。在上东区工作的詹姆斯，描述了他的一次失败经历，他未能阻止一名老人免遭一名住户的欺诈，住户是个年轻的妓女，住在他的公寓内，事情发生之后，他无法让那个男人从其住户那里要到补偿。

> 有个老男人来找这个年轻女孩，她捞走了他所有的钱（笑），所有的钱啊。所以，他不得不搬家，他无家可归了。他一无所有了。你看，她竟然能捞走他所有的钱。我努力劝他。我不断劝他，努力跟他讲："不要跟她纠缠了，你知道的，她不是好女人，是个荡妇。"（在这之后，那个男人又回来找那个女孩，但他还是空手而归）于是，他又到了我这里，我告诉她："他想要上去找你"，但她说不行。所以，他不能进去。如果她让我放他进去，我就让他上去了。但她说不行。你懂的，我只能试着帮帮他，但他不听。

在有些时候，门卫面临的情况也许是，住户的行为可能会对他们自己造成危险。这些住户通常都会一笑了之，认为其行为对于他们自己或其门卫都是没有任何问题的。比如，罗斯玛丽说：

坦白说，我觉得他们可能认为我很疯狂，因为他们会看到我进来，在大早上，穿着跟昨晚五点离开时一样的服装。我不知道这是否得体，但我经常醉着酒，带着五个橄榄球运动员一起回来。

但是，伊蒙感到自己对于住在这座公寓中的年轻女性住户具有某种义务，因为他将自己想象为像父亲一样的人物，保护着那些"初次进入大城市生活的孩子们"。因此：

当年轻女孩晚上出去时，（他）经常说："出去要小心啊！"但是，我觉得不管怎样，她们都不会听我的，因为她们都是在凌晨一点，我通常离开的时间，才会回到公寓。

正如伊蒙所说的，她们实际上都不会听他的。他也不能自由干预。因为积极主动的建议会产生威胁，打乱门卫保持的亲近性和距离性之间的平衡，即使住户通过他们的服务需要和好奇心而产生的威胁，也会导致这种平衡倒向这一边或那一边。问题只是在于，他不会知道得太多，虽然他确实知道得不少。于是，他只有权提供一般性建议，一旦他让具体行为付诸实践，他就有打破符号性的谨慎界限（the symbolic discretion boundary）的危险；正是凭借这一界限，每一方也许都知道其他方知道他们知道什么，但是，用戈夫曼的术语来说，双方都默契地在一般性的屏障（the shield of the generic）背后保持着面子（face）。

相互矛盾的要求

在参加工作后很短的时间内，门卫们就会认识到，他们公寓中的某些住户要比其他住户更成问题。有些人之所以成问题，是因为他们追求的目标让门卫陷入危险境地，比如他们从事低级的非法活动。其他人之所以成问题，是因为他所做之事会间接威胁到其他住户，比如当预计其快递将要到时用东西支撑着门使其一直开着（在门卫暂时不在的时候），还有人之所以成问题，是因为他们的目标似乎会威胁到其他住户。后一种情况经常出现的频率要远高于我们的猜测，这一情况发生于门卫面临各种相互矛盾的需要时。举个例子也许可以帮助我们更具体地理解这个抽象的问题。一位住户描述了这样一次复杂的遭遇：

他们肯定关心我的安全。这个公寓里有的妇女，想要撮合我跟她的儿子。我从未见过她儿子；我甚至从未见过这个母亲——她只是在公寓里看到过我，就觉得我可能很适合她的儿子。于是,他们(门卫)真的就来提醒了我,一两周后,他们亲自来找我,因为他们很关心我,因为他们知道由于他母亲住在这里,他可以上楼;于是,他们对我特别留意,这让我觉得他们真的是出于我的利益而关心我,真的关心我的安全,因为他们担心,他有一天会上楼来敲我的门。

在罢工前的一两天,门卫觉得他们应该把我叫到旁边,让我知道这种情况,因为他们担心如果他们罢工的话,那个家伙可能会干出任何他想干的事情。我相信,他是一个好人什么的,但是,他们只是觉得他们需要告诉我更多情况,因为这个小诡计已经持续了大约一个月;他显然曾经看到我,知道我的名字,知道我的房间号。我对这些全然不知,但是,就在准备罢工的时候,大概有两个门卫跟我说,"我们想要跟你谈一谈",我有点紧张地想,他们是不是想和我约会。我想不到他们想要跟我谈什么,你懂的。我在签收包裹时,他们把我拉到一边,我在想:"噢,上帝!这么做难道不是非法的吗?"因而我很担心;他们说,"等你出去办完事回来,我们想要跟你谈一谈";我出去大约三个小时,一直在紧张害怕地想,"我该怎么办?"

……(我)并未受到骚扰,因而我觉得,他们那么做可能有些可笑,但我只是无法想象;他们似乎十分严肃……最后,我回来时,他们跟我说,这个公寓里那个女人有个儿子,你知道的,他们在想,如果他们去罢工了,那么就会没人值班;他们不认为这是值得引发警报的任何事情。他们只是觉得,如果听到什么神秘的敲门声,我应该保持警惕。

在此，门卫面临着一个特殊的问题。这位母亲并非罪犯，她的儿子实际上也没有偷偷跟踪那个年轻（漂亮）的住户。事实上，他都不住在这个公寓里，只是过来看他的母亲，这一般来说应该是一件很好的事情。这位母亲做的事情只是询问那位漂亮的女士是谁，评论说她的儿子正在找对象，而那个姑娘看起来非常好。这种并无恶意的评论经常都会有人做出，住户几乎经常都会就门卫公寓里新来的面孔询问门卫——"那对拥有新生儿的可爱夫妻是谁？""那个家伙什么时候搬进来的？"等等——而不会想到，这些问题将会使那个新生儿或那个"可爱的家伙"面临危险。因此，在上面这个例子中，门卫知道那位母亲、儿子和年轻漂亮姑娘的某些事情——正是这些了解使门卫发出了他的警告，尽管有些不必要，因为门卫没有罢工，那个年轻男人永远没来敲门，那位母亲也没有进一步询问。

然而，这里揭示出的一个有趣事实是，在住户跟他们的门卫之间的这种或那种关系中，都存在着理解上的某种显著的不对称性。为了理解这种不对称性，我们需要更为深入细致地认识门卫与住户之间的微观互动过程——正是这些不断的互动使他们彼此形成了有关对方的推论。在很多情况下，门卫的推论要优于住户的推论，这应该不会令人惊讶。就其推论的运作而言，门卫们是成功的。住户经常都会使他们的门卫有点误解他们，但却仍然会获得他们所需要的服务，这部分是因为门卫使住户们养成了对于自身需求的特定偏好。

管理（监管）

我可以请您退后一点吗？我们在这儿工作是受到监视的。管理员会发狂的。我知道他在看着我。如果你跟我挨得太近，他就会认为，我们之间正在发生什么事情。

我是中间人；他想要见管理员，我就得叫他，不管管理员是否愿意被打扰。多数时候，我都必须通知他；无论如何，都必须通知他。你会看到，我通知他，让他过来的时候，他都是一脸怒容；这跟你在这里没有任何关系。但是，如果我不叫他，他将会对我发狂。事实上，他是我的老板；但住户实际上才是更大的老板，因为这是一所合作式公寓，住户共同拥有这个地方。那么，被卡到中间的是谁呢？

在住户和门卫构成的复杂世界中，管理员、快递员、勤杂工、工会代表等其他角色在形塑着大厅的社会生态。其中，管理员是最为重要的。门卫、住户和管理员都拥有和运用各自的不同理论和解释，来理解和建构作为某种互动环境的大厅。在此，我将仅仅讨论管理员的角色，他们对门卫—住户之间互动的影响是最为显著而重要的。

正如前文所述，门卫在很多情况下都直接从管理员那里获得工作机会，因而在多数公寓中，管理员不是直接负责雇用门卫，就是为负责雇佣工作的公寓经理提供用人建议。在多数公寓大楼中——当然不是在所有公寓大楼中——管理员一直都在，因为公寓管理员可以住在楼中一间公寓中通常是该公寓补偿计划的一部分。在这些公寓中，有些公寓非常引人注目——值得《纽约时报》报道的豪华会所；但是，多数都是小型的、朝向不好的底层公寓，这些公寓往往在整个公寓分布中位于最底端。在城市传说的世界中，住户们经常都会说，他们害怕管理员，认为管理员具有对谢意不够（主要围绕圣诞奖金，参见第六章）的住户给予无限报复的能力。正如所有的都市传说故事一样，这个传说也包含着某些真理，因为管理员可以迅速也可以很慢地回应公寓中的各种问题。那些生活在独栋住宅中的人似乎很难理解对于管理员的需要，因为出现问题、需要立刻维修的事情只有那么一点点。但是，在拥有多个单元的老旧公寓中，经常会出现各种或大或小的危机。比如门把手坏了、水箱滴水、（对于那些拥有较高天花板的人来说）灯泡闪了等小问题，其主要责任在于管理员，他们不是自己去直接修理，就是要为勤杂工确定服务的优先顺序。

  公寓都是相互叠加在一起这一事实，导致很多更大的问题。几乎所有的公寓居民都有过这样一些问题：自己并未做错什么，只是因为邻居家下水道或浴室堵塞漏水、冲水马桶满溢、洗碗机漏水导致自家进水或备用暖气设备因螺丝脱离而变成噩梦，墙壁上出现水泡或地板突然变得湿软。多数住户都会记得，他们公寓中的热水系统、空调系统、管道系统或其他系统等服务因出现故障而突然停用。如果说每家每年会因为出现某种危机而需要对至少一个系统进行维修服务，那么，可以看出，在一个拥有上百个单元的公寓里,每周有两个单元(如果是彼此独立的话)都需要某种服务。问题在于,多数单元的问题都不是相互独立的。在这一背景下,正是相互影响的住户和复杂的公寓系统的结合导致管理员角色的出现,他们的专长经常都是非同寻常的。① 公寓紧急情况的发生没有时间安排,它只会说来就来。因此,管理员在他们的一周七天、一天24小时内都处于待命状态。对于有些人来说,管理员永远都"在线"似乎会导致对于公寓的过度认同,这种过度认同本身体现在某些管理员对于其员工们的活动所施加的专制控制上。就此而言,公寓就像是18世纪的远航帆船。因为公寓管理员和帆船船长都经常觉得他们自己似乎拥有全面控制权,通常也会听到住户和门卫对于其管理员的批评,因为他们是要求严格的老顽固(在布莱船长的阴影下)或残忍无情的独裁者。住户经常还会评论说,他们的管理员非常懒惰或一无是处。然而,并不常见的是,住户也会说,正是因为管理员的存在,他们才能住在其公寓里。于是,不管是积极还是消极,住户对于管理员的态度都容易走极端。这种容易在情感态度空间上走极端的特性,是住户跟管理员之间的接触结构(the contact structure)所导致的后果。②

---

① 快速浏览一下工会提供的旨在帮助门卫成长为管理员的各种培训课程,将会十分受益;这些课程表明现代公寓大楼是多么复杂。很多住户对于其公寓实际上是如何运作的几乎毫无所知,只有当遇到任何问题时,才会发现它的复杂性。

② 尽管在很多例子中,门卫跟他们的管理员之间存在着消极关系,但这些都是例外。回忆一下以下事实或许会很有帮助:很多公寓的管理员都是工会成员,多数公寓的管理员都负责雇用员工,以及管理员一直控制着门卫们的加(转下页)

这是因为相对于门卫而言，住户很少见到管理员；由于住户只会在自己脆弱无助时（比如他们公寓中出了什么问题或者正要出现什么问题），才会看到他们，因而，管理员很少有机会可以影响住户们的期待。跟门卫相比，管理员与住户的接触很少。鉴于住户不得不寄希望于管理员，很多住户会通过对奖金的操纵来努力影响其管理员对他们的态度。虽然后面会详细地讨论奖金问题，但在此，指出如下一点是十分重要的：相对于门卫而言，管理员可以对奖金做出回应。由于他们之间的接触机会是很少的，因此，双方都将彼此回应中的轻微变化视为是"奖金干预"（bonus intervention）的结果。此外，从整体来看，管理员在使他们与住户之间关系变得结构化方面具有巨大的自由度，因而可以影响住户与门卫之间所具有的关系。跟他们的门卫相比，他们肯定拥有更大的自由度。

每个公寓都可能会在某些时候需要干预，于是，管理员就可以确保他们在安排勤杂工、搬运工或门卫时间等所有决定中都处于核心。此外，管理员还可以将这些分派决定安排给勤杂工或门卫，后者有时候也可以负责分派搬运工的劳动力。当然，管理员的影响是极为巨大的，他们紧密地参与到了所有决策之中，但这种参与的代价是他们持续不断地处于住户的检查和呼叫之中。由于他们不可能同时到达每个地方或经常都可以随叫

（接上页）班机会。在这种情况下，比较常见的是，门卫会表达对于管理员的忠诚，不管他们实际上是否真的忠诚。因此，跟住户相比，门卫对待管理员的态度很少会落到极端位置上。这是因为管理员与门卫之间经常互动。总之，频繁互动会弱化亲属群体之外的人们之间的情感幅度（affective range）。

随到，因此，住户和他们的门卫经常发现自己努力解决通常需要通知管理员的问题更符合自身利益，比如为公寓拿钥匙、递梯子和勤杂工上楼去更换因为太高而难以够到的灯泡，等等。于是，反讽的是，管理员对于全面控制权的坚持，导致门卫和住户都拥有强烈动力去发展竞争性的服务关系。

这种关系被管理员视为必须被避免的事情，因而他们的精力经常都会投入到对于门卫的监管上，表面上是要确保他们"在工作"，但实际上经常是要评估他们是否跟住户存在不同寻常的紧密关系。于是，在大多数公寓中，管理员都会努力影响住户—门卫之间的互动性质，打破他们之间在这些或那些方面看似过于紧密的关系。

如果可能的话，管理员也许会利用存在这种关系的证据，来惩罚那些他们不喜欢，甚至想要开除的门卫。一名学生访谈员劳拉观察到的这样一个事件，值得在这里详细展开，下面是她在初次访谈的晚上写下的笔记：

> 我昨晚7点去访谈一名门卫。他出去吃晚饭了，桌子旁的另一个门卫（鲍勃）告诉我，他会在15分钟后回来。我坐在大厅内，等他回来。在我等待期间，两位女性住户从楼上下来，她们跟门卫有个简短对话——这个门卫似乎很悲伤，谈论了他的奶奶如何得了重病，他的父母都去世了。其中一名女孩的父母在她刚刚二十来岁的时候也都去世了，她在一张纸上留下了电话号码，将其交给鲍勃，然后走到桌子后面，给了他一个拥抱。当她跟她的朋友走出公寓后，她又大声喊道，他们两人应

该出去喝一杯或诸如此类的事情，因为她们想要尽量陪伴他。在这整个过程中，有几个人从大厅中走过，而那个门卫似乎变得越来越不适。在那两个住户走了以后，鲍勃转向我和坐在我旁边的一个女性（在等待她的狗，准备去散步），说他即将会被开除。当那个女性问为什么时，他说，因为管理员的妻子刚刚从这里走过去，看到了整个场景，她可能会认为，他是在打情骂俏。很快，一个年轻女人就来到大厅，开始向门卫喊叫："你究竟做了什么？我的妈妈非常愤怒！"显然，这是管理员的女儿（后面会将其称为 D）……

在我的访谈对象米奇吃饭回来后，事情已经有点平静下来，但大厅里仍然弥漫着十分显著的紧张气氛。在访谈中，米奇小声低语道：

我们可以将录音带藏到桌子后面吗？因为那是我的管理员，（于是）为了使事情更为简便，如果他（管理员）到这里来，你只需告诉他，你是我的一个朋友的女朋友，你看到我在工作，所以顺便过来聊聊。

同时，鲍勃被叫走了。当他回来时，他告诉我，他被开除了，他说："跟你一起工作，真是高兴啊！"管理员跟他一起过来的，因而立刻就注意到了我。他转向米奇说："我很抱歉，但我并不认识这位年轻的小姐。她不是我们的住户。米奇，她是谁？"米奇告诉他，我是他的一个朋友的女朋友。管理员转向我，问道："真的吗？哪个朋友？"我收起包，当我准备离开时，米奇告诉我，对于晚上的事情他很抱歉，但我却得以看到了已经持续了一段时间的事情的高潮。

在后来的几天，劳拉完成了对米奇的访谈，但她之前并不知道鲍勃会被开除的原因。

那天晚上我是如何度过的真的是最疯狂的一部分，因为我离开去坐地铁，我追上了鲍勃和 D（管理员的女儿），D 邀请我跟他们一起去喝杯咖啡，在咖啡店，我才知道，他们在背后秘密交往。这是个令人伤心的夜晚，正如鲍勃告诉我的，这个工作是他的全部，他要是参加了工会的话，就不会发生这种事了，他只是"想做一个好人"，他那时不是在调情。因此，我感到自己虽然有些冒险，但却交了两个朋友，我们在一个小咖啡馆待了一个小时，谈论鲍勃、D 和他们的困扰、生活，以及他们觉得，我那天晚上回去后会写一份多么有趣的报告……

显然，鲍勃和 D 都没有他们自己认为的那么细心和狡猾。管理员和他的妻子都知道了他们之间的关系。当看到以跟女性住户调情跨界来开除鲍勃的机会的时候，他们立刻把握住了机会。

比如，很多门卫都说，当他们跟住户交谈时，他们的管理员将会看着他们，如果他看到他们谈了太多，他将会从"掩体"中走出来，让他们去做一些其他工作，比如擦洗地板或抛光墙面、管理包裹等等。在这一背景下，可以回忆一下，米奇的管理员对米奇跟劳拉之间的过多谈话表现出极大关注——尽管在这个事例中，他很可能会担心劳拉因为目击了整个事件而可能处于危害他的位置上。

于是，门卫们经常都会感到，他们不得不在向住户们保持开放和同时造成一种保持距离或客观无私的形象这二者之间小心行事。随之而来的是，管理员的核心困境是在住户们眼里管理员是否积极介入，住户与管理员之间的接触经常仅限于他们的公寓出现某些问题的时刻。与此同时，管理员认识到，门卫与其住户之间发展的关系和住户与门卫之间发展的关系都在界定公寓感（the feel of the building）中发挥着核心作用，因而它们也形塑着住户的满意（或不满）。

由于管理员必须从事监管工作，而规定门卫在值班时做什么的正式规范通常都不会（或不能）反映他们真正做了什么，因此，管理员也必须在遵循形式理性与实质理性之间保持平衡。正式规范确保门卫们不会明确地偏向某些住户，门卫们不能离开大门或大厅，去服务于某个特定住户，而让其他住户感到受冷遇。同时，提供专业服务的实质要求意味着，有些住户接受的服务跟其他住户是不同的。就像所有的经理一样，管理员必须努力在为了他们的公寓和为了他们自己之间寻找平衡，因为就像所有门卫一样，他们也依靠圣诞奖金来增加自己的收入。

如果管理员只是监管着很少的门卫，那么，他们会跟他们的门卫一起，按照一个集体谈判协议加入工会。于是，他们就处于某种有些尴尬的境地——尽管对员工拥有管理职权，但却被员工和公司视为工会成员。因此，员工规模会深刻地影响监管关系，不是因为比较少的员工导致更为个人化的关注，而是因为双方都是工会成员。总之，工会成员资格显著地缓和了管理员的行为；跟那些没有加入工会的管理员相比，哪里的管理员加入了工会，哪里的门卫就会说跟管理员具有更为积极的关系。① 管理员对门卫的权威还会受到门卫任期的深刻影响。尽管他们对门卫拥有形式上的权威，但那些拥有极长任期的门卫倾向于将住户视为他们的老板——他们跟住户们建立了持久关系。于是，比较常见的是，对于门卫来说，他们拥有成百上千名老板，而管理员只是其中的一个。因此，大厅在形式组织方面的简化结构，并不能代表人们所观察到的实际生态：对于那些长期任职的门卫来说，他们将会努力维护跟住户之间的特殊关系，尽管这种关系会违背（新）管理员的形式规范。机警的管理员会认识到，他对于门卫—住户之间互动的影响是受到门卫工作资历的形塑的②，因而当看到门卫与住户之间存在着似乎跨界的紧密关系时，他会倾向于减少干预。

但是，同门卫一样，管理员可以诉诸安全修辞；当必须为他们的干预提供正当基础时，他们经常会援用这一修辞，其干预的目的是要限制门卫跟住户合作形成的自由裁量的空间。旨在使管理员在住户世界中更加重要的所有干预，都可以被呈现

---

① 这几乎可以肯定是管理员工会化（unionization of supers）的结果，而不是员工规模和互动频繁的作用。有管着六个门卫的管理员，但却没有加入工会；也有管理着更少门卫的管理员，却加入了工会。员工规模本身的定量差异实在是太小，以至于难以导致人们能够所观察到的门卫—住户互动方面的定量差异。

② 这也是因为，就跨越界限、发生性关系而言，年老门卫跟年轻门卫相比对于住户会更加没有威胁性。于是，管理员会更加理性地将更多监管精力投入到年轻门卫身上。

为跟安全相关的事情。预料之中地，这种修辞策略一旦得到使用，公寓的访客将首先体验到它们，这种经历经常使他们感知到社会封闭（social closure）。并不令人惊奇的是，这种干预在拥有较多员工的大型公寓内会更为常见。

小　　结

　　门卫和住户都说，门卫的主要作用是提供安保。主要的防卫方式便是规定所有来访者都必须通告给主人。这似乎十分简单，但在实践中，大厅的世界却更为复杂。首先，有些住户并不希望门卫向他们通告自己的客人；其次，来访者经常紧跟着住户进入公寓。门卫必须对这些客人做出快速决策，为了做到快速决策，他们又需要发展出有关其住户的有用推测；这些推测往往是准确的。住户总是担心他们的门卫知道他们的多少事情，但他们面临的另一种可能——让他们的邻居知道更多他们的事情——则是无法接受的。于是，他们依赖于门卫的自由裁量。门卫自由裁量的后果之一是，少数族裔通常很难通过门卫的把守，这导致黑人面临着某种制度性偏见，因而每个门卫所宣称的观点实际上并不是一种个人偏见。除此之外，住户们之间的相互独立性这一事实造成了门卫们所面临着的各种问题，但同时也创造了各种机会。于是，犹如通常那样，了解是一把双刃剑。门卫面对的危险在于跟他们的住户过于接近，尤其当住户面临危险似乎是因为门卫知道他们的事情时。到头来，这是一个有趣的反讽。门卫比闭路监控要好很多，因为他们可以减少住户的相互依赖。为了做到这一点，门卫必须发展出对其住户的良好了解。因此，门卫必须关注住户，并努力理解他们。然而，一旦他们这么做，门卫与住户、住户与住户之间的相互依赖，也许就会被表达出来。这一表达就发生在大厅中。我们下一章的关注焦点就是大厅。

第五章

展示地位

(大厅)门口这里就像动物园。而我们则是被展示的动物。

在大厅中,住户利用门卫来追求他们的地位目标。门卫则利用住户来追求他们自己的地位目标,但他们在大厅中为了追求各自垂涎的角色而展开的斗争并非一种零和游戏。门卫的成功并不必然以住户的失败为代价,反之亦然。在顺利运转的大厅中,住户和门卫会联合建构一个让彼此都能保持和强化其地位的世界。在运转不顺利的大厅中,住户对于地位的要求会被门卫视为不正当的、缺乏尊重的体现。相反,住户却多数时候都将门卫的地位要求视为"服务不佳"。本章将讨论他们之间的这些互动,包括运作顺利和运作失败的情况;关注的焦点是住户如何提出他们的地位要求,而门卫又如何回应或反对这些要求并做出他们自己的地位要求,以及他们如何由此而联合界定了他们之间关系的性质。

在有些公寓中,门卫经常感到他们好像是用来被展示的。他们的被展示的体验似乎类似于女乘务员常有的体验——跟她们受训履行的服务或安全功能相比,她们的外貌好像才是最为重要的。① 于是,跟空姐一样,很多门卫在反思他们的角色时,

---

① 参见霍克希尔德(Hochschild),《心灵的整饰》(*The Managed Heart*)。

都感觉他们好似喷泉（或猴子），主要作用是为公寓增添美学价值和社会价值。更简洁地说，他们只是将自己视为供住户消费的炫耀性展示物。这尤其体现在那些在东区豪华公寓（以及其他地方的特朗普风格的公寓）工作的门卫身上，但这种感受并不仅限于这些公寓；在其中工作的门卫，尤其是那些穿着会妨碍他们"做好自己的工作"的花哨制服的门卫，经常会感到，公寓管理方主要感兴趣的是他们的地位展示功能。即使在最为明显地体现了炫耀性消费文化的特朗普风格的公寓中，也并非全然如此；但这确实包含着一个不完全的真理，其他一些人则正确地认识到，这些门卫的工作——即便不是全部也在部分上——是某种形式的地位展示。

不足为奇的是，在那些门卫与住户相互对立、住户拒绝门卫对于职业地位的要求的公寓中，这种情绪会更为常见，反讽的是在这些公寓中住户与门卫之间的阶级差异反而是最不显著的。有些住户确实会认为，门卫就像吊灯一样——人们从旁走过但却不会积极关注的东西，因为它就在那里。门卫确实充当着公寓地位的符号，在某种意义上，该符号是"在横截面上"运作的，也就是说只是在片刻的观察中发挥作用。但门卫并非喷泉或吊灯。要做好这份工作并不容易，需要不断互动，因而是一个持续的过程。

最关键的互动便是，门卫通过积极地参与到对话、递送包裹、通告（或不通告）访客、呼叫出租车、提供安保、处理快递等事务中来为住户提供服务。在一定层面上，正如我们在第二章所看到的，这种积极参与本身就是他们的工作；也就是说，它包括了门卫们的一系列工作任务。但更重要的是，这些参与提供了将双方的地位要求有效结合起来的渠道。对于门卫来说，他们有自己的地位要求——主要是他们对于职业地位的要求。住户以及门卫为住户提供的服务，则为这些要求的运作提供了依凭之物。反之，住户则利用门卫及其服务来表明他们的地位目标或为他们的地位目标奠定基础。当他们的地位要求都在大厅中被表达出来时，我们有时可以看到二者之间的紧张：住户将门卫视为展现他们自己地位目标的道具，而门卫则会抵制住户的地位要求，提出他们自己的地位要求。尽管更为常见的是，门卫会在住户的地位要求基础上去确立他们自己的地位要求。住户和门卫由此而联合建构了一个切实可行的工作世界（a workable world of work）。

　　本章将讨论这些互动。无论门卫还是住户，都不会从地位要求、反对要求或为了所垂涎的角色而斗争这些角度来进行思考。尽管这些都是互动所涉及的问题，但在此运用这些语言却是出于分析的方便。而门卫在思考和谈论他们在公寓内的互动时，运用的不是垂涎角色这样的概念，而是尊重（respect）这一惯用表达。同样，住户是运用服务这一惯用表达来谈论门卫的。我将首先讨论门卫的消极态度和尊重的惯用表达，然后讨论服务的语言（the language of service）。当门卫感到自己被视为职业之人，也即认为其工作是需要做出实质决策的职业时，他们会感到自己受到了住户的尊重。如果门卫可以培养住户发展出让门卫自行决策的住户偏好——这需要门卫熟悉和了解他们的住户——他们就为实质性的决策创造出了空间。这可以使他们提供某种特定类型的服务。这种了解的用处，以及住户和门卫诱导出他们的集体角色的微观脉络（micro-context），都在于细碎的日常对话之中。在本章中，我们将会讨论这些对话。互动的全部内容并不止于此。这些日常对话虽然为明确承认"接近性"提供了某种基础，但门卫和住户却不能避开他们之间的服务关系。在下一章中，我将通过奖金和小费，来详细分析社会距离和服务关系的编码。

消极态度（与任期）

日复一日，年复一年，门卫看着同样的人通过大厅，在公寓内进进出出。如前所述，因为不同的人会选择不同类型的公寓，因而门卫在某个公寓内与之互动的人，通常不同于另一座公寓中的人。他们还会逐渐形塑那些互动，由此而进一步促进了对公寓内住户的界定。

尽管难以获得系统性的数据，但还是可以确定，不同公寓内门卫的长期任职率存在着很大的差异。比如，在某个公寓内，所有门卫都至少会在此工作 14 年；而在另一座公寓内，平均任职期限却低于 5 年。因而可以区分出门卫短期任职的公寓和门卫长期任职的公寓。门卫长期任职率的差异，也许有很多不同的根源。有一种观点认为，所有公寓都具有同样的平均任职期限，大约 15 年或更长，这一观察仅仅抓住了公寓雇用门卫的年限。单纯从人口学角度上的突发情况来看，这似乎是不现实的；

但是，由于人们只是从横截面的角度来观察特定的公寓，因而人们眼中那些雇用短期任职门卫的公寓可能是曾经在此长期服务的门卫正好退休了。虽然难以想象这种过程如何可以抵抗住支配着死亡、疾病、空间流动（这里所提及的只是导致职位空缺的很多事件中的三个而已）的随机变量之外，要完全否定这一观点几乎也是不可能的。然而，从表面上看，它似乎是不可能的。①

还有一种可能，似乎也是更大的可能，也即公寓的长期任职率反映了不同的管理风格。比如，哪里的管理员性格粗暴、难以交往，那么，哪里的工作条件就会更为恶劣，门卫也许就会努力离开，从而出现有待其他人来填补的空缺。如果真是如此，那么，我们也许能够观察到平均任职期限与管理员性格特征之间存在某种关联。数据再次表明了这一推论的合理性，因为跟长期任职的门卫相比，那些短期任职的门卫对他们的管理员更加不适。尽管存在着某种关系，但这一相关的原因却并不清楚。条件相仿的门卫的任期可能不同，因为他们会与不同的管理员互动，或者，那些短期任职的门卫可能不同于那些长期任职的门卫；比如，我们可以设想，跟那些长期任职的门卫相比，有些短期任职的门卫可能脾气不佳。或者，可以换个角度，那些最终任职较短的门卫也许是受到了管理员更加严格的管理，而老员工则没有。在一项横截面的研究设计中，很难理顺这些

---

① 这是所有社会科学研究的一个共同问题。在横截面上或者甚至在短期内观察到的很多变量有可能是人为的，也即观察窗口的某种产物，因而可能会在更长的时间框架内消失不见。然而，这里似乎不是这种情况。

论证中的因果次序。

但跟一种更为简单的观点相比,这两种解释——第一种解释基于雇佣机会和职位空缺的偶然分布;第二种解释基于门卫或管理员的稳定特质——似乎都缺少说服力;这种观点便是,门卫和管理员在跟其住户进行互动中,会逐步形塑公寓感,如果这种形塑机制在公寓中比较弱的话,门卫的任职期限就不会很长,人事变动率就会比较高。如果工作满意度同我们怀疑的那样因公寓而存在显著差异,那么,一系列更为简单的、更具社会学意味的解释似乎就会具有更大的表面效度。一旦引入住户与门卫之间的互动过程,我们就可以轻而易举地设想出造成不同公寓具有不同任期的一系列机制。在此,我们可以列举几个。门卫之所以任期较短,可能因为住户的要求更为苛刻,或许因为他们没有受到恰当的"培训",或者因为住户与门卫之间的地位差异太小。如果是后者的话,门卫也许会感到,他们在关系中要低声下气。或者,他们任职期限短,是由于跟他们没有特定关系的住户在年终给的奖金比较少,因而也就减少了工作收入。就此而言,从表5.1(源自调查问卷)可以看出,门卫对住户的喜欢程度与奖金多少之间存在着一定关系,这一点不足为奇。尽管何以如此的原因并不清楚。答案或许就在于某种互动之中。而这也可能源自另一种经典的自我实现预言:如果住户认为他们的门卫早晚会离开(比如这是一座门卫任期都较短的公寓),那么,他们就会给较少的奖金,而门卫则更可能离开这里,于是确证了住户们最初的推测。

表 5.1 小费在年收入中所占比例与你喜欢的住户人数之间的关系

小费	所有	多数	有些	少数	没有	合计
<10%	39 (34.8%)	54 (48.2%)	13 (11.6%)	5 (4.5%)	1 (0.9%)	112 (100%)
10%—30%	10 (18.9%)	35 (66.0%)	7 (13.2%)	1 (1.9%)	0	53 (100%)
>30%	7 (38.9%)	8 (44.4%)	2 (11.1%)	0	1 (5.6%)	18 (100%)
合计	56 (30.6%)	97 (53.6%)	22 (12.0%)	6 (3.3%)	2 (1.1%)	183 (100%)

同样有趣的是，如表 5.2 所示，奖金多少跟门卫对待住户朋友的态度之间的关系也是相似的。如果门卫开始对他们的住户采取对立态度，那么，他们也很可能会对住户的访客感到不快。

表 5.2 小费在年收入中所占比例与你喜欢的住户朋友的人数之间的关系

小费	所有	多数	有些	少数	没有	合计
<10%	34 (30.4%)	42 (37.5%)	24 (21.4%)	10 (8.9%)	2 (1.8%)	112 (100%)
10%—30%	11 (21.2%)	17 (32.7%)	21 (40.4%)	3 (5.8%)	0	52 (100%)
>30%	4 (22.2%)	7 (38.9%)	4 (22.2%)	2 (11.1%)	1 (5.6%)	18 (100%)
合计	49 (26.9%)	66 (36.3%)	49 (26.9%)	15 (8.2%)	3 (1.6%)	182 (100%)

我们可以想出很多特定因素，一旦到位，就会在总体上共同导致门卫们平均比较短的任职率。核心的观点是，在门卫不断进来和离开的这些地方，住户则变成了固定不变的因素，因而会相应对他们与门卫之间的互动性质产生更大影响。换句话说，他们的态度是最为关键的因素。这一关键因素将会形塑门卫们将其工作界定为专业工作的能力，创造出一种令门卫不快的工作氛围，并导致较快的人事变动。

如前所述，也正如多数门卫喜欢说的那样，他们大多都是"好交际的人"；有些人则更为如此，这些感受往往跟长期的服务生涯有关。但在另一些公寓里，尤其是在那些门卫任期平均都很短的公寓，很多门卫都会认为他们的工作微不足道，同时认为他们的住户是无助又傲慢的，斯皮罗·阿格纽（Spiro Agnew）所运用的"懦弱的势利鬼"这一词语充分把握住了这一综合特征。自然，门卫对住户的和善感受通常跟他们作为门卫的任期存在正相关关系。这不是因为他们随着年龄而变得温和，尽管他们也许确实会如此，而是反映了如下简单事实：跟不喜欢其工作的人相比，那些喜欢其工作的人们，往往会在其岗位上工作更久。在这种情况下，喜欢成为一名门卫的人，必然会喜欢其住户。因此，对于住户的消极评论，大都来自那些新来到这一行的人。如果门卫对住户持有消极态度，那他们就不可能长期待在其工作岗位上。于是，就作为整体的公寓而言，其门卫的平均任期就会缩短。

尊　　重

　　那些不高兴的门卫总会谈到尊重问题，他们是以尊重为标准来评价住户的。当对各种社会情境进行组织的是尊重时，它一般都会跟无法区分不同角色联系相伴随。于是，在所谓的荣誉社会中——在这种社会中，家族、经济、社会、政治等各方面身份都紧密地交织在一起——在某一领域中的不敬通常都会溢出到相互关联的其他领域之中。因此，人们感到他们必须对即便是十分微小的怠慢做出回应，以便维护他们的荣誉。在街头上运作着的机制似乎与此相同。很多帮派暴力背后的驱动因素，似乎都是察觉到了某种不敬。可以考虑一下我们自己的情况，与之进行对比。如果我们在工作时受到冒犯，我们可以回家而使我们的核心身份免受挑战，因为我们在家庭中的关系跟在工作中的关系是没有关联的。这种区分不同领域的能力，使多数人都可以忍受轻微的冒犯，而不会认为他们好像必须要做出回应。但对于帮派青年而言，他们的全部社会身份和经济身份都嵌入在帮派脉络之中，要做出这种区分是不可能的。①

　　如果关心尊重问题的门卫的行为与这种观念相符，那事情就方便多了。但实际上，他们并非如此。相反，我们可能会猜想，如果区分不同领域的能力是导致人们关心尊重问题的核心

---

① 参见古尔德（Gould），《意愿的冲突》（*Collision of Wills*）；安德森（Anderson），《街头》（*Streetwise*）；戈夫曼（Goffman），《日常生活中的自我呈现》（*The Presentation of Self in Everyday Life*）。

驱动因素，那么，跟任期较短的人相比，那些任期更长的人将可能会更为突出地考虑尊重问题，因为他们作为一名门卫的身份是更重要的。但他们却不会这样。相反，那些总是关心尊重问题的门卫往往具有较短的作为门卫的职业生涯，并且往往将这份工作视为通向别处的垫脚石。从他们对待住户的取向角度看，他们跟长期任职的门卫也存在很大差异。

这些门卫倾向于认为，住户都是傲慢、无能的。他们会用两种方式来表达这种观点。他们对于住户傲慢自大的感知和描述，会以阶级的语言来描述和组织。认为住户懦弱无能的观点则是以性的语言来表达和组织。那些懦弱无能的人会被他们视为性无能或性冷淡。那些傲慢自大的人则被他们视为只是继承了财富但却没有付出相应的努力。因为他们这样来看待住户，于是，他们还坚信，很多住户在他们的日常行为中表达了对门卫的不敬。就此而言，住户几乎无需做什么，就会引发持有对立态度的门卫们的反感。

在问及他们的工作是否重要或有用，或者他们是否喜欢住在一座有门卫的公寓中时，在所有其他条件都相同的条件下，这些门卫都不认为他们提供的服务是有用的。他们不能真正地看出，他们为何会被住户所需要。他们觉得，为他们的工作提供了存在基础的只是住户的懦弱无能。在此，一些评论或许有助于我们更好地理解这些门卫对于其工作和住户的反感。首先单独看一下运用阶级语言来表述的评论，最典型的是如下例子：

（住户）都是傲慢自大之人，势利鬼，总是让你觉得你低他一等，因为他们比你多几个臭钱，不就是多几个臭钱吗。

　　住在这里的人的主要目标就是努力存钱，使自己尽可能富裕。

　　不，我跟住户之间没有任何问题，因为我对待每个人都是一样的，我努力同等对待每个人，但却充满很多伪善。区别在于，他们有钱，而我没有，而且他们会用很多方式让你知道这一点。

　　在从总体上描述住户状况时，坚持消极意见的门卫很容易就会咬定社会阶级问题。不过，住户有钱，有很多钱，并不完全是问题所在。几乎在所有公寓中，住户的情况都是如此。那又是什么让某些住户凸显出来的呢？有两个因素比较重要。第一，有些住户会让门卫注意到他们的财富。毫不奇怪，对于财富的注意最可能出现在住户与门卫之间的社会距离最小的地方，以及住户最可能会为门卫帮的小忙而给小费的地方，从而以简单的货币形式表明了他们之间确实存在的差异。就此而言，有些社区和公寓会充斥着阶级对立。跟在战前就已建造的老公寓中工作的门卫相比，在东区大型公寓中工作的门卫——这里的公寓通常都比较小、顾客比较年轻、更多是"新贵"，更可能会运用阶级语言来解读他们的住户。在比较新的公寓中，人们不禁会注意到，在收入上（不计社会地位或整个生命历程中的收入），每年赚五万美元的门卫，有时候并不会跟他们的某些住户相差甚远。他们的人生轨迹不同这一事实才是最重要的。对于他们处于不同人生轨迹上的认识，通常是通过区分独立工作之人和继承财富的寄生虫来表达的。比如，在上西区工作的很多门卫，在对他们的住户跟东区的住户进行对比时会说，"这里住的人也都是工薪阶层"。对于那些表达了这种反感的人来说，对于继承财富者的反感并不仅限于男性。生活在声望比较低的地方的东区老年妇女，也经常是以阶级为基础的消极意见的评论对象。

第二个比较重要的解释是，如果门卫的任期相对较短的话，他们更可能会表达出阶级敌意。在此，可能运作着某种强有力的选择机制。在门卫与住户之间的阶级差异不是那么明显的公寓中，住户的流动性要比既有公寓更高。在这些住户更具流动性的地方，门卫更难以形塑住户的行为；于是，他们会将住户都视为相同之人，因为某种相同的住户态度形塑着公寓的氛围。我将很快回到这一选择机制上。

将其住户视为伪善和傲慢之人，并将这些特征归咎于他们继承财富这一事实的门卫，通常也会认为他们是无能之人。当问到他们是否喜欢住到有门卫的公寓中时，很多门卫都说不，因为他们不喜欢自己的进进出出始终受到他人的观察。对于任期较长的门卫来说，这一回答会更为常见。但是，对于那些认为住户不尊重自己的门卫来说，不愿意住在有门卫的公寓，则又有完全不同的理由：因为他们坚信门卫工作是不必要的。门卫倾向于重视自己的男性气质，因而那些跟住户形成对立关系的门卫会认为他们的住户是软弱的、不阳刚的、无能的或性冷淡的——总之他们是无法体会真正的生活的。沿着这一线索给出的一些评论则为该框架提供了素材：

有人得站在外面受冻，只是因为另一些人不想自己开门。有钱人的生活是多么好笑，因为你知道这是很怪异的事情。在公寓里，还有很多跟这个一样怪异的事情。有时候，他们甚至会按响门铃，然后他们只是在等待。而他们需要做的唯一事情就是打开门，但有时候，我会喜欢用对讲机或在电梯里工作，而他们却只是始终待在那儿等着。他们就好像被冻住了似的。

或者，在回答一个有关他们在有门卫的公寓中生活的简单问题时，有些门卫给出了更加尖锐的评论：

我的意思是，我真的不喜欢很多人给我开门。我是一个自己干各种事情的家伙。

不管什么事情，我都自己做好每件事。我不是无能之人，你知道，我不是一个不能自己做好一切的人；我可以行动，可以使用我的双手。

我不认为我喜欢拥有一个门卫。不需要有门卫。难道你不能自己推开自己房间的门吗？真的不需要有个门卫来给你干活。

相比之下，有些住户则被视为更有能力一些。有些住户不是站在门前等待开门，而是"努力在你前面到达门口，这样你就不用必须开门"。在门卫喜欢其住户的情况下，住户则经常被描述为能够独立做事之人。正如阿卜杜勒所言：

我这里的住户中有很多这样的人。我喜欢他们中的很多人。只要他们对我好一些，我也会友好地对待他们的，你知道我的意思。我喜欢小孩子。尤其喜欢一个住户，他有一个小女孩——我不想说出她的名字。那个小女孩，十分可爱，他们一家都很好，对人和善。他们经常帮助我，我们经常交谈。他们自己干所有事情。

阿卜杜勒和多数其他门卫都认为，他们的工作很重要。但是，那些认为自己所做之事毫无用处的门卫，则将其住户描述为懦弱无能之人和冷淡之人。这样的想法一旦产生，那么，要找到住户懦弱无能的例子就轻而易举——也就是说，住户缺乏自己做事的能力。

狗

对于那些被认为是懦弱无能的住户来说，有些最为尖酸刻薄之话都是针对他们跟狗之间的关系的。首先，城市中的很多公寓住户都拥有自己的狗。很多人都会雇用专人遛狗，每天带他们的狗出去遛遛。门卫逐渐认识了这些遛狗者，并很快了解到住户每个小时要为遛狗支付18到20美元，而门卫自己每个小时只能赚到17美元。① 因此，门卫会感到，跟自己相比，住

---

① 城市里的遛狗者可以赚到很多钱。如果他们带6只狗出去，他们每小时大约就会赚到120美元。由于他们完成一般两三个小时的遛狗工作极为容易，因而一个较为努力的遛狗者，可以每天工作不多于6小时，还能每周赚到1 250美元。如果他们不上报现金收入，这意味，在一年40周内（很多狗需要在夏天离开），将至少赚到5万美元收入，或者说大约6.5万美元的税前收入。对于一个学年而言，并不算差；跟多数门卫相比，当然要更好，如果不算福利、社保及他们不得不捡起大量狗屎这一事实的话。

户们更看重他们的狗。在门卫居住的地方，则没有这么多狗。这部分是因为，城市不富裕地区的很多公寓成功地禁止了养宠物。还有部分是因为，不那么富裕的人们付不起遛狗服务的费用。尽管配有门卫的公寓中的管理者可能会倾向于禁止养宠物，但他们很难成功，因为有门卫的公寓中的住户平均而言拥有足够的财富，可使他们从禁止养宠物的公寓搬到允许养宠物的公寓。但主要的差异存在于价值取向方面，在此，可以区分出明显的阶级差异：工人阶级通常不会将宠物视为其家庭成员。相反，他们将其视为宠物，视为狗、猫、沙鼠或诸如此类的东西。对比之下，上层阶级跟他们的宠物之间则具有不同的关系。正如杜兰所言：

> 他们爱他们的狗。他们中没有孩子的人，多数都将他们的狗看作自己的孩子。他们的狗要是出了什么事，或者，你知道的——但我，我从来都不喜欢狗。然而，你不得不努力学会跟狗相处，努力学着去喜欢狗。

在一定层面上，很多门卫都只是难以理解他们的住户跟其狗之间的关系。对于那些充满敌意的门卫来说，这种关系似乎是奢侈的、不必要的，很大程度上就像他们自己的工作一样。如果他们有狗的话，他们也许会喜欢它们，甚至将它们视为家庭的一部分，但觉得住户不能做任何事情的门卫会认为住户对遛狗者的依赖，不是出于雇人遛狗以获得充分机会去"做自己事情"的实际考虑，而是为了避免让狗屎脏了自己的手（隐喻性的)。他们将不愿弄脏自己的手视为住户性格冷淡的另一个例子：难以参与到外面的世界之中。遛狗者也许会跟门卫关系紧密，因为他们在一定程度上都拥有同样的关系。遛狗者要吸收（捡起）狗屎。我们也许可以说，门卫则吸收着街头上的不洁事物，从而维持住户们的地位目标；认为住户付给遛狗者大量金钱的、态度消极的门卫，只会看到很多人不能管理自己的事情。需要再次指出的是，他们早已根据等别人开门、呼叫电梯的标准来看待住户，在有些老旧公寓中，还会根据操作电梯的标准来这么看待住户。

在描述那些从不离开公寓的住户时，不能独自管理公寓外面的世界这一描述达到了顶峰。似乎在很多公寓中都有某些人，不知出于什么原因，从来都不会想到公寓之外待上几个月或几年，比如说：

> 有个女人，六年内从未离开过其公寓。她吃的所有食物都是外卖，你知道的，所有东西都是快递来的。她所做的唯一事情就是晚上把垃圾拿出来。你知道，现在，你只需打电话或上网，就可以让人把东西送来。我是说，我甚至从未见过她。我每天都只是在对讲机里跟她说话。我的意思是，她并不是非常老。大约五十岁，但你知道，我已经在这里工作了两年，却从未见过她。我是说，自从我来到这里，就从没人来看过她。

门卫还描述了其他类似处境中的人。人们会觉得，对于那些跟其住户形成对立关系的门卫来说，那些陷入这些处境之人起到了某种修辞的作用,否则的话,人们将不得不设想纽约城中正在传染恐旷症(尽管一个人是如何传染上的则是另外的问题)。不管是确有其事还是都市传说,对于那些不喜欢其住户的门卫来说,那些陷入这种处境中的女性就跟其他的所有住户一样,基本上不能自己应对,自己做事。

  对于门卫来说,性是谈论阶级时的一种习惯用语,而阶级对立就是用随手可得的街头语言来表述的:性和不敬。如上所述,门卫也会根据继承财富和工作挣钱的区分,来更为直接地谈论阶级。他们对阶级的关注点——即使仅限于小部分工作不专心的门卫——则是不同寻常的。跟服务业中其他部门的很多劳动者相比,门卫经常会根据阶级来思考。只根据门卫跟其住户之间的社会距离来解释这一点,尽管很有吸引力,但总体而言,身处同样处境的服务人员却并不具有同样的感受——比如在高档服装店工作的服务员,其客户可能会在单次购物狂欢中就花掉他一周的工作收入。大公司的前台接待员也是如此,他们的典型客户都生活在有门卫的公寓内。正如后面将会详细讨论的那样,当门卫将自己视为提供统一服务、缺乏实质技能的工人而不是对客户意愿做出实质判断、具有实质技能的专业人员时,阶级的语言就会发挥作用。对于那些不加区分地总体上将精英住户视为甚至不能为自己开门之人的门卫来说,阶级为何就成为一个显著的议题很容易就可以理解。就此而言,住户是无能的势利鬼。无疑,很多住户确实如此,但那些无法辨别住户的门卫则往往具有较短的职业生涯。这部分是因为他们主动离开其工作的可能性更高,但也是因为他们缺乏做出实质判断的能力，因而导致大量住户的反对，使管理方最终不得不尊重住户的反对意见——尽管他们承诺遵守行业规范。

自 我 批 评

那些年长的、更为成熟的门卫对于年轻一代的感觉是，年轻人的不快通常是自作自受，因为这些年轻人不会按照本该做到的那样去看重他们的工作。他们也不认为年轻一代因为自己是职业人员而为住户付出额外的努力，而是认为，年轻人们将其工作视为一种"诈取"（hustle），其目标是通过提供特定服务诈取更多奖金。在此，年龄只是价值取向的代名词。在这种情况下，年轻门卫的价值取向不是将工作视为某种职业，而是视为通向其他职业的垫脚石。于是，一名工龄超过 22 年之久的门卫唐纳德，如此评论他的同事：

> 我认为门卫，他们都看不起自己。他们认为人们都瞧不起他们，我觉得他们多数人都有一种自卑情结。我不认为住户都是那样子的。我觉得住户都是平等看待门卫的，尽管不是所有人都这样。比较好的、高素质的人通常都不会看不起他们，而那些低素质的人则往往会给他们造成难题，造成他们的个人自卑情结，因此，他们会通过看不起其他人来努力弥补自己。我认为，门卫多数时候都看低了他们自己，而他们也认为自己被人看低了。我并不认为他们经常被看不起。但我认为他们被人

看低通常都是有原因的。因此，就个人而言，我并不觉得我自己要比任何住户地位低下。

在其公寓中已工作十多年的阿诺德，在回答是否愿意生活在有门卫的公寓中时，说道：

是的，我愿意。他们并不是所有事情都知道，比如，很久之前，两三年之前，就已从这里搬出去的住户，他们甚至不知道他们的包裹是寄到了我这里。他们从来都不知道。但是，当我遇到的话，我可能就会把包裹送到他们门口。这种事可能发生了有15次。他们从未知道，我曾卷入他们的事情之中。我不知道其他家伙是否这么做，但我是这么做的，其他人可能也会这么做。因此，这些都是确实会发生的事情。

为了避免阶级冲突，门卫不得不将其住户视为个体。当然，为了提供专业服务，他们也必须这么做。必要的关键技能是，既要能够区分住户，因而不将他们视为一个凝聚在一起的上层阶级，也要能够紧扣不管面对何种特定行为模式都必须扮演和维持好自己的角色的职业规范。因此，门卫必须根据他们所服务的住户，而在非正式的特殊方式与正式的普遍方式之间来回转换。正如安吉洛在描述刚刚路过的住户和其公寓中的其他住户时所言：

他很好，她也很好，他们很会待人做事，你说嗨，他们会停下来，跟你交谈，询问你最近如何，他们会从繁忙的安排中抽出时间，只是跟你聊一聊，他们甚至会坐下来跟你聊天。有些则只管走自己的路，即使你跟他说你好或什么，他们也从来不会回复你。他们只是走自己的路。但他们也许正心情不佳。所以，你必须对所有人都很好，不管他们情绪如何。

门卫与住户的关系在很多方面都有所区别。比如，汤姆直接称呼某些住户的名字，而对于其他住户，则是用敬称。他所做出的区别与尊重无关；也就是说，他既不是为了表示尊重，也不会将住户直呼自己的名字视为他们对自己表示尊重。相反，区分的依据是职业主义。

（管理者）他们告诉你，不要称呼他人的名字，比如"弗兰克"或"杰克"什么的。当然，我们并不会一直都遵守这一点。比如，维恩先生，不，我称呼他"杰克"。我会叫他"杰克"。但有些人，即使他们叫我"汤姆"，但我还是称呼他们"这位先生"或"那位先生"。只是因为他们称呼我"汤姆"，很好，他们可以这么做，但这跟尊重无关，这主要是职业性问题。这跟尊重没有关联。这是职业性的称呼他们的方式……这是一种不同类型的关系。有的人从来都不跟你说话，只是说"你好"或甚至不会跟你说"你好"……那些愿意和你说的人，你可以知道更多他们个人的事情——你甚至可以跟他谈论特定话题，或者你将会从其他迹象知道如何更恰当地称呼他，因此，那样的话，你要那么正式地称呼他反而会有些不恰当。

与此同时，住户与门卫之间的阶级鸿沟也需要得到理解。正如唐纳德谈论其住户时所言：

> 他们拥有的东西非常多，但他们不会过分炫耀。他们只是平易近人地谈论一下天气什么的。当然，（重要人物）人们不会那么高调行事。他们已经习惯了。没什么不一样的。

距离的不对称性

目前为止，我潜在地假定了两人之间的距离是对称的，就像纽约与洛杉矶之间的距离一样，不管人们是从东海岸出发向西走还是反过来，距离都是相等的。如果我们将个体视为一系列特征的集合，以至每个个体都是在职业、宗教、政治倾向、教育程度等方面占据一定位置的人，那么，就可以有意义地假定他们之间的距离是对称的。于是，比如说，一个制造厂的副总裁跟一名快递收发员之间的距离也是相等的，不管是从快递收发员出发到副总裁那里还是反过来都是如此。同样，一名天主教徒和一名新教徒之间的距离——不管是定性的表征还是定量的测算——也不会因出发点不同而有变化。这并不是说所有天主教徒和所有新教徒，或者所有制造厂副总裁和所有快递收发员之间的距离都是相同的。贝尔法斯特的天主教徒跟新教徒之间的距离可能要比在班加罗尔的更远，而在一名快递收发员可以白手起家成为一名副总裁的那些时日，快递收发员跟副总裁之间的距离则要比今天更为接近。对称性假定只是意味着，对于任何两个个体来说——比如贝尔法斯特的一名信奉天主教的制造厂副总裁与班加罗尔的一名快递收发员——他们之间的距离都是一样的。并且，不管测量得好还是不好（这不是一个简单问题），距离也都是一样的。就此而言，我们可以说，只要社会距离依赖于相关的社会脉络和时空脉络，那么对称性就不存在。对称性是一种分析性建构，当我们聚焦于人们之间的实际互动时，就会发现它是不存在的。

尽管对称性社会距离的假定对于分析某些社会问题比较恰当，但是，当我们将理解社会互动作为关注焦点时，对称性假定似乎就变得毫无根据了。在社会情境下发生的互动中，两个人从彼此出发到达对方的距离很少是相同的。这一点在各种组织中很容易就可以看出来。也许有门将秘书跟外面隔开，但他们在回到自己桌子的路上，几乎不会穿过经理的办公室。助理帮经理递送信息，不管是个人的还是职业的信息，经理可以拿助理开玩笑，但助理不能以同样的方式拿经理开玩笑。经理经常会询问助理的个人生活："这些天，一切都还好吗？"但助理没有资格这样做。在社会互动中，跟那些下属相比，占据权力位置的人可以更为轻易地跟他们的正式角色保持一定距离，从而通过其言行举止体现出他是一个多么随和轻松的人。看上去随和轻松的下属会被视为没有完全投入到手头事务之中，而迷人的高管则是很好的家伙。在组织中，随和轻松主要是老板而不是员工所拥有的一种状态。就此而言，在某个组织中身处权力位置的人牢记如下这一点经常很有用处，也即戈夫曼所指出的：社交风度（social grace）是权力的某种产物，而不是产生权力的某种特质。①

尽管在各种组织内最容易观察到，但互动过程中的这种不对称性却并不仅限于公司组织或工作场所。同样的机制也形塑着门卫与住户在大厅中所进行的各种被允许的或不被允许的互动，于是导致社会距离的不对称性。就像在经理与助理的例子中，具有较高地位的人被允许去接近地位较低的人；同样，总体上，住户被允许在互动中接近门卫，而门卫则不能过于接近住户。比如，那些似乎对其门卫比较熟悉的住户，在进入大厅时，会通过指出门卫有没有在工作，来跟他们开玩笑。忙碌的门卫可能会无意中听到玩笑声："啊哈，终于逮住你了！"或"我猜管理员正在这里。"等等；而空闲无事的门卫常会听到有住户以玩笑的方式跟他们说："你今天肯定被他们忙坏了。"这些玩笑尽管并不那么引人注目，但它们为住户提供了某种框架，可以使其走出其角色，从而缩小他们跟门卫之间的社会距离。这种"玩笑"尽管为他们提供了方便之门，但同时也固化了门卫与住户之间的距离，让约束着大厅世界的互动不对称性中的其中一方得到了缓解；因为对于一个门卫来说，用他们的工作时间跟住户开玩笑可能是不便的；比如，面对早上离开公寓较晚的住户，没有哪个门卫会真正地说出"我看你今天上班挺早啊"；或者，面对下午很早就回家的住户，或许是从健身或网球

---

① 戈夫曼在《日常接触》（*Encounters*）一书关于角色距离的部分，曾论及社会距离的对称性。

比赛后直接回家，穿着运动服的住户，门卫很少会跟他们说"工作还是这么努力啊"，尽管这些都是"同等意义的玩笑"。

如果说导致社会距离不对称的办公室规则会约束下属的互动范围从而给予上级好处，那么，公寓大厅则与此不同。门卫稍微拥有更多的互动灵活性。他们跟住户之间的接近性，使他们可以在互动中渗透到住户的私人领域，从而可以通过某种形式的熟悉而拥有跨越他们之间社会距离鸿沟的机会。尽管对于门卫来说，随便评论某位住户所获报酬的正当性，类似于"所以他们今天终于让你上班了"这样的话，可能是不可思议的；但是，门卫可以这样正当地询问他们的住户，当他们回来时，问他们"你今晚过得如何"，或者可能更有侵入性，当住户取外卖时，问他们"晚饭吃什么"，甚至在他们收到寄来的录像带后，问他们"这部电影怎么样"，后两个例子会表明门卫对于电影和外卖的品位跟住户是一样的，因而会在很大程度上缩短他们之间的距离鸿沟。

这样，局面就可以稍微扭转过来。有时，住户和门卫都能"利用"他们在社会距离方面的互动性不对称，因为大厅既是门卫工作的地方，同时也是住户进入其房间的入口。但最终，好牌总是握在住户手里，他们可以拒绝门卫的话题，直接拒绝回答有些看似无礼的问题。因此，门卫或许很少会发起这样的交流，只有当住户进入某种"玩笑角色"时，门卫才会就住户的实际活动展开对话。在所有其他条件都相同的情况下，门卫将会坚持按照他们熟悉的剧本来谈话，其剧本单纯标示着某种关系的事实——其对话就像是已婚夫妻之间谈论毫不重要之事时的对话。

门卫必须能够在不同框架之间进行快速切换,并且也要能够处理好其他人或情境的转换。① 实现这种转换的诸多方式之一,就是在日常对话中,就是在谈话中。我将在后面更为详细地讨论这种转换机制。首先,它有助于了解大厅中那种谈话的意味,因为经常是通过微小的谈话就可以让大问题消失不见。

社会距离和琐碎对话

在任何大厅中稍作停留,不管奢华还是朴素,都可以看到,住户—门卫互动通常都很短暂。他们之间几乎难以维持某种关系。总之,正如蒙代尔曾经抱怨的那样,似乎很少有"实质内容"。他们有什么别的选择,以及这种对话在形塑门卫跟其住户之间界限的过程中发挥着何种作用?有一种观点认为,他们之间的对话实在琐碎,因为门卫跟其住户之间的社会距离太大,因而难以在个人表达层面通过有意义的对话来跨越这一巨大鸿沟。如果门卫在想着如何支付他们的账单,住户在想着他们的乡村住宅,那么可以想象,他们之间存在着一个难以通过对话弥合的鸿沟。有些证据表明确实如此。很多住户都不太理解其

---

① 这里及后面对于转换机制的讨论,很大程度上是以哈里森·怀特(Harrison White)有关"网络域"(netdoms)的有趣研究为基础的。参见米歇(Mische)和怀特(White),"在对话与情境之间"(Between Conversation and Situation)。

门卫的生活经历，而且相当明显的是，很多门卫都知道他们跟其住户之间存在着相当大的鸿沟，该鸿沟使他们之间难以形成"真正的"理解。比如，当问及他们的门卫挣多少钱时，多数住户都不清楚，只是因为他们从未想过这个问题。① 比如，生活在上东区的提托认为：

可能一年两万二千或两万四千美元——不，这也太低了，没有人可以靠这么点钱生活，所以，我猜可能会更多一点。但我不知道，他们可以有两份工作，所以，也许赚三万美元会更好。

而城市另一端的罗伯特则说：

老实说，我从未想过这一点。我觉得他们赚的是最低工资。可我并不知道最低工资是多少。我猜可能是平均一年三万美元吧。②

这样的回答还有很多。这样的住户经常也都不知道其门卫

---

① 相比而言，在合作社公寓中，多数住户对于他们付给其门卫的薪水都更了解，因为工资是每月服务费中相当大的一部分，而他们会相对谨慎地对待这笔费用。承租人会将租金的一部分间接支付给他们的门卫（比如，哥伦比亚大学控制的租赁单元是每月 14 美元）。他们经常会惊讶地发现，他们竟然付钱给门卫——在跟我同事的对话中，他们多数都生活在有门卫的公寓里，多数都没有想到过，他们支付的租金中竟然有一项是跟门卫有关的，只是以为"为公寓交费"，比如用于热水、景观、大厅维修等事务。

② 根据记录，纽约市现在的最低工资是每小时 5.15 美元。假定每周工作 40 小时，每年工作 52 周，那么，这意味着每年赚 10 712 美元，因此，尽管从逻辑上看他是错误的，但情况却变得更清晰了一点。

生活在哪里，他们是如何获得工作的，他们为了准时上班需要何时离开家，他们是如何生活的，等等。这并不是说住户在抽象层面上并不关心其门卫，因为很多住户都说，他们跟门卫关系很好，他们会看重、思考和维持这些关系。但是，这些关系并不能特别地体现出其门卫工作之外的日常生活世界。不管怎样，对于住户来说，他们也并不需要如此。然而，从未想过人们是如何生活的，跟想过人们如何生活并且得出结论认为他们的生活很不同，二者之间存在着很大差别。住户很可能属于前者，而门卫则通常属于后者。也就是说，门卫会思考其住户的生活方式。

门卫比住户更有可能认识到，他们之间存在着巨大的社会鸿沟；但如上所述，这种认识源于门卫对其住户生活的积极参与，而不是源于对其生活的不参与。尽管门卫对住户生活的参与也是选择性的。门卫知道他们的住户是如何生活的，知道他们喜欢吃什么，知道他们在哪里工作、何时工作，知道他们如何消遣，等等。这种认识是以他们对于住户的公共行为的观察为基础的，并且经过了复杂的对远距离阶级符码之解读的过滤。如前所述，很多阶级符码可能都是含义模糊的。他们做出的观察，使他们认为住户比自己要富裕。如果感知到的或真实的距离过于遥远，门卫只好接受这样一个事实：在意义层面，他们难以跟他们的住户联系在一起。正如东区的一个门卫，在谈到曾在其公寓中居住过的一个高级政府官员时所说：

是的，他是一个很好的人。你知道，是个体贴周到的人。

但是，你怎么才能跟一个亿万富翁有关系呢？①

同样在东区，在一座合作社公寓中，据说需要有数亿美元的净财富才能获得董事会的接受，一名门卫这样总结他对于该公寓中住户的看法："他们中多数人都不喜欢我们，他们有时生活在这里，但他们在伦敦、夏威夷等地方也有房子，你知道。"

然而，这样的阶级距离并不会阻止他们之间的对话。也不会阻止他们待人友好——比如日常问候和点头致意，以及各种有用的闲谈。但是，这并不意味着其对话会延伸到各种一般话题上。但这是不正常的吗？即便对话的话题是一般性的，在理论上可能也仅仅是打破人们之间界限、寻求最小公分母的手段；不但不是跨越互不关联的群体，增加它们之间的社会联系，反而固化了它们之间业已存在的界限。人们无意中听到门卫与住户之间的对话的琐碎性，也许只是体现了他们都嵌入其中的角色结构②，或者说，体现了某种更为一般的事实：多数对话实际上都围绕着外人看来十分琐碎之事。对于这两种情况，人们需

---

① 这个很好的人现在已经过世了。实际上，他并不是一个亿万富翁。门卫经常会过高估计其住户的阶级位置和财富状况。这既是因为他们寄希望于其住户的地位，也是因为他们偷偷关注其住户的消费行为。由于他所看到的消费模式和他们所观察到的社会事件——买酒、干洗、订餐、聚会、访客等等，都是（实际性、日常性地）花费财富的时刻——从他们的视角来看，住户似乎总是在不断花钱。

② 尽管当社会学家努力确定核心对话网络（core discussion networks）的结构时，不会经常考虑这一问题，但实际上，人们跟他人之间进行的多数对话，甚至是跟关系紧密的人之间的对话，似乎往往都是有关琐碎话题的。参见比尔曼（Bearman）和帕里吉（Parigi），"克隆无头青蛙与其他重要事情：对话主题与网络结构"（Cloning Headless Frogs and Other Important Matters: Conversation Topics and Network Structure）。

要谨慎判断，有些会认为从这种琐碎中很难生发出真诚的人际关系，但定义这些关系的内容又确实总是真诚的，或者有人会认为这种琐碎是地位差异的后果。但作为比较，设想一下旨在介绍同样等级之人相互认识时的活动——交谊舞会和鸡尾酒会。在此，人们可以观察到，人们谈话主题是非常碎片化的，同在场的所有人所共享的琐碎内容相适应：桌面装饰物；可供食用的小吃、奶酪和食物；晴朗或阴暗的夜晚；交通；还有"生活"，但在此也指的是其最为一般的形式："你在做什么？"① 于是，对话都下降到了最低限度的共同点上，谈论桌子、公寓、客人、食物等构成的共同世界。因此，不是地位差异本身导致了琐碎的对话主题。②

相反，这种对话经常发生在想要更多地了解对方的陌生人之间。由于鸡尾酒会和交谊舞会的运作都是为了介绍彼此认识，

---

① 后一问题不能进行深度讨论，因为在对话中明显暴露个人性格某些内容会被人视为不够圆滑机智。毕竟，我们多数人经历过当只是为了打发时间而问某人他在做什么时，他却开始认真回答时的尴尬时刻。

② 同样的机制也发生在地位相等的人们之间特别亲密的关系中，比如婚姻关系。在此，我们可以观察到该机制的奇怪颠倒，但却能导致同样的后果。留给婚姻伴侣的话题往往只是难以跟他人分享的事情，比如恐惧、工作中遭遇的怠慢、失败、担忧、害怕等等。从自我的角度看，关系强度越高，这种转变到个人层面的危险就越大，而这种危险会使个体自我的最为消极的层面将他们之间的关系完全淹没。奇怪的是，随着关系的强化，构成这种关系的自我则会变得更为渺小和更为一般化。我们将再次发现，很难从对话内容中了解到什么。在这两种极端之间（二者都是形式主导内容），人们可以在足够自由、不受对话形式约束的情境中寻求充满意义的对话，以便表达出自由的个性。但门卫与住户之间的对话，以及他们所处的情境，都不属于这些情况。参见齐美尔的《齐美尔的社会学》（*The Sociology of Georg Simmel*），对于这一议题更为深入的讨论；还可参见沃勒（Waller）的《论家庭、教育与战争》（*On the Family, Education, and War*），对婚姻伴侣关系转变为琐碎对话的深刻讨论。

因此，似乎正是当内容被剥离到最为一般化的程度的时候，关于人们的某些信息才会得到最为显著的揭示。揭示出的内容便是社会地位，或者更准确地说，琐碎对话为地位的彰显和对垂涎角色的追求提供了一种关键的润滑剂。① 琐碎对话还使新开始和新情境得以可能，从而允许形塑新的角色和互动过程。在此，门卫在对话中谈论的东西跟其他人在交际舞会和鸡尾酒会上谈论的内容并没什么不同——它们都是日常生活中的微观事物。门卫跟他们的住户谈论的也是天气、交通、街道、邻里、公寓、华人快递员、菜单、自行车、运动以及生活。在这些对话中，他们根据住户的不同，持续不断地从某一层面的熟悉转到另一层面。要更清楚地认识这一过程，我们必须讨论这些转换机制

---

① 正如乔尔·波多尔尼（Joel Podolny）所指出的，作为一项思想实验，我们可以设想一下，如果我们关掉听觉，将会发生什么——也就是说，当我们第一次进入一个很多人正在忙碌对话的房间中而我们却不能听到他们说话时，将会发生什么（来自笔者跟波多尔尼的私下沟通）。换句话说，我们仅通过观看对话是否可以了解到什么？首先，我们也许会发现，这对于我们理解观察到的互动过程几乎没有影响。事实上，如果不用听的话，我们对于交际舞会的社会结构的感知也许会更好。在交际舞会上，我们可以看到，有些位于房间边缘的人一直在观察着（他们也许像我们一样，来得较晚，正在看情况），而位于中心小群体中的其他人，则是所有人的注视焦点。在移动中，有人在没有任何影响的情况下跳到了新的群体之中，而有些人在进入人群时，那些最靠近的人将会为他们腾出空间，并立即适应他们的存在。有的人似乎想要进入小群体之中，但却很少会成功，始终只是处于边缘。倘若关闭听觉，将可以了解到更多有关社会地位的信息，比如谁可以跟所有人畅所欲言，谁的注意力是最难获得和维持的，谁是人们最努力避开之人（因为害怕陷入其中），谁是其他人避开之人，其他人似乎在哪里陷入困境，等等。至少，人们能够很快速地发现谁是社交成功者，谁是社交失败者。这应该不会让我们感到惊讶，因为在这些事情中，所有对话都是同样琐碎的；对话内容从来都不能将人们区分开，因此，声音只是提供了某种消遣性的背景音，就像商场中的音乐。事实上，人们也许会猜想，声音只是一种有用的社交润滑剂，因为它提供了某种修辞性的消遣。从对于交际舞会的无声观察中，我们可以了解到什么对于我们是直接有用的，也即我们所观察的情境中的那些人所处的相对地位。

是如何运作的。

转　　换

在所有类型的公共场合中，比如公寓大厅、鸡尾酒会、商店排队或街头抗议的人群，人们经常都会跟他人发生琐碎的对话，也即，他们发现他们自己正在与人交谈。① 从表 5.3 中可以看出门卫们所说的他们与住户之间的对话模式，该表说明了门卫的班次是否会对对话话题造成结构化影响。每个单元格中的数字及相应的百分比，表示门卫对于每一话题给予肯定回答的次数。可以看出，班次的影响很小。当然，这并不令人惊讶。进行对话似乎是人们都会进行的事情。但是，他们为何要进行对话，以及同样重要的是，如何进行对话？

对于"为什么"的一个简单回答是，不管其内容是什么，每次对话都提供了一种完成事情、了解他人的重要机制。在角色不够明确的情境中，对话是建立某种角色结构的首要机制——也就是说，确立可以在关系内得以采取的一系列行为。在角色相对固定的地方，对话可使人们表达他们在角色结构中的位置，于是可以更为深入地对相互之间的期待进行编码。最后，对话还是人们用来采取行动、转换角色的机制。在后面这

---

① 米舍（Mische）和怀特（White），"在对话与情境之间"（Between Conversation and Situation）。

表 5.3　门卫在不同班次跟住户交谈的话题

班次	运动	天气	政治	公寓事务	其他住户	你的家庭	他们的家庭
白班 N=57	35 (61.4%)	42 (73.7%)	29 (50.9%)	30 (52.6%)	12 (21.1%)	26 (45.6%)	25 (43.9%)
小夜班 N=97	74 (76.3%)	73 (75.3%)	56 (57.7%)	57 (58.8%)	34 (35.1%)	42 (43.3%)	40 (41.2%)
夜班 N=10	7 (70.0%)	5 (50.0%)	4 (40.0%)	5 (50.0%)	3 (30%)	5 (50.0%)	5 (50.0%)
多重班次 N=41	25 (61.0%)	27 (65.9%)	21 (51.2%)	26 (63.4%)	11 (26.8%)	16 (39.0%)	16 (39.0%)
合计 N=205	141 (68.8%)	147 (71.7%)	110 (53.7%)	118 (57.6%)	60 (29.3%)	89 (43.4%)	86 (42.0%)

种意义上，日常对话为各种新机会提供了原材料——既充满机遇又充满危险。比如，可以思考一下我们对于"情况"这一词语的通俗运用，我们会说"情况很严峻"或"当前情况充满了各种难题"。当我们这么说的时候，我们的意思究竟是什么？首先，不管具体是什么，情况都是跟"没什么情况"（non-situations）相区别的，不管其对应的可能是什么。如果有情况的话，就必然存在各种情况；如果人们知道他们处于某种情况之中，那么他们在其他时间也一定会知道自己没有身处某种情况之中。

要界定何为没有情况是比较容易之事，因为它们遵循着我们最为常见的日常生活经验。没有情况就是这样的时刻（人们不会将这些时刻视为"事件"，因为循规蹈矩的生活经验不是某种事件，事件假定了某种时间上和社会上的位置），这些时刻发生的都是可以被高度预测的、完全得到控制（程式化）的互动。就门卫—住户互动而言，没有情况就是指，双方都遵循跟各自角色相对应的高度程式化的行为模式的时间。这里的社会学问题便是，这些角色是如何被形塑而成并达成共识的？每一方都会将某些期待带入所处局面之中。可以考虑一下接近—距离轴线（closeness-distance axis），这些期待都更靠近距离一方而不是接近一方。但是，工作现实，也即门卫对于住户了解太多，而住户也认识到门卫对他们了解很多，会持续不断地使这些期待更加迈向这一轴线的接近性一端。在这种充满张力的脉络中，日常对话提供了使其觉得得以稳定化的手段。但它也是引发各种情况以及导致不确定性和挑战性的媒介。

首先来考虑日常对话的稳定化效果。正如戈夫曼很久之前所指出的，日常对话既是无时间性的，也是没有社会意义的。① 在日常对话中，没有互动性的未来；没有人指望后果如何，不管对于其他内容还是对于互动双方，对话的特定内容都没有任何意义。② 在日常对话中，互动双方没有直接完成任何事情，因为他们没有目标，但对话本身却是一种社交润滑剂，使人们进入和退出各种情况，或者从一种情境转到另一情境，因而使其得以采取行动。人们只需回想一下，当跟其他人处于同样的社会空间而完全没有任何对话时所具有的个人体验——比如在儿童心理医生的候诊室、在艾滋病检测中心或在就业办公室，就可以理解这种润滑剂功能。但是，润滑剂也是黏性的，于是，当各种不同的事情发生时，日常对话就会很快变成各种情况。

可以打破对话惯例的事情实在太多，难以枚举，但对于我

---

① "于是，严格界定的话，也许可将对话界定为，当少数参与者走到一起、沉浸到他们认为应该从工具性任务中脱离出来的短暂瞬间之中时（或在完成工具性任务的同时附带性地）所发生的谈话；这段空闲的时期本身被人们感到是一种目的，在这一短暂时期中，每个人都被赋予了谈话和聆听的权利，同时又无需参照某个固定安排；每个人都被赋予某人（someone）的地位，他对当前手头事务的全部评价都会得到鼓励和尊重；不需要达成最终的一致或综合，意见的各不相同不会对参与者之间的持续关系产生任何不利。"戈夫曼（Goffman），《日常接触》（Encounters）第 14 页。——原注。原文似乎标错了出处，这段话出自戈夫曼的《回答与回应》（Replies and Responses）一文，该文首刊于《社会中的语言》（Language in Society）1976 年第 5 卷第 3 期（第 257—313 页），后来收入 1981 年出版的《谈话形式》（Forms of Talk）一书。——译注

② 顺便提一下，这可以解释人们在琐碎对话中经常体会到的感觉，也即，人们发现自己经常从一个刻板话题转到另一个刻板话题，一会儿谈素食主义，另一会儿聊新上映的电影，都是没有任何预定计划的，但事后却发现每个人都是大致相同。

们的情况而言，人们可以观察到各种相对稳固的模式。在此，我区分出三种。首先，有关琐碎话题的日常对话，不管对于门卫还是住户，都假定大量话题都是"可接受的""可转换的"，也就是说同样毫无意义的。对于对话条款的这一共识正是哈里森·怀特提到的某种领域，就好像我们描述一个研究领域时所运用的"学科"概念，也就是说，一门学科应该被视为一系列共享的对话。① 在这种背景下，当人们对于潜在的领域规则的感知存在某种不对称性时，对话就会转变为某种情况。当人们从一个话题转到另一个话题时，并不是所有话题都是可以随便选择的；有些并非"公平游戏"。正如安·米舍（Ann Mische）和哈里森·怀特所言，"在某个既定对话的框架内，我们也许会说，所有可接受的话题都是同样可谈的，然而并非所有可谈的话题都是同样可接受的"。我们将这种转向困难话题的情况称之为"内生性偏移"（endogenous drift）。

第二，存在于特定互动领域中的对话网络，会导致对话者之间的某种关系——对话关系。如果领域的界限很强，那么，发起对话的潜在网络连带（对话伙伴关系）就无需任何改变。但如果边界很弱，就会导致对话意义的模糊性。这很常见，比如，浪漫关系经常就是经由这种网络连带而形成的。当新的网络基础与对话领域发生交叉时，就会产生各种情况。没有恶意的评论就可能会被解释为调情或骚扰，而如果对话者想象他们

---

① 米舍（Mische）和怀特（White），"在对话与情境之间"（Between Conversation and Situation）。需要明确的是，人们在社会学中不会讨论焦耳和尔格。但在化学中，这种讨论却极为常见。

处于不同的"领域"中时,麻烦而尴尬的情况就会发生。① 我们将这种机制称为"网络转换"(network switches)。

第三,当系统遇到某种外生性冲击时,就会引发情况。这些冲击通常会破坏人们就内在态度和互动行为而对各种领域所形成的共识性界定。显然,在这一脉络下,9·11事件及其余波会对此前小心确立的各种互动领域造成威胁和破坏。我将逐个讨论三种挑战,首先关注的是因为人们对对话内容之可转换性的感知所具有的不对称性造成的各种情境;其次关注由于向互动领域内引入新的网络基础而导致的各种情境;最后讨论外生性冲击所导致的各种挑战,不管这些冲击大小或数量如何。

内生性转移

正如第三章所述,门卫对于天气、交通、运动、邻里和生活等对话内容,都有所准备。总体上,这些话题都是可以相互转换的。我们对于交通(好或坏、变坏或变好、总是一样)、天气(冬天寒冷、夏天温暖、微风、炎热、宜人)、运动(球队失败或胜利)、邻里(是否有变化、变好还是变坏了)的看法,很

---

① 戈夫曼用很大篇幅讨论了尴尬(embarrassment)的社会组织。在他的研究中,他主要关注的是两个分离领域的接合所导致的尴尬。因此,对于戈夫曼来说,区分不同领域的能力是极为关键之事,倘若缺乏这种能力,身份(identify)就难以维持。参见戈夫曼的《日常生活的自我呈现》(*The Presentation of Self in Everyday Life*)。

少会蕴含任何深意。更有趣的是，这些话题本身都是相互独立的。对于其中一个话题的意见，并不会影响另一个话题。最后，这些想法都不具备时间性。我的意思是，人们就这些话题所具有的看法尽管涉及时间（某天的天气很热、第二天天气变冷；某天球队胜利了、第二天则失败了），但它们并不是按照某种时间顺序排列的。换句话说，哪天炎热或寒冷，或哪天球队胜利或失败，都是无关紧要的。就此而言，时间被悬置了起来。每天都是一样的，不管人们谈论的是什么内容（冷或热、赢或输）。琐碎生活的典型特征就是这种对时间的悬置；而琐碎对话的典型特征则是各种话题的相互转换性。

在这种背景下我们会发现，非常奇怪的是，门卫与住户之间的对话经常都是紧紧围绕着一两个话题，而不是跨越整个话题系列。也就是说，门卫跟某位住户将会谈论天气，而跟另一位住户则会谈论运动。对于话题范围的这种限制，有一种解释是，门卫在与住户的最初联系中，会试验哪些话题是可行的，然后就会在日常互动中坚持谈论这些话题，通过这种方式组织一系列话题集合。在此，由于不同话题在意义上是等价的，也由于它们的作用是表明关系而不是建立关系，所以，简单的学习模式会导致话题范围的单独安排。相同地，作为同样过程的结果，住户也许也会跟他们遇到的很多不同的人，进行类似的特定范围内的对话——跟 Y 谈论话题 A，跟 Z 谈论话题 B。

虽然对话的核心用途是表明关系的存在，但仍然奇怪的是，在相似位置上的个体之间可以互换的那些话题在经验中却没有互换。有一种观点认为，话题范围的单独安排是门卫和住户运用的一种策略，以便应对内生性偏移的危险，而内生性偏移很容易就会导致各种情况。尽管很难想象谈论天气或谈论运动如何会产生威胁，但不难想象，谈论政治或时尚则可能导致内生性偏移。而对话的性质就是，如果没有适当界限的话，彼此同源的各种话题领域就很容易以难以预料的方式突然涌现。于是，在非常热的日子里，有关天气的对话就会转变为有关恰当穿着的对话，而对话双方都没有意识到，他们已经跨进更艰难的互动领域，价值在该领域中开始发挥作用。同样，有关运动的简单对话也会很快转变，不是转变为对社会时尚的评论，也会变成对工作伦理、高收入以及族裔的谈论。这些话题中的每一个——穿着、工资、伦理等，对门卫来说都构成了潜在的互动困境，因为他们的价值观跟住户也许存在相当大的区别。同样，听到不管作为球员或名人的功绩多大，付给这些人巨额薪水是错误的这种观点，住户也许会感到不悦。

因此，双方都总是会努力控制各个对话领域的界限。而最为简单的警惕方式便是坚持惯例性的脚本。尽管脚本内容也许会随着不同住户而有所改变，但是，门卫对于脚本的坚持则可以防止潜在的话题偏移。于是，他们之间的对话会比人们所想的更为程式化，除非其关系变得更为紧密了。然而，这里的关系紧密只是意味着他们变得更为个人化，也就是说，直接面对承担角色的实际个人，而不只是仅将其视为角色的实例——在此指的是住户这一角色。显然，问题不只是在于，有些话题经常涉及价值，而其他话题不涉及价值（或至少不是那么明显地涉及价值）。问题在于，人们对于各个对话领域之等效性（the equivalence of conversational domains）的感知——视为中性或潜在困难——所存在的不对称性，可能会变得相当显著，尤其是当人们跨越社会阶级、族裔和社会经验的各种界限时。比如，如果一个人是英国上层阶级，而今天是一个猎狐（不论猎什么）的好日子，那么，谈论捕猎也许就是一件自然而然的事情。但对于多数工薪族来说，狩猎却未必是他们会首先想到的事情，他们也许会想，今天（不管天气如何）是一个到购物中心逛逛的好日子。不管特定的话题领域具体是什么，它们都是经由社会阶级和社会经历而被组织起来的，这一事实意味着，门卫和住户在感知上出现这种不对称性的潜在可能是相当高的。

网 络 转 换

如果要问最令门卫困扰的事情是什么，那一定是他们都有过的经历：当住户离开公寓后，他们在社交中就不再认识门卫。不管对他们的住户具有对立还是积极的态度，在一次又一次的谈话中，门卫们都憎恨的事是，当他们在街上遇到住户时，多数住户"甚至都不会说你好"或者"就当我不存在似的从我身边走过"。这种被忽视的感觉对他们认为自己跟住户具有某种特殊关系的想法构成了深深的挑战，并强烈地让他们感到住户是在冷落他们，于是又再生产出了他们通过日常对话已经掩盖起来的阶级差异。

门卫们认为有些住户不愿意实现这种转换，是担心其地位的跌落，这也许是正确的。比如，彼得说道：

比如我正在大街上走着，看到我的一名住户。我正准备去说"嗨！比恩先生，你最近怎么样"，或诸如此类的话。但这家伙却对我视而不见，就好像我是透明的。你看，他不想让人看到自己认识像我这样的人。但是，当他来到公寓门前时，我跟他说同样的话，他会回复我说："嗨！"你知道的。好像在这里对他来说是可以的。尽管他是一个伪君子，但我必须对他保持礼貌。

但是，在我们考虑这一观点之前，首先去关注其他可能的解释将是很有意义的。这几件事情，有的是社交性的，有的或许更主要是认知性的。一个重要的事实是在认知上存在的强烈的不对称性。首先，住户很少会去门卫们生活的社区。于是，住户跟门卫在街上的偶然相遇主要是发生在住户生活的社区里（当门卫去吃午餐、去上班路上、工作后直接去购物或出去办事），而不是发生在门卫生活的社区里。当门卫出现在社区里，即使不是为了工作，他们在意识上也是处于工作框架之内。因此，他们正在惦记的是工作。而这一想法会使他们想到住户。于是，他们更有可能看到住户，并认出他们。① 相比之下，当住

---

① 作为类比，可以设想如下常见经历：买了一辆新车（或者甚至是购买一副眼镜）之后，突然看到这款车或眼镜到处都是，而此前却几乎注意不到它。

户出现在其社区里,他们可能也会想着自己的家,但他们不必如此。他们很有可能是去见朋友、忙业务、买东西或散散心。由于他们并没有想着门卫,因而他们也不太可能看到门卫,或者在门卫工作场所之外**认出**门卫——这对于门卫来说更成问题。如果住户是在一个门卫生活的社区里而且他们知道这是一个门卫生活的社区,住户可能会寻找并看到门卫。但是,他们不是在门卫生活的社区里,因而他们也不会想着看到门卫。

然而,由于认知框架不一致所导致的认知过程的不对称,是更为常见的情况。门卫在街上看到住户时,住户正嵌入在不同于住处的网络之中。这些网络也许正在运作——就是说当被门卫看到时,住户正与某人在一起——也许没有运作。当住户正忙着从一个商场逛到另一个商场,正要去参加一个约会,正准备去咖啡店见一位朋友,或诸如此类的任何其他事情时,他们都嵌入到了具有网络基础的活动流之中,即使他正单独一人。当在街上看到某位住户的门卫,匆忙闯入这一网络中跟住户打招呼时,他实际上是在让住户进行网络转换;用怀特的语言来说,就是从一个节目快速换到另一个节目。

与此同时,在住户这里运作的一些事情显然超越了认知要求,门卫的料想经常是正确的,他们的住户——即使那些在大厅中最为友好的住户——都会在公共场所中努力忽视他们,因为担心地位的跌落。人们或许可以通过询问住户去评估是否真的如此,但是,没有住户承认他们会努力避开其门卫。他们只是没有看到而已。就此而言,由于我们都知道,人们都倾向于看到那些跟自己具有同等地位之人;因而,门卫并不具有跟住户同等地位这一事实就表明，他们跟住户在大厅中形成的关系难以转换到大厅之外。从住户的角度来看，这些关系平均而言都是不可转换的。

门卫也需要跨越社会距离，因为他们不断接触"被抛弃之人"和无家可归之人，而这些人则是利用街头废弃物来维持生存的。我访谈的门卫中，几乎每个人都对无家可归之人抱有积极态度，也就是说，允许他们去翻寻垃圾堆，收集可以回收的塑料物品，帮助他们一些简单的事情。虽然不跟这些人合作可能导致脏乱，但我认为，门卫们的主要动机在于，他们将无家可归的流浪活动视为工作。尽管住户认为失业者才会捡垃圾，但门卫却将这些视为是工作。

你知道的，他们翻遍垃圾堆，寻找有价值的东西，将它们卖到莱克辛顿大道，所以，我让他们去捡，只要别弄得乱七八糟就行。他们必须想办法赚点钱，所以，我不会赶他们出去；这些家伙是在努力生存……所以只要你不弄得乱七八糟，你可以做你想做的事情。一旦我看到他们弄坏了什么，或弄得乱七八糟，那我就必须阻止他们进来了。

当门卫跨越所处脉络去将无家可归的垃圾回收者视为工作者时，他们显然做到了在很大程度上他们认为其住户很少会去做的事情。当然，多数门卫对于其住户都是不太满意的，因为他们会跟无家可归的垃圾回收者合作，从而让彼此的工作都变得更为容易一些。门卫理解这一点，他们还觉得，他们的住户在社会交往方面无法在复杂的城市生活浅滩上顺利航行,即便住户们取得了那么多世俗成就。这一理解反过来影响了他们对住户作为个体的评价,认为住户在很多情况下都需要帮助才能完成某些事情。门卫还将作为个体的住户视为可以在其他情境中做好某些事情的人,比如介绍其他职业、帮助提供法律建议等。跨越不同的认知经验领域和此前的对话领域是一件危险的事情,因为这会对可能难以维持的关系提出要求。比如,上东区的门卫尤金告诉我,他的公寓中有一个住户,由于一次失败的跨界,这个住户对他产生了十分敌对的态度:

那个家伙说他是为了所有小人物。他写的所有社论都是关于那些不得不为了谋生而工作的人。但是,当我遇到一个问题,让他帮忙时,他告诉我:"那种事情跟我有什么关系。"所以,你看,他纯粹是一个混账东西。

在这个例子以及其他的一些例子中(在这个例子中,门卫想要通过某些方式让自己嵌入到他们所感知到的自由派住户的网络之中),网络转换都失败了,并导致了关系的紧张,这种紧张的根源对于住户来说也许有些神秘。网络转换的危险就在于,对于相关网络结构的误读非常常见。很少有人对于其同伴的各种网络具有很好的把握。比如,很少有人能够真正理解和接受一项最简单的原则,也即,平均而言,他们的朋友比他们自己要拥有更多朋友。由于这种误读十分常见,因此,对于某个行动者来说是某种结构上不可能之事,很可能会被其他行动者视为某种冒犯或不正当要求。门卫和住户会以防止这种网络转换变得更具腐蚀性的方式,去努力限制他们之间的关系。多数时候,网络转换都是微妙的,很少会对彼此双方造成影响。然而,有时候,网络转换却会导致难以弥补的裂痕。

外生性冲击

即使没有9·11事件这样的时刻——我将在结论中更详细讨论这一事件——公寓生活中也有很多时刻会发生某种外生性的事件,破坏大厅的平静,对此前确立的互动惯例构成威胁。这些事件可以是简单小事,比如一辆汽车在公寓门前的小事故、一名愤怒司机不断按喇叭、公寓墙壁上的涂鸦;也可以是在大厅中进行选举、电梯停止服务、停电、住户之间的冲突转移到公共领域等破坏性事件。在这些时刻,当通常的公寓生活受到挑战时,门卫—住户之间的关系性质就会面临压力。回想一下,门卫的主要工作就是吸收消化这些破坏性的事情,以防其对住户造成影响。在这种背景下,当这种破坏性事件发生时,门卫在某种意义上就被抛到了角色之外。汽车事故也许会使门卫和住户到大街上去观察或帮忙;如果是后者,那么,门卫将需要离开他的岗位,让一位住户待在其岗位上,以便确保公寓始终安全。涂鸦的出现意味着此前被视为禁区的全新话题,突然降临到了他们面前。跟作为门卫与其住户之间关系特征的那些闲聊相比,这些全新的话题很可能是充满价值的。这些话题也许会打开新的可能性，使其关系更加个人化，或者使处于明显竞争之中的各种价值体系之间产生紧张。无论如何，它们都是新的。同样，如果发生大厅被作为选举场所来使用这样的正当的破坏性事件，各种新的对话也会产生，服务也会减少。由于这种冲击在某种程度上是城市惯例的一部分——即使门卫起到了一定的缓冲作用，因此，在他们一起互动期间，每名门卫和每位住户都可能会经历多种既定角色结构可供选择，因而缺乏明确互动方针的很多时刻——无论多么短暂。

我们观察社会结构时，情况也是如此，因为它能够在这种外生性冲击中幸存下来；跟其他人一样，门卫和住户也是依靠既定惯例来连接这些时刻，将它们界定为阈限——处于常规关系范围之外。在多数情况下，将事件视为非同寻常之事这样的互动策略，比如视为"那是很奇怪的""这是个怪异的城市"或"人们这些天几乎见识了所有事情"，就足以使互动双方回到他们的基准线。然而，在有些情况下，即使通过将事件界定为常规之外的事情而将其予以封锁，这些冲击还是会表露出互动一方或双方不喜欢表露的个体性格的某些方面。跟门卫相比，这一点对于住户的风险小很多，因为住户会通过他们的日常生活间接暴露出他们性格的很多方面（正如门卫所了解的那样），比如他们的进进出出、他们的外卖订单或录像订单、寄给他们的包裹、他们的访客。住户虽然会感到在外部环境中的快速转换会使他们暴露，但这些暴露是很少的；跟他们在日常生活中的暴露相比，外部环境转换所透露的有关他们的信息是很少的。另一方面，门卫会处于某些风险之中，因为他们可能会表露出他们通常的情感整饰所压抑的那些情感状态。与此同时，对于系统的外生性冲击会使门卫的状态暴露在住户的目光之下。这正是9·11事件后那些日子里的情况。门卫的中心地位在危机时刻会日益明确——不管多大或多小——这会转变他们跟住户之间的关系，但这种关系转变往往都是短暂的，除非出现不同寻常的情况，否则互动脚本会很快回到惯例之中，以及回到支撑着脚本的那些角色之中。就此而言，对于垂涎角色的追求，尽管利用了外生性冲击，但最终主要还是受到各种惯例的决定，正是这些惯例支配着人们之间的互动和对话。一个关键性的惯例便是奖金，通过它将可以理解这里所描述的多数微观互动过程（micro-process），这是下一章将要详细讨论的内容。

小　　结

门卫和住户之间的社会距离通常是巨大的。那些成功的门卫，也就是那些在这份工作上已经干了很长时间的门卫，会将其工作视为职业性的而非卑躬屈膝的。那些将自己视为卑躬屈膝者的门卫会认为住户对待他们的方式令他们感到没有受到尊重。因而他们会发展出针对住户的对抗性态度。一旦将其框定为卑躬屈膝之事，那么，这一工作的很多性质就会支持这样的角色设定。住户成为不能为他们自己开门的人。他们似乎极为软弱，不能独立生活。他们养育并溺爱傻乎乎的小狗。男住户是无能的，女住户是无助的。门卫则看重他们的自主性和独立性,因而将自己跟住户区别开来。他们可以自己开门。他们不需要别人帮忙提袋子。他们可以自己更换灯泡,自己应付各种琐事。用性语言来说,门卫认为他们的住户是女性化的(男住户)和性冷淡的(女住户)。他们将住户们视为某个不平等系统的继承人,该系统通过遗传将懦弱无能传给了他们。简而言之,他们看到的是社会阶级。

与之形成对照的是,那些将他们的活动有效地视为专业事务的门卫,则不会不加区分地将住户视为上层阶级的代表。他们看到的是与之具有特定专业关系的特定个体。大厅中的对话是固化这种感知的主要机制,也即,表明他们之间的关系,因而减少疏离感。多数对话都不会表露性格特征,而是起到某种指示功能,这一事实意味着,门卫和住户只需随便闲聊,就可以使他们之间的日常相遇得以顺利进行,他们之间的巨大社会距离经常都会浸染到他们的日常相遇之中。因此,成功的门卫会跟住户闲聊。本章正讨论了这种闲聊的性质,并得出了一个奇怪的发现:多数住户和多数门卫的闲聊都是围绕某件事情而非涵盖所有琐碎话题。我认为,对于对话范围的这种限定,是门卫和住户们的一种策略,以防因为网络转换或话题转移而使既定角色面临威胁。通过限制话语范围,门卫可以在过于遥远的社会距离(限制所有互动)和过于接近的紧密关系(打破角色界限)之间辗转腾挪。

第六章

奖 金

第六章 奖 金

对于如何给小费这些事情，我们当然会感到焦虑。我们这是第一年住在这里，以前我们从未住过有门卫的公寓，我们不知道以前的惯例。我有两个同事朋友，他们住在东区很好的公寓，他们给门卫的小费好像是几百美元。但我觉得门卫不会期待那么多小费，可我们还是应该给门卫一点，我们为每个人和工作人员都烤了一些小饼干。我们觉得这是一些非常个性化的东西——我们需要花费时间去做这些事。我们肯定对这么做有一点点紧张，但我想一切都会顺利的。

——上西区的住户

饼干很好，但我并不想要饼干。饼干是给小孩子的，我不是小孩子。

——上西区的门卫

当然，我妻子和我曾经谈过这些。我们周密考虑了一两周，才最后决定，跟其他人相比，我们要给公寓管理员和其他一两个人更多钱，就像我说过的，一共有17个人，但多数人我不会给那么多——他们只是公寓里的工人，只是为公寓工作的人，维修工或干洗工之类的。所以，是的，我们花费了一点时间，最后决定给这些家伙两三百美元。

每年，在感恩节之后，商店都会拿出他们的圣诞展品，《纽约时报》商业专栏都会聚焦于这一年的零售状况，儿童开始积极地去看圣诞老人，公寓管理员突然更频繁地出现，而门卫则**似乎**开始改善他们的服务。多数公寓都开始挂出节日装饰，而住户，尤其是纽约城的新来者，则开始为应给多少圣诞奖金而感到某种特别的焦虑。当然，有人会帮助他们处理这个问题。《纽约时报》几乎每年都会刊登一篇有关小费标准的文章，涉及人们可以在公寓中看到的各种级别的工作人员——管理员、礼宾、门卫、搬运工。上西区的《精神》（Spirit）和上东区的《居民》（Resident）等地方报纸也会加入这一讨论中，提供更为具体的指导。但奇怪的是，为其他人而定的那些规范的出现，没有减轻人们的焦虑，反而加重了人们的担心。撇开这些不说，暂时而言，新来者的懵懂无知使其拥有一定的自由，可以犯一些不被允许的社交错误，只有在关系紧密的人之间才可以谈论圣诞奖金——就像谈论收入一样，这是比性还要更为隐私的事情。正如一位住户所言：

>我从未问过任何人。为什么？我认识一些公寓里的人，但询问那些不住在这个公寓的人，我觉得会比较恰当。如果问公寓里的人，我担心他们会反过来问我，而我并不太愿意跟别人分享这些。我担心可能会因为给的不够多而感到尴尬。而我并不想去想这些事。

但与此同时，在公寓内还是会经常有一股奇怪的暗流，人们对于公寓内其他住户今年会给多少奖金的兴趣变得日益浓厚。因此，尽管也许是圣诞节的精神，但人们还是可以注意到，住户们在走廊、电梯、大厅里（当门卫不在时）的谈话逐渐增多，而在一年中的其他时期，他们经常因为过于忙碌，而没有如此多地注意到同在电梯中的彼此。他们想问的是眼下的问题——给多少钱——但这需要某种社交上的润滑剂。于是，在一段时间内，公寓内出现一种愉快而友好的氛围。然而，这是不是一种达到目的的手段，以便获得正确的信息。或许，还可以更为准确地说，这是在传播假消息。

　　住户面对的困境是显而易见的。要求是，门卫应该获得一份奖金。管理员也应该获得。当人们思考这些问题时，各种冲突经常会更为深入。在住户的眼中，奖金的价值从来都是多维的。它既可以是一份礼物，一种表达感谢的方式，一种义务；也可以是期望相互关注的一种符号表示，社会权力的某种体现。这些相互矛盾的意义使人们难以谈论奖金，当住户竭力去描述奖金的意义时，他们经常会坐立不安（或在认识上）。比如，上西区合作社公寓内的一名住户，在几秒钟的时间内，对于奖金的描述从将其视为礼物——"我是在送礼物"，到将其为视为获得关注的手段，又到将其视为某种道德承诺，甚至将其视为完全与公寓无关的社会正义：

　　它还赋予我更多权力。在一年中的一个特定时刻，帮助改善他们处境的核心就是我们能够做什么。对于他们来说，也是好事，就是有些降低身份，因为这感觉像是不劳而获。我感觉很好，但同时又觉得整个事情是在贬低他们。你陷入这个系统之中，你没法去找公寓所有者并要求更高的工资——这种道德处境是不公平的，因为我们是人。这种道德负担使我去提供帮助。不应该让某一个人去纠正这种状况，但实际上却是这样。

关于奖金的意义，存在两种公众意见。乍看之下，它们似乎相当不同，而且两种观点中的任何一个都没有准确地把握住问题的真正机制；但将它们作为出发点会很有用，因为奖金的关键，也即奖金的运作方式，就是将两种同时存在的时间性感知（perceptions of temporality）统一在了一起。一方面，圣诞奖金通常被视为住户对于过去一年中受到的所有帮助所给予的感谢。因为规定不允许为小小帮助而给小费，无论如何，这都在工作范围之内，但住户会将圣诞奖金视为一笔金额巨大的、一次付清的小费。虽然给小费会显著地表明他们之间的关系是一种服务关系，但因为平常的小小帮忙是无止境的，因此，圣诞奖金象征着过去一年中所有微小服务的总价值。可将这称为先服务后付费模式。门卫可能也会将奖金视为一笔按照先服务后付费模式一次付清的小费，不管是全部支付还是部分支付。比如，当问到他对于这份工作最喜欢的地方是哪里时，伊蒙说道：

圣诞奖金！圣诞节，圣诞老人，圣诞老人就要到来。你应该知道为什么，不是因为我们很贪婪或什么，而是因为我们一直服务得很好。等圣诞节到来时，他们理应关心一下他们在一年中受到的服务。我这么说是对还是错呢？我们给他们提供良好服务，而现在，我们得到回报的时间到了。我知道，在一些拥有155个房间的大公寓内，那些家伙会赚到八九百美元甚至上千美元。而在这里，我只能拿到四百美元；我知道，当我拿到四百美元时，有些家伙会嘲笑我，因为他们拿到的是八百美元。一个喜欢你的住户，给你五百美元的小费，是很常见的。

住户也经常会将奖金部分地视为对这一年中已受到的服务的事后支付。比如，前面引用的那位觉得工资的负担不应该压在他身上的住户所说：

> 这里存在某种矛盾。这意味着奖金是很好的礼物，而我喜欢给予礼物，但对他们来说，这不是礼物，而是他们薪水中的一大部分，所以，这不是额外奖励，而是被计入他们的工资、他们的日常开支中。同时，获得一份奖金会令人愉快——这在心理上是具有潜在影响的。但拿到一笔最终会花出去的钱，则不会令人那么愉快。

人们也许会想，如果奖金只是过去没有给的那些小费的加总，那么，住户可能就不会对于其礼物大小感到如此大的焦虑了。能够预料到这种焦虑的人，应该可以很容易就记得每个门卫帮助他们提包裹的次数，送干洗衣物的次数或叫出租车的次数，然后决定应该为每次服务付多少小费比较合适。最后，在圣诞节给门卫这笔总的费用，或者其中的一部分。然而，实际却并非这么容易。将总体划分为每个构成部分很难实际操作。多少小费算是比较恰当的？而且哪些是"应该给小费的"事情？更成问题的是，将总的奖金分解为一系列各种各样的微小服务，就像将信用卡所要求的最低支付分解为构成它的每次购物一样，在心理上也是很难做到的。面对这些难题，事后支付模式经常被认为不如一次一般性的"感谢"——跟各种特定服务没有任何关联的一笔奖金——尽管住户通常来说付给不同门卫的钱金额也不同。

另一方面，圣诞奖金还经常被当作下年的提前付款或定金，为即将受到的服务提前付款。在此，奖金既是一种纯粹的礼物——因为它是在服务之前给的；同时也是对于下年服务的保值（hedge）。一方面，如果确实属于这一模式，那么，住户就能通过跟燃气公司在计算抄表员无法访问燃气表的那些月份的燃气费用时所用的做法一样——根据此前受到的帮助次数估计下一年将受到的帮助次数，来轻松地减轻自己的焦虑。由于住户处于评估各种需要的最佳位置，鉴于服务构成的变化是可预测的，那么，唯一感到焦虑的人应该是该系统中的新来者。于是，预支付模式似乎跟后支付模式是一样的，都有一年的滞后或提前时间，预支付模式假定圣诞节在这里工作的门卫仍然会继续工作到下一年的11月份。但这是一种狭隘的解释，因为预支付和后支付模式包含着完全不同的心理取向和时间焦点。事实上，奖金的诀窍就在于它既是预支付，又是后支付。如果我们首先思考小费问题，然后再转向作为其同类事物的奖金，就可以比较容易地看出这一点。

作为时间棱镜的奖金

在理论上,小费是为服务而给的。我在一家餐厅吃饭,那里的服务员给我提供了服务。饭后,如果社会习俗要求的话,我支付饭钱时会为服务给点小费。在理发店,理发师希望收到小费,但在小费的金额——作为总费用的一部分——与感知到的理发质量高低之间并不存在明确关系。我在酒店需要一辆出租车。门卫可能会向等客的出租车招手,让它过来载上我。这一服务由于避免了出租车堵塞路口而对酒店有利,但我还是会觉得要给门卫一两美元。在理论上,良好的服务应该得到较高小费作为回报,糟糕的服务则应该得到较低的小费,但是,正如后面的例子将会表明的,在很多情况下,客户缺乏任何可依凭的基础去判断其所受到服务的优劣。①

---

① 有大量文献指出,人们受到的服务与小费金额之间的联系是很小的。在理论上,小费系统是为了解决信息不对称性问题。在饭店,经理不能一直监视员工的行为,完全按照服务优劣给予报酬,因此就要依赖于小费,而对小费的依赖则使客户扮演着监督者的角色,从而可以确保更好的服务。然而,客户却并非是很好的鉴别者。人们都知道在饭店有一些小的诡计可以影响小费的比例。比如,尽管"优雅的"客户也许会觉得俗气,但服务员都知道,通过自我介绍("我是莎拉,我将是你们今晚的侍者!"),他们可以使其小费增加大约 2%。那些在账单上签上名并留下笑脸的女服务员,将可以使其小费增加 1%;不这么做的服务员却会遭受损失。参见米歇尔·林恩(Michael Lynn),"增加服务小费的七种方法"(Seven Ways to Increase Your Servers' Tips),《康奈尔酒店与饭店管理季刊》(*Cornell Hotel and Restaurant Administration Quarterly*)1996 年 6 月第 37 期,第 24—29 页。然而,这些诡计只是在边缘运作。决定小费比例的关键在于规范。将小费中的很大一部分视为税收收入的国家也承认的一个事实是,小费被国家视为一项权利,而不是赠予——视为"实际上应该支付的款项"。有关小费的法律地位,参见泽利泽(Zelizer)的《金钱的社会意义》(*The Social Meaning of Money*)。

经济学家经常认为给小费是对标准经济理论的某种挑战。范式上的挑战经常是以某个问题的形式出现的,该问题的最纯粹形式便是不能预测访客是否会再来;比如,在路边一个地方吃完饭,客人以后不会再次回来。尤其令很多经济学家好奇的是,消费者为何会在没有要求的情况下给陌生人钱?这样做既不会带来实质性好处,消费者也不会再次来这里享受他们的小费带来的好处。多数人对这一问题的简单回答都是,给小费是受到规范的约束的,多数人通常都是按照规范方式采取行动的。这可能是因为违背行为规范会让人觉得不好,或者因为遵循规范会使人们自我感觉良好,或者两种原因都有。不管人们给陌生人小费的理由是什么,他们确实这样做就意味着,并非所有行为都是因为符合经济理性才被赋予意义。①

但是,不能说所有小费都是不理性的,有些小费也许是理性的——尤其是在那些将会重复光临的地方。显然,人们今天给小费,是为了避免明天遇到坏的服务。如果按照这一观点来理解,那么,小费就不是服务之后的一项付费,而是为未来的服务提前付费。就此而言,有些小费是理性的——对于未来服务的保值;也有些小费是不理性的——只是对提供的服务给予常规性的回应。奖金既是某种形式的小费,但又不只是一种小

---

① 很多行为都是受到各种社会规范制约的。为何会如此,是一个更为有趣的问题。经济学家的一个观点是,因果方向实际上是主要方面,而规范似乎是为了解决经济问题。在此,给小费被视为是为监督和监控问题所提供的一种去中心化的解决方案。也许确实如此,但它难以解决非理性给小费造成的一般问题——比如,潜在的搭便车之人通常不会因为要解决市场失灵、信息不对称等问题而改变其策略。如果他们是理性行动者,他们将会让其他人去解决他们自己面临的监管、监控或信息不对称问题。

费。它是某种比小费更好的东西，之所以说它更好，是因为它起到了某种时间棱镜（temporal prism）的作用；它既是对于已经受到的服务的后付款，同时也是对于即将受到的服务的预付款。

预付款、后付款与小费心理

人们多数时候都会倾向于为自己将来想要消费之事预先付款。这一偏好并不理性。也就是说，它违背了经济理性。因而，它为经济学家制造了难题。理性消费者不应该预先为服务付款，就像不应该给那些永远都不会再次见到的服务员小费。在理论上，如果付款可以延迟，那么，消费者会获得更好的消费体验。延迟时间越长，消费体验就越好。[①] 但是，多数人都不会遵循这一原则。经典的例子是人们如何度过他们的暑假。如果给予人们一种选择——假期**前**六个月的每月分期支付假期费用，或者假期**后**的六个月每月分期支付假期费用，人们通常都会喜欢前者，尽管它是不理性的（它之所以不理性，是因为人们可以将他们未支付的钱用于投资，因而可以赚取利润，减少假期消费的成本）。他们为何会有这种偏好呢？

行为经济学家一般会认为，人们通常都会前瞻性地评估付款和消费，也就是着眼于未来，而不是过去。于是，多数人都

---

① 如有对此有任何疑问的话，可以设想一下，今天购买了一台割草机，而付款可以一直拖到你愿意支付的时候。在理论上，人们可以将付款一直拖到去世的时候，因而在生前的整个时间内都是在免费享用割草机。

会预先付款；第一，因为一想到即将到来的假期，付款时的痛苦就会减轻；第二，因为当他们正在度假时，就可以享受假期，而不必想着将来必须支付的款项。如果他们已经付款，就会觉得度假就像免费的一样。度假后再付款将意味着，由于想着等待他们去支付的账单，而减少了假期中的愉快。更糟的是，如果他们确实在事后付了款，他们将不再有任何期待之事，不再有未来的愉快可以减轻付款的痛苦——于是，事后付款就像是花了钱却什么都没买到，而非免费获得某个东西。

在这种背景下，消费者就会对付款具有自己的某种心理偏好。由于他们具有这种偏好，他们可能也会具有将对于服务的某种付款视为预付款的心理偏好。付给理发师的小费，可以被视为下个月将受到的理发服务的预付款；付给比萨外卖员的小费，可以被视为下次更快送上门的预付款，如此等等。即使在修辞上将小费视为一种事后付款——对于已经消费的某项服务的付款——它仍可以被视为一种预付款，视为针对未来服务的保值，如果他们知道他们未来将会享受服务的话。不断重复给的小费——理性的小费——是一种预付款。这之所以是一笔预付款，是因为客户将小费视为防止将来受到不好服务的某种保值。奖金就是一种最好的预付款。

但是，将预付款视为一种心理偏好，会遇到一个棘手的事实。在所有条件相同的情况下，消费者会偏好不为自己的消费付款，或者尽可能地延迟付款，从而不必付款就可以享受对这些事物的消费。更直白地说，如果人们偏好于预付款，那么，为何还有人使用信用卡？为何有人偏好于使用信用卡？由于信用卡都是事后付款，当用信用卡消费时，为何会有人买更多东西？消费者为何一方面偏好于预付款，而同时又会在可以延迟付款时购买更多东西呢？行为经济学文献对此有一个很好的回答。信用卡使人们将购买东西的痛苦跟消费这个东西的愉快分离开来了。假设购买某个东西。不管它具体是什么，一想到未来将要为它而付款就会减少消费带来的愉快。然而，如果付款跟消费在心理上是分开的，那么，付款就不会过多抵消快感。信用卡便是使二者分离的魔术师。它们实现这一目的的方式，一方面是增加购买与付款之间的时间期限（没有利息或 12 个月付一次），另一方面是将很多次购物都合并为一次付款（最低付款额）。

信用卡账单上详细列举了购买的事物。但是，账单是为核算总的付款额或最低付款额而存在的。因为每一项都被纳入了应该支付的总额或最低额之中了，付款的时刻跟每次具体的小费行为是完全分开的。作为魔术，人们可以用信用卡购买任何东西这一事实意味着，通常的信用卡账单上会包含范围广泛的一系列商品。消费的具体事物范围越广——晚餐、门票、打印机、书、在自动取款机提款、美发——分离效果就越好；因为消费的事物越是多样化，消费者就越难以将购买的具体事物跟他们正在进行的付款行为联系起来。于是，这种分离可以消除花钱购物的痛苦，使人们在用信用卡而非现金时会购买更多东西。① 在用信用卡时，消

---

① 这里存在着各种各样的逻辑矛盾。如果消费和付款完全分离，使想到付款不会使消费的愉快减少，那么，消费的愉快也不会使付款的痛苦减少。正是由于这一原因，人们才会将信用卡债务视为特别异化和厌恶之事——尽管他们仍然在消费。

费者获得了消费的愉快，而没有付款的痛苦。

如果住户把奖金视为他们对于过去一年中已经接受的各种服务的总付款，那么，奖金就是一项跟服务分离的事后付款。构成奖金价值的各项具体服务项目跟付款是分离的。各种各样的服务都被捆绑到了一起——递送包裹、开门、照看孩子、叫出租车、提袋子、接收杂货等——以至于难以分清任何一项特定服务的价值。比如，一位已有两个孩子的母亲这样谈论奖金问题：

> 有关我们给多少奖金这个问题，我们做出了一个决定，做出这个决定的主要依据是，我们可以负担多少钱，我们可以给多少钱，而不是他们过去一年做了什么。我们在一年中都没给过小费，所以，给奖金就是要表示感谢，感谢你过去一年中做的每件事情。我没有给不同人不同的金额。除了管理员，给每个人的钱都是一样的。

同样重要的是，付款在时间上又是跟接受服务相分离的。于是，奖金又是一项跟服务分离的预付款；或者，换句话说，奖金同时是后付款和预付款。它之所以是预付款，是因为它可以被视为保值，是对于将要接受的服务所给予的预付款；它是分离的，因为它也可以被视为对于过去已经消费的各种服务所给予的事后付款。时间上的分离提供了一种将奖金跟小费区分开的方式，也就是说，奖金不同于惯例性的开销。奖金也许是惯例性的，但是，通过时间上的分离，它进入了社会世界，而

第六章 奖 金

不是经济交换的世界,因而可以将其视为一种礼物。

奖金散漫地停在两种相互矛盾的时间(过去与未来)的连接之处。这一了不起的功绩是如何在互动中完成的?互动的诀窍就在于,奖金很少得到明确认可这一事实。尽管它是在圣诞节给的费用,但它却并非在圣诞节产生的费用。奖金是没有时间的小费。正如前面引用的那个在将奖金视为一种礼物还是视为纠正不平等的道德义务之间纠结的住户所言,他的出资从未得到答谢。

在那段时间,他们就像必须得到这笔钱似的。你会寻找人们看起来更加激动的迹象。你可以查探出谁是被欺骗或滥用的人。我不会看这个。在过去的假期内,会有额外的友好气氛持续好几周时间。它不会得到明确答谢,不,不会;但是,我将这些额外的友好气氛视为答谢。现在,你让我考虑这些,但也有可能,这种额外的友好气氛、愉快或高兴的气氛跟小费一点关系也没有——只是当有人进来时,他们需要做出反应而已。因此,如果人们在假期表现得很愉快,他们必须也这样。

他的经历并不少见。多数住户都说,他们给的贺卡不会得到答谢——或者更准确地说,尽管他们给的贺卡也许有时会得到答谢,但给的钱不会。住户必然会对此感到不快。对于所给金钱的明确答谢是令人尴尬的。它之所以令人尴尬,是因为这种质性关系的量化表示实在是太赤裸了,以至于难以维持大厅

"顺利运作"所必需的模糊性。如果对个体的答谢是很少，那么，总体上的答谢则比较常见。于是，在很多公寓里，尤其是在东区，圣诞节后，住户会在看到电梯口张贴的布告，感谢他们的慷慨。在一个公寓里，住户们将卡片间接交给了门卫，他们作为集体在这样一份布告上收到了答谢。

> 我们把卡放到了大厅的一个大箱子里，将每个人的卡分开放。我们收到了电梯上张贴的写给所有住户的"谢谢"。

放置一个箱子收资金很常见。一方面，这样可以解决住户到处寻找门卫去给他们钱的实际问题，可以使住户能够将钱交给看不见的工作人员、值夜班的门卫，以及搬运工和也许在特殊时间段工作的保洁员。这样做还可以解决在给钱的那一刻，因为通过量化交换来衡量关系而导致的互动紧张问题。放置箱子（或给奖金时无需发生互动的其他系统）使奖金从时间中偷偷溜走。箱子促进了某种特定的无时间性，把奖金拉入到了社会世界之中。同样，将金钱与世俗的经济交换世界隔离开的信封或卡片，有助于将现金转换为某种礼物，转换为跟日常交换分开的某种东西。而使用此前交换中没有被弄脏的崭新的大面值钞票，也有助于将作为奖金的金钱跟常规的金钱区分开来，从而表明这份奖金是一份礼物，跟任何工具性的目的无关。

尽管在修辞上，奖金不是被视为纯粹的礼物，就是在某种程度上被视为服务的关键，不管是过去的服务还是预期在未来接受的服务，但是，奖金却可能跟二者没有任何关系。一种观点认为，奖金是一种信号发送机制，住户和门卫运用奖金来发送地位信号，协商彼此的地位。假如关心自己在公寓内地位高低的住户，会害怕因为犯错而降低自己所感知的相对于公寓工作人员的地位，那么，给的奖金太少，显然会潜在地有损其地位。奇怪的，给太多奖金，也会如此。他们是在这样的脉络下发送信号的：门卫知道住户仅仅了解他们的大概年薪，住户知道门卫关心的是他们所住公寓的相对价值。同时，门卫认为他们准确地解读出了其住户拿到手的收入，首先是根据租金或单元楼的销售价格来推测，其次是根据他们所观察的住户的"生活方式"来推测。他们的解读一般都是偏多的。由于多数门卫经常观察的是日常生活的公开层面，因此，他们在解读时，会倾向于将公开方面（出租车的到达、吃晚餐或去工作时的穿着、收到的包裹、收到的干洗衣物等）视为对私人生活的准确反映。[①] 另一方面，住户倾向于将门卫的收入视为他们自己收入的函数。于是，比较富裕的住户的估计会显著向上偏，而中产阶级住户的估计则会相对低估门卫的收入。更复杂的问题是，一般情况下，门卫必须提升其住户的地位；如果住户完全只是普通人的话，只要能够稍微提升最初常有的感觉，那么，门卫的工作在某种程度上就会显得更为重要。最后，不管跟世俗的交换世界隔离得多么远，奖金最终都是一个数字；而当金钱被用

---

① 住户也参与到了同样的事情之中：努力去判断邻居的财富状况。尽管一般而言，同一个公寓内，住户具有一定同质性，但仍然会存在较大的财富差异。就像门卫一样，住户也会利用自己周围的证据，最为重要的便是公寓面积、视野景观、最近翻修的历史。

于交换时，人们之间的关系就会发生某种变化。

地 位 偏 好

  门卫当然会喜欢更多的奖金。住户给奖金则会偏向于既不太多也不太少，要足以确保门卫和管理员不会认为他们太小气，但也不会多到浪费或俗气。尽管奖金多少跟提供的服务之间没有直接关系（其实存在关系，只是比较弱），因而住户不必担心服务缩水，但在所有条件都相同的条件下，多数住户还是不会喜欢成为给奖金最少的人。在理性让位于地位关怀的很多其他脉络下，情况也是如此。在此，比如，住户会偏向于给 50 美元而处于奖金金额分布的中间位置，而不是给 50 美元但却处于奖金金额分布的最底部，尽管礼物的实际价值始终是一样的。这种偏好，以及总是有人会处于最低位置这一数学上显而易见的事实——因此最好让其他人处于最低位置——会导致多给奖金的压力，但这种压力受到给予太多也会带来风险这一事实的制约。同时，住户也不想给予 50 美元但却发现他们处于奖金分布的最顶端。[①] 这种平衡行为使事情不会失去

---

  ① 这是所谓的拍卖后悔（auction regret）的一个经典例子。成功拍卖到某件物品的人立刻就会意识到一件尴尬的事情：相对于其他人的出价，他们为这个物品花费太多了。在标前拍卖（pre-bid auctions）中，这种机制会更为恶化，因为在这种拍卖中，投标机制是不能被观察到的；这正是慈善拍卖经常采取这种形式的原因之一——成功中标者所体验到的拍卖后悔被转换为某种慈善捐赠的语言。

控制。

关系的紧密性意味着，给予过多会被很轻易被当成想要将雇主—雇员关系转变为主人—仆人关系。人们尽管从给予中、从奖金中获得地位，但犹如恋爱关系一样，给予太多会降低付出者的地位，使人们想要通过礼物表达的意义不再正当化。太多的奖金会带来某种不适的气氛，因此需要在某些地方做出平衡。在太多与太少之间的平衡依赖于公寓中其他人所给奖金的分布状况，因为礼物的意义是以其在所有礼物中的位置为前提的——在一个其他人最多给 500 美元礼物的公寓里，500 美元具有一种意义，而在一个奖金最多为 50 美元的公寓里，500 美元则具有另一种意义。住户都知道这一点，尽管他们很少明确说出来；相反，他们宁愿在修辞上将奖金视为服务的关键。但这不过仅仅是一种策略而已。这是一种基本上仅限于本地的信号，很少会流通到公寓之外。

对于每位住户来说，其奖金的最佳位置是正好处于奖金分布状况的平均值上方，但又跟其他人所给的奖金非常接近。正好处于中间，则很少会有收益；此外，要避免处于最底部。处于最底部的四分之一住户，显然不想凸显出他们自己。这里的困境在于，如果不了解其他住户的预期行为，就很难弄清楚如何摆正自己的位置。正是由于这一点，大约在感恩节的时期，住户门卫为了摆正自己的位置会开始去了解其他住户们的意图。最终，他们将不得不开始相互交谈。公寓工作人员会在公寓附近递送小卡片，祝愿住户拥有一个快乐的假期，这会促进住户之间的交谈。这张小卡片上经常会列出工作人员的姓名，他们在公寓内的职位，常常还会写上他们的任期。住户也许会将这些卡片视为一种跟他人进行交谈的邀请，这些交谈经常比较间接，经常聚焦于他们是否认识列表上的某个或某些员工（他们的新"朋友"）。询问邻居是否认识某个门卫这个花招，不只是进入对话的简单预热，因为认识门卫在公寓里有很大作用，不可小觑。

（所谓的）客观建议

在对话开始之前，住户经常会查询《纽约时报》或其他报纸的建议。然而，他们这么做也会冒一定风险，因为报纸上的信息经常都不是那么清晰明确的。1965 年，《纽约时报》报道中引用拉尔夫·吉尔德的话说，"给小费的习俗是至今为止最令人困惑的事情"，吉尔德当时是布雷特·维可夫·波特·汉密尔顿有限公司的副总裁，公寓管理方面的专家。后面的一段话让读者感到更加迷惑：

> 在汉密尔顿的豪华公寓房中，住户通常会给管理员 100 美元，给其他的员工每人至少 20 美元，包括所有值班的门卫、电梯操作员、干洗工和搬运工。

然而，后面一句话却又写道：

圣诞期间，一幢 150 套房的豪华公寓的一名管理员可以收到 700 到 800 美元的小费，门卫会收到 300 到 350 美元，不算他们一年中为住户叫出租车、帮其他忙所获得的小费。

于是，数字在某个地方变得十分混乱，除非我们设想有多名管理员和不少于 50 名工作人员。从第一个句子中可以简单算出，管理员应该收到 15 000 美元的奖金，而门卫会收到 3 000 到 5 000 美元。而从第二个句子则可以算出一个不同的结果：假定同样是 150 套房的公寓，每户每年应该给管理员 5 美元，给门卫 2 到 5 美元。我们发现，稍微往前一步，住在东区一个中等价位的公寓中的家庭，通常要留出 80 到 100 美元的圣诞小费。按照 2002 年的美元价值换算，这大约是 400 到 500 美元。难怪这种指导会令人们感到特别无助，即使专家都承认，整个事情都"令人困惑"。①

1972 年，《纽约时报》禁不住说："一种地位感、内疚感和不确定感令人不适地进入了每年的给小费问题中。"在经济放缓的年份，以及经济不景气开始的时候，缩减奖金是总体上的建议。住在莱克辛顿大道第 68 街帝国公寓的索妮娅·卡姆斯基计划这么做：将 1970 年时给公寓 18 位雇员的 380 美元小费，降到 220 美元。她也许并未说出实情。但该文暗示道，并非索妮娅一人这样；无论如何，如果其他人效仿她的做法的话，当然不会只有

---

① 参见"关于公寓内给小费的贴士"（Tips on Tipping in Apartments）。

她这样了。① 但人们不得不怀疑，即使回到 1972 年，索妮娅也可能没有说出实情。她有充分的理由可以撒谎，正如我们将会看到的。

1975 年，《纽约时报》更热心了；他们明确地告诉住户不要做什么，以及为什么如此。第一条：不要询问门卫。如果你询问门卫，他们当然会让你给奖金时更慷慨大方一些。根据《纽约时报》：

……雇员的心理进攻是这样的：面对一群住户——他知道应该面对哪一群住户——一名门卫会感叹道，很多人都把他忘记了，发现自己的工作不被赏识该多么令人心情糟糕。这种令人心碎的故事将会使提问者感到他应该对这个可怜的灵魂做点正确的事。结果：更为慷慨大方的小费。另一种类型的门卫将会同样狡猾地坦白说，他能够到这座公寓是多么幸运，这里的住户非常欣赏他，对他也非常慷慨。结果就会产生一种竞争精神，一种想要把邻居比下去的欲望。

需要注意的是，《纽约时报》假定门卫知道何种类型的要求将会对哪些住户发挥作用，这是一种良好的洞察力，因为门卫可以很好地解读其住户的心理取向。然而，《纽约时报》也制造了一些模糊性。住户是否会关心其他住户如何看待他们，或者跟其他住户相比的话，门卫将如何看待他们？在此，重要的是

---

① 瑞吉尼斯（Rejnes），"给钱的时候到了"（It's Time to Pass the Bucks）。

确定如下想法：尽管说门卫将会引导出住户之间的竞争精神，听起来很聪明，但住户却并不会如此关心邻居如何看待他们。相反，他们关心的是门卫如何看待他们。就此而言，竞争是不对称的。

1975 年，《纽约时报》尝试了一种不仅仅考虑门卫策略的新思路。在咨询了礼仪专家伊丽莎白·波斯特之后，《纽约时报》报道说，财务状况面临挑战的住户可以尝试着赠送"保暖手套、红酒"等礼物。但这并非现实的建议，因为"虽然说这是个充满人情味的季节，多数公寓雇员真正需要的是冷冰冰的现金"。因此，应该给多少：数量很少，且相距甚大。公寓管理企业索菲尔公司的总裁建议，给管理员 20 美元，给门卫 10 美元，给搬运工 15 美元。一位匿名住户建议的奖金要高一些：给管理员 35 美元，给门卫和电梯操作员 25 美元。① 按照 2002 年的美元价值换算，这大约是给管理员 60 到 100 美元，给门卫和其他工作人员 30 到 75 美元。奇怪的是，跟 20 世纪 60 年代中期所建议的一系列数字相比，这些数字没有发生多大变化，尽管存在相对持续不变的（虽然很慢）的通货膨胀。

现在的住户，正是 1965 年到 1975 年期间的那些住户的孩子。就像他们的父母一样，他们可以向印刷媒体寻求帮助。2000 年，距离前面所讨论文章四分之一世纪之后，建议变

---

① 瑞吉尼斯（Rejnes），"推卸责任的时候到了"（It's Time to Pass the Bucks）。

得更为具体，但却仍然无甚帮助：

> 当你在想给多少钱时，你需要考虑两件事情。第一是公寓面积。公寓面积越小，你给的奖金应该更多。第二是豪华程度。茵斯格尼亚房产集团管理着纽约市一些高价房产，该集团的劳伦斯的·维特利说，他们的大公寓中的管理员会从每位住户那里收到100到300美元，而在小公寓里，则有人给500到1 000美元。但很可能的是，你不会给那么多。在多数公寓里，给门卫的恰当金额是30到50美元，给管理员50到100美元。诸如干洗工、电梯操作员等后勤人员，给的范围大概是20到30美元。经常可以根据资历做出调整，如果你计划在下年进行任何装修的话，你给管理员的钱最好比通常多一些。①

根据资历进行调整并非意味着在该公寓内居住很长时间的住户应该给得更多或更少。而是说，不管服务如何，跟短期任职的员工相比，具有较长任期的员工应该拿到更多；然而，为何会如此，何时开始暗自根据预付模式来给奖金（计划进行装修？也许应该多给一点），则并不清楚。

如果说所给的建议始终不够清晰明确，那么，其历史模式则异常清晰。首先，建议的奖金金额发生了显著变化。以2002

---

① 布莱恩·法汉姆，"临界点：如果真是拿钱说话的话，那么你给的小费透露出了你的什么？"（Tipping Points: If It's True that Money Talks, What Are Your Tips Saying about You?），《纽约杂志》（New York Magazine），2000年8月21日。

年的美元价值为基准,建议给予奖金的均值随着时间而显著降低。第二,所给的建议变得更加无用。尽管建议奖金的绝对价值逐年降低,但建议奖金的额度范围却在显著扩大。第三,用于谈论奖金意义的语言则具有显著的稳定性。奖金是对于已经受到的服务的奖励,还是对于即将提供的服务所给予的激励?《纽约时报》始终在二者之间犹豫不决。2000年建议的最后一句很明确:对于那些计划装修的人来说,贿赂是必须的。同样,跟传统的首付款模式相反的是,乔迪·维尔格林(Jodi Wilgoren)在为1998年《纽约时报》所写的文章中,将奖金视为一种特殊类型的首付款,不是为服务而付款,而是为了避免消极后果。在此,奖金被视为一种预先的保值,以防敲诈勒索;在维尔格林的世界里,门卫介于黑道和派来给你擦洗车窗的抹车仔之间。① 没有人

---

① 也许出于某些理由,人们会担心,如果不给门卫小费,将会导致不好的后果。毕竟,这就发生在克里斯蒂安·白·利默身上,他于1927年居住在第十五大街第950街。一天早晨,当利默在他位于守望岛的周末度假房时,门卫约翰·希利、电梯操作员乔治·蒂尔南和他们的一位朋友乘坐天梯进入到利默的房间内,吃掉了冰箱里找到的火腿,喝了一些威士忌酒和加拿大麦芽酒,彻底毁掉了这间公寓,破坏了一架"维尔特·米尼翁风琴"。原先,琴管被巧妙地隐藏在挂毯背后,声道奇怪地用精细的钢铁装饰遮盖住了,以至于当在第12层的沙龙上弹琴时,奏出的音乐可以在三层公寓内(第12到第14层)的任何其他房间打开或关闭;毁掉了无价的枝形吊灯、瓷器和玻璃;撕破了源自中世纪的兰德毯;或许,更糟的是,破坏了一张范戴克的画和一张鲁宾斯的画。在被捕并被送到警察局后,"戴着灰色手套、衣服上缝着金纽扣、头上拖着辫子"的希利为其行动提供的理由是,他期望收到比以前更多的奖金和小费。在第二天早晨的社论中,《纽约时报》写道:"这样一个故事中应该有一些未解决的道德问题。但是很难说清楚究竟应该如何:公寓是否应该被紧紧地锁起来,雇员是否应该在值班时避免饮酒,是否应该适当增加薪水和小费来让门卫感到满意,或者是否应该以其他方式解决他们的不满。"参见"用人自述疯狂破坏利默家、毁坏艺术珍品"(Servants on Spree Wreck Lihme Home, Ruin Art Treasures);"一个破坏他人财物的奇怪案例"(A Strange Case of Vandalism)。这个例子极不寻常,但人们不禁会注意到,门卫因为盗窃住户家里而被捕的案件数量是多么令人吃惊地少。

会希望他们靠近。奖金可以确保他们不伤害你，不再殷勤地服务你。这就像是以前的圣诞节前夕，"不招待就使坏"会带来潜在的威胁：不给糖果，就往你家扔鸡蛋。在这一脉络下，维尔格林指出：

> 尽管在芝加哥、西雅图、内华达，受访的多数人都说，他们给小费是出于内疚或习惯，但很多纽约人的动机却是害怕。在曼哈顿的一个停车场，从假期汇总表中可看出，41号车位的那个家伙给了450美元；其他常客也许会想，如果他们没有将信封回放到他们的挡风玻璃上，他们的车将会遭遇什么。同样，一些经验丰富的城市居民会说，不要忘记你的公寓管理员的圣诞卡，否则后果自负。①

实际上，有关奖金的文章用的都是同样的修辞，尽管给的建议总是变来变去。不是将奖金视为对于过去或未来服务的报偿，就是为了避免敲诈勒索——专栏作家和权威专家似乎陷入了将奖金视为一种经济交换的解释框架之中。但这其实是一种社会交换，其中的核心要素是价值估算的模糊性、时机的模糊性和回赠礼物之价值的模糊性。如果我们重新思考上述框架，主要关注奖金的社会学意义，那么，我们也许将能够在解释上更进一步。转换框架至少可以理解建议奖金的价值为何会逐渐

---

① 维尔戈伦（Wilgoren），"小费是城市生活之轮的润滑剂"（Tips Grease for the Gears of City Life），BU9。

降低。还将可以帮助我们理解,当向人说自己将给多少时,为何很多人都会撒谎,经常都说得更少,而不是更多。

作为一种区隔编码机制的奖金

让我们放下奖金的经济"意义",暂时忘掉它是预付款还是后付款的问题。在社会学意义上,奖金是用于界定两种关系的简单机制。① 第一种是住户与门卫之间的关系。奖金是对门卫与住户之间的地位区隔(status distinction)的编码。第二种是住户与住户之间的关系。对于住户之间的关系来说,存在着两个参照框架,一是参照住户对于其邻居的看法,二是参照门卫对于其住户的看法。第一种比较简单。在跟其他住户谈论他们给多少钱时,住户需要应付可能尴尬的两种根源:给得太多和给得太少。给得太少只是可能令人尴尬。很多住户对奖金问题感到矛盾:他们知道他们应该给奖金,给奖金是正确的,给奖金会使他们感觉良好,但与此同时,他们经常感到各种事情令人紧张忙碌,尤其是在圣诞节期间,这时他们要面对很多相互抵触的义务。尽管如此,一位住在下西区的住户在谈论其邻居时却说道:

---

① 人们还可以设想一下,奖金也是导致公寓工作人员出现地位区隔的一种机制。不管住户如何去想,门卫们确实说,他们会跟某些同事谈论自己的奖金额度,但这种谈论主要是作为一种纪律机制,用来对付那些被人认为过于巴结讨好住户的门卫。犹如在很多工作场所中一样,报酬中都包含一个显著的计件因素,个人所得与平均工资的降低之间存在某种紧张。这种报酬结构还会随着班次的不同而变化:值白班的门卫比那些值小夜班或夜班的门卫要好得多。

我猜测，如果我没有给予恰当的金额，我可能会感到尴尬。可能只有我这样，因为我有强迫症，你知道的。我不是……我总是想把事情做好。但是，我也不想让他们觉得我很小气，即便他们并不完全清楚我现在是多么紧张。

没有人愿意感到尴尬，而给得太少就可能令人尴尬。给得太多同样也会尴尬。但给得太多的心理活动却相当复杂。在修辞上将其礼物视为某种礼物的住户，也即视为"感谢"的住户——会表示出对邻居的关心；他们倾向于将其邻居的动机单纯视为利他主义。这些住户会担心他们的邻居认为他们给得太多；这是因为他们将其邻居视为工具主义者——不是因感谢而给奖金的人，而是为获得更好服务或更高地位而给奖金的人。如果他们的邻居这么认为，那么，他们就可能会将其礼物解释为工具性的东西。

我想多给他们一点小费，他们的工作确实做得不错。我想为此感谢一下他们。而他们也感谢你，你知道的，他们领会到了这些，所以，他们也会感谢你。就是那些小事情，比如友好的"早上好"，或只是不同寻常的事情。但是，其他人会认为，如果我给的比建议的额度多的话，就是对他们，对门卫的贬低。比如，他们会说："你想要干什么？"他们不想给小费，所以，他们会认为，如果我们给了，就是因为我们想要得到什么回报。但这是不同的。所以，你并不想让他们认为你觉得你自己比他们优越。

第六章 奖 金

如果你的邻居并非利他主义者，那么，你在谈话中最好说少一点你的奖金金额，而不是如实告之，尤其是当你认为他们处于奖金分布顶端时；因此，这是利他主义者的最终结果，而利他主义者也希望如此。但是，并非所有住户都是利他主义者。很多住户都会经常怀疑其邻居的动机。如果我们关注的是作为住户之间地位区隔编码机制的奖金的话（从门卫的角度来看），我们就可以更好地理解，为何当住户们告知他的朋友和邻居他们给了多少时，他们可能经常会少说而不是多说其礼物的价值。关心自己在门卫眼中形象的住户为何会少说他们的礼物价值，冒险获得其邻居的认可？上面提到的一种可能是，住户不想被他们的邻居视为工具主义者。第二种解释是，他们出于工具性理由，想要影响其邻居的出资额度。

显然，纯粹的工具主义住户会认为，利用相对于邻居的本地优势，去从门卫那里获得地位上的好处，是符合其利益的最佳选择。然而，为了处于获得这一优势的位置，他们需要弄清楚他们的邻居会给多少钱。因此，他们会彼此交谈，或者更确切地说，确定其他人给了多少是住户们给出的他们与其他住户交谈的最明确原因。奇怪的是，如果他们更为仔细地思考一下，就会认识到，他们之间的交谈不是在获得信息，而是在释放信息——而且经常是在释放假信息。他们经常忽视的事实是，就像他们自己一样，每个人都有提供假信息的动机。

让我们随着问题的展开去思考问题。每位住户都在想该给多少钱。他们都想着给得越少越好。但他们又想避免使自己处于奖金分布最下面的四分之一，他们更希望处于奖金分布的顶端；他们认识到，如果处于奖金分布中间位置的话，相应的收获就会很少。但是，在所有条件都相同的条件下，最好可以处于中上部的位置，而不是中下部的位置。身处这一背景下，又期待着下一年，住户们将发现，当其他人问到时，符合其自我利益的选择是把他们去年给的奖金**少说**一点。可以考虑一下，当他们自己想要确定或其他人想要确定他们给予其公寓工作人员多少钱时，他们面临的问题。在此，一位住户如此说道：

有关奖金，我不想实话实说。如果公寓里有人问我给了门卫多少钱，我会问他们去年给了多少，然后说一个相匹配的数字。如果他们说是 50 美元，那我就告诉他们，我也给了 50 美元。如果他们说给了 25 美元，我也说给了 25 美元。如果他们是新来的，我会告诉他们一个比实际金额少一些的数字。如果我不太喜欢他们的话，我会告诉他们一个更小的数字。这是因为，如果我告诉他们我给了多少钱的话，他们就会给得更多，于是，我就不会被视为慷慨之人，而成了小气鬼。不管我告诉他们我给了多少，他们都将会给得比我说的数字多，因为这正是他们要询问我的原因。他们只是想要知道他们应该给多少，可以让他们自己看起来很好，再没其他的。

逻辑很简单：如果所有住户都给 20 美元左右，那么，给 25 美元的人将会收益颇丰（给 50 美元的边际收益最小，给 100 美元就太出格了，这看起来就像是花钱买偏袒，或者无论如何也不会有任何结果，因为人们可以用非常低的成本就进入奖金分布的顶端)。如果我想要给 25 美元,出于利益考虑,我会告诉别人我给了 10 美元或 20 美元;于是,如果他们听从了我的建议,我将会以最低的成本让自己看起来很好。但是,如果我们假定每个人都遵循同样的总体策略,那么,寻求建议之人显然也将会通过稍微增加金额来获得优势。结果,跟别人说自己给了 20 美元的住户会认为其邻居会给 25 美元,于是,她就会给 20 美元。如果实际给予的金额与跟人交谈中说的金额存在某种恒定关系的话,那么,人们立刻就可以看到奖金的快速增加趋势。但是,如果交谈中所说的金额是相对固定不变的,那么,这一模式就会导致意外的后果:尽管实际的奖金与谈论的奖金之间的差距在逐渐(缓慢地)增加,但是,支配着这种出价体系的自然增长机制则会放缓。实际的奖金增加将会逐渐放慢,而谈论的奖金将会保持相对固定。结果,在所有条件都相同的情况下,误传的差距将会日益增加。正如已经表明的,这正可以解释我们通过报纸建议专栏所观察到的历史模式。

  回顾一下,我们的主要发现是,绝对意义上的奖金额度是在逐渐降低的,然而(即使考虑到绝对基准的变小,这应该会使奖金的变化额度变小),奖金金额的方差却在日益增加。奖金降低跟人们口中的奖金数额的相对稳定有关(毕竟,报纸只能了解到人们告诉他的数字),奖金数额的变化则跟谈论的奖金与实际的奖金之间的差距有关。这里运作的微观机制十分简单。住户也许会说,而有些住户也许会相信;当他们要确定其邻居如何看待他们给的奖金时,他们是在探求信息,但他们实际却在提供假信息。每位住户都冒着被其他住户视为小气鬼的风险,但如果所有人参与到了同样的总体模式之中（也就是少说他们上年给的奖金），他们将共同建构一个每个人都比他们实际来说更小气的世界。他们对自己在奖金博弈中说服了邻居们从而占据优势抱有一线希望，因而在给钱的时候会多给一点。因为他们随后难以确定他们的邻居是否做了同样的事情，于是，他们会努力解读公寓工作人员的行为，以确定自己今年是否做得恰当。他们的主要解读方式之一，便是询问他们的邻居是否认识特定的工作人员；因为他们假定，其他住户对于特定工作人员的认识部分源自工作人员对该住户的特殊关照。住户们也知道，这是一个相对较弱的指标，只是实施起来比较简单。此外，每年分发的那些小卡片，也使人们可以更为容易地就奖金问题发起跟其他住户的谈话。

最佳的信息源自对门卫的观察。但观察门卫也会产生一系列新问题。对于门卫来说，奖金表明了住户之间的区隔，但门卫也会足够精明地制造模糊性，使其行为难以被解读，让无论给得多或少的住户都难以解读他们的行为。在讨论门卫之前，我们需要讨论一个有趣的创新，住户们不切实际的希望创造出了这个可以一劳永逸地解决奖金问题的新方法。就像依赖对于集体利益的承诺来获得成功的多数简单方法一样，这里的方法——引入合伙体制（pool systems），在多数情况下也是失败的。合伙体制失败的原因相对简单：只要有机会，住户就将会搭便车。或许有些奇怪的是，这里的搭便车不是不再合伙出资，而是给门卫更多钱——不过是在合伙制的范围之外。

合 伙 制

生活在同一个公寓内的住户，通常具有相似的社会地位。无论是位于财富分布和收入分布状况的顶端还是底端，这一相似性会使有些住户通过谋划一种合作性的给小费策略，来努力正面解决面前的地位博弈。结果，在有些公寓里，尤其是在合作社公寓里，住户一致同意把钱先放到一起，然后再根据商定好的分配公式，将这些钱分配给公寓工作人员。出租单元的经理可能也会寻求建立协作性的奖金合伙制度，以使他们可以惯例性地为工作人员分配正式奖金。有些门卫会说，他们并不喜欢这一制度，认为这一制度减少了其奖金的总额。实际上并非如此。一般而言，合作性奖金制度会通过提升下限而增加奖金的总额。奖金合伙制之所以不被某些门卫喜欢的原因在于，奖金的某些构成部分必须相应地被视为应纳税所得，因为这是公寓合作社正式组织收取的，因而会使奖金的实际所得减少大约25%。

合伙制的设计是为了使奖金合理化，减少住户的焦虑，将门卫服务与奖金额度更为明确地联系起来，至少在总体上将时间（在此是一年）和工作人员都联系了起来。通常情况下，奖金池是按照资历分配的（就像捕鲸船上发放工资一样）；但在有些时候，如果是由一个管理团体组织的话，也会以业绩为基础发放奖金。① 然而，合伙制通常都不会按照理想的方式运作。他

---

① 由于越过工作人员将各自出的钱放到了一起，管理方（或住户（转下页）

们当然不能减少焦虑。事实上，身处合伙制公寓中的住户似乎是最为焦虑的。① 首先，如果合伙出资的金额是由住户决定的，那么，他们就需要为合伙资金提供最低限度的金额。这个最低限度的金额基本上由他们自己决定，没有负责收钱的住户或经理会认为他们太小气。由于他们只能通过交谈来确定这个最低金额，因此，他们不得不经历同样的过程，跟他们不是合伙出资一样。如果为他们确定的是合伙出资额的范围（这是经常出现的情况），那么，住户就只会出规定的金额，而这一金额大多数时候都是最小公分母。合伙制设定了最低出资额，但它只是基准线而已。在基准线的出资额之外，住户同样有可能去努力将自己跟他人区分开来，去提升他们在门卫眼中的地位，并可能去感谢公寓工作人员，以便确保下一年受到良好服务。

但合伙心理是很复杂的。首先，合伙制形式通常会降低奖金的价值，对于门卫来说便是收入的减少。从形式的角度来

（接上页）们）就失去了将奖金作为一种明确的监控—奖赏制度来使用的能力。在饭店里，小费合伙制会在理论上赋予所有服务员以相互帮助的动力，因而会提升顾客满意度。鉴于如第二章所描述的那种随机性的服务员—客户流问题，合伙制可以被视为缓解暂时繁忙的一种策略，于是可以确保按照同样的优先服务方案来同时对待多名客户。但是，从门卫的感知来看，工作流太过于不平衡，以至于难以证明合伙制的正当性。

① 或者说，这也是内生性的一个经典例子。比如，众所周知的是，那些最担惊受怕之人——比如害怕传染性病或被谋杀，也是最不可能面临危险之人，就是因为担惊受怕会使人们选择避开危险的行为。如在性病传染中，那些从不采取安全措施的人最安全。就这里的合伙制而言，那些最焦虑的人最有可能会通过合伙制将时间和精力组织起来，表面上是为了他们的自我防御。但是，合伙制并不会阻止人们单独出钱。于是，那些担心他人通过内生性而获得优势（引入合伙制的原因）的人们，发现自己跟之前一样焦虑。由于我们假定只有真正焦虑的人才会付出精力去阻止合伙，因此，合伙制的住户感到焦虑的事实也许只是一种稳定状态，因而是内生性的，而不是被合伙制的出现所引发的。

看，可以思考一下这位住户的话，她的朋友生活在合伙制公寓中：

> 我最亲密的朋友生活在另一个有门卫的公寓中，但是，她往合伙资金里放了一张支票，这笔钱要分给每位门卫。我喜欢这个制度，因为我家和我都没有具体的额度。（提问：如果你的公寓有个合伙资金，你愿意给同样的金额吗？）我会给得少一些。我猜测我会少给30%左右。这对我们来说是一笔负担。

合伙资金的匿名性导致奖金金额减少30%。于是，在逻辑上可以得出，在她的意识中，奖金的30%是跟这笔奖金是她个人给门卫的这种社会压力相关的。虽然路易莎不愿意额外多给门卫一点（如果面临选择的话）——"我的公寓不是合伙制，我不会多给"，其他人则更少受到限制。事实上，他们想要给的更多，以便他们能够被凸显出来。

合伙的关键在于，很多人都会给两次，一次给合伙资金少一些，另一次则在此基础上多加一些。合伙制难以解决最初提出时希望它能解决的问题；相反，它可能强化了这一问题，也即，跟比没有实施合伙制的公寓相比，以合伙制为基础的公寓为何会平均给出更高的奖金。该问题是采取的是形式，是对于搭便车问题的某种扭曲性表现。住户会通过跟门卫达成私下交易（个人性的小费），打破他们为了防止住户之间相互损害来作为某种策略而达成的交易（或者是管理方为了使雇员之间在工作中能够相互合作而建立的交易）。

考虑一下生活在格林尼治村的简的话：

我努力做到公平，你知道的，他们经常会感谢我。我确实给他们小费，这肯定不是匿名的，我会把钱放到一张写有我名字的卡片内，你知道的，还有希望度过一个快乐的假期之类的祝愿。当搬到另一个公寓之后，实施的是匿名的合伙资金，我经常会在周六额外给那个人一点钱。

生活在上西区一个大型合作社公寓里的罗莉说道：

我曾经在费城住的另一个公寓，实施的是合伙制，让你把钱放到一个箱子里。我实际上不喜欢这样，因为我觉得，我给了钱，但他们却不知道是谁给的，我想要把钱直接给他们，于是他们就可以看到我的样子，知道是我给的；而把钱放到箱子里，就像是扔掉了一样。我会往箱子里放 100 美元，如果你想一下将有多少门卫分这笔钱，就知道 100 美元不算多；但对于经常见到的那些人来说，我会单独给他们一个信封。当需要他们的时候，他们当然会努力帮助你；他们会更卖力地工作了。

生活在下东区的一名年轻住户艾米，甚至更为明确地说道：

我们公寓有一个合作资金。要求我们给所有工作人员 50 美元。于是，根据工作人员在这里工作多久和他们的职位高低来分配金额。我不知道具体的分配过程。现在有 5 个门卫，一个搬运工，一个管理员，50 美元分到每个人手里不会有太多。所以，我经常会额外给每个人一点钱，由于是我给的，他们就会知道我明白他们对我意味着多大价值。

门卫当然喜欢在正式奖金之外再多收一点钱。奇怪的是，艾米（以及在奖金基础上再额外多给一点的多数其他住户）都未能认识到，公寓里的很多其他住户也在做着跟他们一样的事情，因此，当他们可能需要某项具体的帮助时工作人员会记得他们，或者只是展现出工作人员对他们有多重要。即使《纽约时报》都提到，搭合伙制之便车的机会是人们难以拒绝的，尽管他们至少会克制住公开支持这种做法的冲动。

有些人坚持个人亲自接触。乔治·戈勒姆是生活在曼哈顿大厦的一名医生，曼哈顿大厦是上东区上的一个有一条街长的公寓；戈勒姆会亲手交给公寓工作人员 25 张支票，而不是给一张总的支票让他们再去分。①

这种情况下门卫跟侍者没有太大差别，侍者一般更喜欢在饭店工作，因为饭店规定大桌子上的顾客要默认给 15% 的小费，以便起到兜底作用。公寓里面的老资格门卫会喜欢合伙制，不

---

① 克尔（Kerr），"假日小费"（Holiday Tipping）。

是因为合伙制可以兜底，而是因为合伙制提高了最低额度，但又不会改变形塑着公寓内奖金问题的微观机制。唯一的缺点是，合伙资金中有一部分一般被视为应纳税所得。结果，当额外补偿比未实行合伙制的基准大约多出 25% 时，门卫会按照合伙制拿钱。它总是固定不变，因为不受合伙成本的影响（如果不是自愿的，就按公寓平均收入计算），每位住户都具有微观动力去"额外增加一点"，以便表明他们对公寓工作人员的欣赏和感谢（或避免他们猜想自己可能遭遇的敲诈勒索）。

比如，上西区的一名门卫约翰说：

> 我们这个公寓里住着 76 户人，他们都会为工作人员往合作资金内放 100 美元。我们会根据资历分配所有钱。所以，我们不会拿到多少正式奖金。我们必须将这些收入报给国税局。但我们经常会获得更多，因为多数住户都会额外给我们每人一些钱——不过是偷偷的。当然，我知道谁给的，他们给了多少，因为我们知道他们想要我记住他们。

东区的门卫威尔逊，也表达了同样的感受。但也存在一点麻烦。合作资金的匿名性使其难以被看出是谁给的，给了多少，如果说有什么区别的话。

> 在这个公寓里，管理方会给一份年终奖。这不是圣诞奖金，而是年终奖。他们会从住户那里把奖金收起来，然后跟贺卡一起把支票给你。住户不是必须向管理方交钱，我觉得很多人都

没有交，但我也不知道他们是否真的给了。但住户有时候确实会给我们一份圣诞奖金，因而可以弥补一下我们从管理方那里拿到的那一点点奖金。我知道哪些人给了我圣诞奖金，但也许其他人向管理方交了钱，但我没有看到。因此，我们必须感谢每个人。

实际上，模糊性并非如此成问题。尽管威尔逊和其他人不能完全看透管理方，去弄清楚究竟谁给了或谁没给，但他们所知道的已经足够了，因为那些没有额外再给他们钱的人，不需要他们给予特殊的关照。

服 务 顶 峰

倘若住户确实给了奖金，从某种意义上说，美元价值是客观而固定的，但奖金**真正的社会价值**却是他们所不知道的。由于他们从其他住户那里听到的自己所给奖金是多还是少的信息很可能是不准确的，因此，如果没有公寓工作人员的反馈，他们就难以真正评估自己"给的钱是否足够了"。于是，住户会通过观察他们的门卫，去判断他们所给奖金的价值。就反馈而言，门卫会面临很多问题。首先，他们不想让自己看起来像是专属于某些住户似的，因而面对出乎意料地或多或少的奖金，其行为不太可能改变。第二，他们不想让那些多给了他们一点奖金的住户得出错误的结论。在此，得出错误结论——我今年给了恰当的金额——可能是服务没有任何改变或服务较差的产物。①最后，他们不想让给予较多奖金者认为他们给得有点多；但这种想要保持模糊性的欲望不得不受到某种平衡，因为他们还需要表明豪客"来对了地方"。这很像是走钢丝。总的来说，最好闭着眼睛走钢丝，也就是说，不要给予明确的答谢。

对于门卫来说，专业服务的双重意义使他们所走的钢丝出现交叉口。一方面，专业服务跟个人化服务紧密关联。另一方面，专业服务又跟坚持实施统一政策有关。这两种修辞框架使门卫公开宣称，奖金不会影响他们年复一年、日复一日地提供的服务。②通过在修辞上否认奖金与服务之间的关联，门卫们主张和声明了他们的职业距离，从而使他们保持着跟住户之间所确实具有的关系。这种主张意味着住户并不"占有他们"，不管是因为奖金极高，还是因为它非常之少。

或许，颇为反讽的是，节后对于职业地位的要求，受到了一年中行为变化的支持。如前所述，跟一年中的其他时期相比，住户们感到门卫会在圣诞节前变得更为热心。这种感知促成了

---

① 就像给的太多一样，人们可以轻易地看出，给得太少会给住户带来什么。假设有这样一个制度，门卫将奖金视为是对于上一年的奖赏，而住户将奖金视为下年服务的预付款。年终给的小额奖金也许会导致下年的服务较差，从而会让住户认为他们给得太多了。在犹如这样的任何延迟制度中，出现自我实现预言的可能都是很高的。

② 这是他们的一种真正感想，也就是说，门卫都说他们真的是如此；我们没有理由认为，他们跟我们说的话仅仅是策略性的。顺便一提，我们也没有理由认为，真正的感想就不会是策略性的。总之，我们在商业中所说的策略或战略管理是对被管理之人的自我利益产生影响以便使他们的行动符合单位目标的管理。就我们这里的情况而言，服务的提供在专业角度跟奖金没有任何关联这个真实感想，跟门卫想要提升其报酬的切实利益具有某种亲和性。

住户们的如下态度：门卫正在偏离他们的专业要求，表明服务与奖金之间存在某种关系，而每个人都知道这一关系"即将发生"。生活在中西区一个中等规模公寓中的住户比尔认为，门卫行为的变化是如此明显，以至于有些令人尴尬。

过了感恩节以后，门卫们就开始装饰公寓，挂起彩灯。他们甚至大幅改变了他们的风格。比如，此前拿到一个包裹，他们会把它放在大厅的大桌子上，但在圣诞节前，他们却开始亲自将每个包裹送到每家每户。很显然，他们想要你多给他们一点奖金。暑假的时候他们去哪儿了？他们觉得我们很愚蠢，好像我们的记忆都很短暂似的。

但服务好不好，亲自体验过就知道。比尔想要给一份"相当好的奖金"，因为不管门卫在假期期间额外做了什么，"他们在一整年中的工作实际上都是很努力的"。

跟其专业要求相悖的同样可能的情况是，人们认为，门卫会利用圣诞节前的一周来表明，他们可以跳出其专业角色，因为他们跟特定住户拥有某种特殊关系。他们对于专业角色行为的要求和主张，会使他们做的任何事情都具有一点点不同寻常的"特殊意义"。节后发生的事情就是对此的检验。如果实际运作的模式是仅仅因为奖金而加强服务，那么，在假期之后，服务应该就会有所降低。如果门卫认为他们的住户真的就像小鸡（只有两周记忆的动物）一样，那在假期后，他们就应该理性地取消额外服务，因为这样做已经不会在随后的奖金中产生红利了。然而，他们没有取消。事实上，多数住户如果观察到什么情况的话，那这种情况就是，门卫在圣诞节之后增强了他们所提供的服务，他们会在一段时间内保持更为强烈的个别关注。

嗯。最重要的是，我知道我的奖金"发挥了效果"，因为我获得了更好的、更快的服务。前几天，我问管理员是否有木胶，有的话，借给我修一下地板上破裂的地方。第二天早晨，木匠就来了。如果我没有给他一笔很大方的奖金，他可能只会告诉我他们使用过什么类型的胶水。

那些给了较多奖金的住户，会将门卫服务在节后达到了顶峰这一事实，视为奖金带来的后果。这是一种自我实现预言。这些住户也不会这么容易就得到安宁。在这一时期，门卫会显著地提升对于所有住户的服务。对于那些给了较少奖金的住户来说，服务的顶峰正好说明，圣诞节前显著提升服务实际上只是专业行为。通过不降低其服务，门卫可以为此前行为做好收尾工作，从而可以将圣诞节前的提升服务视为只是在"做好他们的工作"或者"在表达节日气氛"。只要"回落"到常规服务的速度比较缓慢，门卫就可以对奖金的实际意义维持某种模糊性。使这一点得以可能的，正是专业地位要求的不寻常内容。

当其他群体要求获得专业地位时，最为简单的基础便是坚持一系列规范，这些规范可以确保面对不同人做出同样的行为。

医生认为其规范可以确保他们在表面上对不同社会阶级的人提供同样的医疗服务。图书管理员会向所有人提供参考咨询服务，哪怕人们的要求是不同寻常的。交警应该给所有的超速司机贴罚单，而不是只罚那些顶升汽车（jacked-up cars）中的司机。基本的想法是，医疗服务、图书咨询、警察工作都应该是统一的，不管遇到的是什么类型的客户。相比之下，从事门卫工作则意味着，工作内容是随着不同住户而变化的。门卫工作意味着了解住户的喜好，提供住户喜欢的服务。由于对于专业地位的要求是提供某种特殊服务的关键，因此，门卫在追求某种特殊奖赏（奖金）的同时，不会冒着丧失专业地位或成为给予奖金者的"家奴"的风险。但是，他们要这么做，就必须否定奖金的意义——而他们确实是如此做的。

在谈论奖金问题时，上西区的一位门卫克里斯说道：

> 是的，他们获得了名单。他们要名单的原因是，他们想在出去度假之前给你钱，或者给你个信封。所以，这就是他们基本上做的事情。我猜，他们对此感到满意，作为总裁，他们喜欢这样的想法，他们不必总是给你小费。根本不会有人对他们不满，因为对有些人，他们给了很多钱。门卫会拿到很多钱。说到金钱，有些门卫在圣诞节时可以拿四五百美元回家。一名主要门卫可以往家拿七百美元。他们完全不会抱怨，我的意思是说，对于那些人，你知道的，他们很关照你，他们给你钱。反正，你懂的，我是不会有任何抱怨。我在这儿只是提供服务的；他们不必给我任何东西。这是我的工作；我每周都有工资，

你知道的，我很高兴。他们真的不必给我任何东西，你知道的，这就是我的工作内容，我在这里就是来提供服务的。

不管奖金多么地少，门卫都不能拒绝。就像在饭店里，顾客会通过给非常之少的小费，来表示他对饭店服务的不满（以此表明他们知道惯例，但却通过给予象征性的一点钱来违背惯例，比如给五分钱或一角钱）；住户同样也会把一个装着一两美元的信封，交给那些他们发现服务很差的门卫。正如弗兰克所说，这没有关系：

我会记住你，你什么都没有给我，但如果他们什么都没给你，那说明你一定做了什么事情，或者发生了什么事情，使他们一点都不想给你。通常情况下，人们都会给一点，哪怕只有十美元。他们开除过一两个家伙，因为当人们给他们诸如信封之类的东西时，他们不想要，又把它送到了楼上，所以，他们就因为这个事情被开除了。无论如何，你都必须收下。即使只是一美元，你也必须收下。

这些门卫所犯的错误是并未否定奖金的意义。正如弗兰克所言，正确的做法就是只管收下。然而，只管收下并不等同于只是说谢谢。仅仅只是收下而已。门卫面临的困境是，他们需要处于提供个人化服务的位置上，以便正当地期待一份奖金。因此，他们需要培养他们的住户，使其感知到他们所提供的一般服务是个人化的，或者使其发展出他们自己的偏好。要最容易地理解这一点,最好去看看门卫是如何培养公寓的新来者拥有偏好的。除非门卫可以培养出新来者的偏好,否则他们将遭受损失。① 正如菲利克斯所言:

> 当有人新搬进来时,我们必须判断,如果有人来拜访他们,他们是否希望每次都通告给他们;如何处理他们的包裹;他们是否需要建议,等等。他们甚至不知道我们大多数时间在干什么。我得花费很多时间去告诉他们,我不会做这个或那个,但我还会告诉他们:如果你有什么需要,跟我们通常做法不同的话,尽管吩咐。

菲利克斯以及其他门卫都面临的问题在于,为了提供专业服务,为了维持他们对于专业地位的要求,他必须提供个人(化)的服务。如果住户没有发展出自己的偏好,或者更准确地说,如果门卫没有能够使其住户发展出自己的偏好,门卫就难以提供他们所想要提供的那种服务。在此,有关何时集中处理垃圾、提交维修申请时是否需要填写表格、如何接待客人

---

① 新来者会在奖金的可解释性方面造成其他问题。纽约市的新来者似乎不认为他们必须大方地为服务给小费,他们完全没有意识到给奖金的传统。如果一个人没有在纽约市生活上大约一年多,他很少能够完整理解奖金问题。新来者经常会因为给予不恰当的高额奖金而被凸显出来。一个活动家游说团的主席凯瑟琳(Kathryn)在 10 月份从华盛顿搬到了纽约,她说:"我听说,那些帮我搬进来的人会期待给他们 400 美元的小费。所以,我给了管理员 80 美元,尽管他们什么事情也没干;每次搬更多家什进来时,给每位门卫 20 美元,如此等等……"如此慷慨并无多大意义,因为有些门卫可能只是将新来者视为等待被宰的羔羊。即使对于门卫来说,慷慨的礼物在参照系之外没有什么意义。如果参照系是新来者的话,那他们不是一点都不给就是给得很多。

等问题，每个公寓都会有自己的规范和规定；这些规范和规定为个人关系的产生提供了基础，因为特殊服务的提供必须在每个公寓所限定的既定约束和机会范围内产生。在所有公寓里，对门卫的正式要求都是用敬称称呼住户：先生、医生、女士、小姐等，但门卫们很快就会了解到，哪些人希望得到更为个人性的称呼，反讽的是，使用非正式称呼却是关系更为职业化的标志。同样，如前所述，门卫会帮助他们的住户发展出对于通告访客到来、接收快递送来的食物或录像带等事情的偏好。形成偏好的过程是长久而复杂的，这正是门卫（以及住户）很少换地方的原因之一——因为双方都会将他们所形成的特殊关系视为独一无二的——这就为住户流动制造了障碍，并承诺对长期任职的门卫给予日益增加的回报。

门卫也会出于更为实际的理由，利用规范和规定来为不同住户提供不同的服务——帮助那些友好的住户，或妨碍那些他们认为是混蛋的住户。比如，菲利克斯不能告诉他的住户其配偶是否在家，因为他的公寓并未要求他特别留意每位住户的进进出出；但罗伯托却会这么做，尽管并非公寓内的所有住户都知道他们的进进出出被完全记录了下来，或者不会使用这种信息。[①] 然而，他有时候会想象他们这么做，或者想象如果他们知道这是可能的话，他们将会如何。比如，在这个例子中，罗伯托设想，他对于住户进进出出的密切留意，已经帮助到了他所

---

① 令人惊奇的是，在惯例性地收集这些信息的公寓中，并非所有住户都知道他们被严密地监控着；如果他们认识到有关他们的此类信息被收集了起来，他们很可能会感到不快。

喜欢的一名住户。而他是否真的帮到了该住户，则是另一个问题。

于是，一旦某先生很早回来吃午饭，我就会知道他的妻子是否把其他家伙带到了家里，因为我可以在这个列表上看到他们，就像这样去看。所以，他询问他的妻子是否在家。因为他是个好人，我说不在，她刚刚出去了，他也会离开，因为她并不在家。有些其他人则是混蛋，我绝不会为他们做这些，我只会说，"是的，她在家"，让他们自己去解决。

瑞奇也会根据提供必要的服务还是提供偏好性的服务，来对住户做出区分。

你看，你不必做额外的工作，你只需要做好你必须做的事情。比如说，如果人们没有看包裹清单，去看看是否有他们的东西，我就会过来告诉他们（有东西）。但如果有人一个月又一个月地不断给我制造麻烦，我就会让他自己找——这正是我们列出清单的原因。而他的东西可能会在那里放上一两天。我不是必须告诉他。你仍然在做自己的工作，但你不必做那些额外的事情。

照章办事是门卫训练其住户的一种方式，如果他们没有给足恰当奖金的话。照章办事背后的明确要求在于，统一的政策确保了专业化的服务，也即不做区分的区分，尽管门卫们都知道，他们的职业地位源于他们所具有的关于住户微观偏好的、特殊的地方性知识，不管这些微观偏好是如何被建构起来的。结果是，如果门卫照章办事，服务的提供就是严格按照规定执行的，维护了他们不是为奖金而工作这种修辞，而同时又规训了那些应该知道如何做更好的住户。需要注意的是，那些不知道如何做可以更好的住户，也就是那些只是希望门卫照章办事的住户，无论如何都不可能是那些给大额奖金的人。正如杜兰所言："你很少会严格照章办事，因为完全照章办事会很愚蠢。"

从奖金方面来看，照章办事在策略上是愚蠢的。它在实质上也是愚蠢的，做出糟糕决定的门卫将面临失去工作的危险，即使他们是照章办事；或者，更准确地说，因为他们是照章办事。下面的例子足以说明这个一般观点：

> 这里有一名工作人员，他经常值午夜 12 点的班，但他被开除了，因为管理员给我们制定了规范，我们必须遵守那些规范，而规范规定：当值午夜 12 点的班时，不能离开你的岗位。但楼上发生了一个偶然事件，一个紧急事件，有人摔倒了，伤到了自己，他们叫了救护车，他们吵闹到了门卫那里，而门卫说："你看，我不能离开我的岗位。"他说："是的，但我希望你能让救护车上的人到后面去。"他说："好吧，当他们到了这里后，我会这么做的。但我真的不能离开我的岗位。把你儿子送下来后，我会帮忙。"就我的了解，他把儿子弄下来后，确实去帮忙了。但他们想要通过后面的货梯。而他是不应该这么做的，这也是我们的规定，不要在午夜 12 点运行后面的电梯。然后，他

确实这么做了，但担架不适合从后面通过。所以，当然，他不得不回来，从前面走。有位女士抱怨说，他花费了太长时间，他给他们增加了烦恼，因为他根本不想去帮忙，他被开除就因为说了一句："不，我不能离开门口。"严格来说，确实如此，这是规定，你不能在半夜离开门口。我会这么做吗？如果我当时在门口。不。我不会。到那时，我才不管我的老板说了什么鸟话。他们是住户，他们付给我薪水。现在他们遇到了问题，我会跟他们说："好的，我去帮你。我马上上楼。我会离开门口。"

小　　费

有些门卫还会在一天中收到少量小费。当然，没有住户会因为门卫为他们开门而给小费，但对于其他小事，他们却可能给小费。于是，带着行李、度假归来的住户，也许会因为门卫帮忙将行李从街上搬到公寓里或将行李搬到储藏在里屋的行李推车上而给他们一点钱。同样，住户也可能会因为门卫帮他们叫出租车，帮他们看着违法停在门口的车不要贴上罚单，或帮忙看着在大厅或楼前街道上玩耍的小孩子而给点小费。这些活动并不是标准工作描述中的部分，因而住户会将其视为常规工作之外的事情，尽管如我们在第二章中所看到的，对于门卫来说，这些事情也是惯例。与此同时，尽管是门卫工作的惯例，但并非是对每位住户都是惯例，因为并非每位住户每天都是度假归来，但对于在一个拥有 150 个单元的公寓中工作的门卫来说，迎接度假归来者却是每天都有的体验。这一事实会导致两者对于何为一天当中的常规事件的感知产生不对称性，于是，二重性的感知会导致规范的模糊性。很多住户都是通过给小费或试图给小费来应对这种模糊性。总之，门卫们说，住户单纯因为"门卫的分内之事"而给小费（1 美元左右），会让他们觉得不适。事实上，多数门卫都说他们会拒绝住户给予的小费。比如，唐纳德说：

> 我们的住户不多。但他们都很慷慨。在一年中间，他们不会给小费。我以前工作的公寓，一年中间是给小费的。在这里，他们不给小费。（如果你帮某个住户叫出租车，他们会给你钱吗？）你不能收小费。我认识他们，你知道的，都是私人性的关系，如果收小费就会感到好笑，因为我不习惯于收小费。如果他们给的话，（我会说）"不，不必"。我的意思是，这有多少钱，一两美元？尤其是，你知道的，那个人在圣诞节时对你很慷慨，你怎么还能再收他小费呢？才一美元而已。

菲利克斯对此深感共鸣，他描述他工作的公寓中的情况：

> 对，这个公寓很好，我的意思是，这不是一个经常给小费的公寓，但你可以更为真诚地说话，因为他们也会跟你聊很多。他们会下楼来。如果他们订了食物，可能也会给你订一些。

从某种现象学角度来看，门卫们体验到的问题是，如果接受住户给的小费，就会有些尴尬。小费对他们生活世界的两个方面构成了挑战。第一，它将住户与门卫之间的社会距离铭刻到了大厅之内，更加坚固地将不平等注入了他们的关系之中。给小费发生在对一个特定行动做出回应的某个瞬间或某个特定时刻。通过给小费，住户将服务的接受界定为结束。小费会终结关系性。第二，因为门卫通过做出某种不同寻常的地位要求来架通这段距离，提供某种特殊的个人化服务作为其职业生活的一部分，那么，如果在正式岗位描述的界限处，为这些服务给小费的话，将会削弱其地位要求的正当性。这么做的结果是，门卫们的自我感和地位感的核心基础会被侵蚀。于是，门卫可能会倾向于避免直接拿小费，尽管他们最终也想往自己口袋装更多钱。有很多方式可以避免直接拿小费，直接给小费可能也会让住户感到不安，因为门卫们持续不断提供的服务使他们关系更为紧密，以至于难以轻松自然地给小费，这会使门卫像酒店中的那些搬运行李的匿名工人似的。正如克里斯所言：

他们会放到我的口袋里。你知道我的意思吧？我不会直接从他们手里拿钱，但当我挨着门口时，他们就会把钱放到我口袋里，或者当我回来时，我会看到钱在那里。

在这一情境中，值得注意的是，哪里的社会距离最大，小费给的最少，那么，年终给的奖金就越多。哪里的社会距离最小，住户就会更为频繁地通过为他们受到的微小服务给小费，来消解他们的社会优越性。门卫不会将行为上的这种变化视为社会距离本身。相反，门卫会运用一个更高的给钱标准，来区分新贵和旧富。跟旧富相比，新贵更感到不安全，因而会更经常地给小费。但是，他们这么做可能也是为了凸显出自己，因为他们跟门卫之间的距离并不如看起来那么远。正如伊恩所言：

> 这完全取决于不同的社区。这个小区是曼哈顿最好的社区之一。当我在另一个公寓当门卫的时候，那里是个年轻人聚集的地方，所以你会获得更多小费。在那里，我通常会在周日拿到大约八十美元，一个周日就是一百美元，而在这里，我就拿不到那种小费了，或诸如此类的小费。这个区域主要是那种老的有钱人，不能跟上东区相比，上东区是新有钱人到处撒钱的地方。在这里，他们会紧紧握住自己的钱不放。我不是说他们缺钱或什么，而是说他们是那种小气的人，也不是小气，他们就像是……不像是我之前工作的那个地方的人。那里的人总是给你小费。这跟区域有很大关系；区域是主要因素。格拉梅西，那里的人都比较贵气，他们也很有钱，但他们花钱的方式却完全不同。

小　　结

由于奖金构成了门卫工资收入的重要部分，因此，门卫会对它相当看重。但是，因为它是一年一次，因而他们很少将其看作他们年薪中的一部分,在这个意义上,他们并非为了奖金而工作。相反,他们为了薪水和累积更多加班时间而工作。在现象学意义上,奖金被体验为某种奖金。这使他们可以十分严肃地宣称,他们不是为了奖金而工作的。同时,他们确实为住户而工作,他们根据住户的品质对他们进行了区分。有些是混蛋,有些是好人。混蛋很少会给予值得看重的奖金,他们享受的服务只是所有住户都享受的服务,也就是说,门卫没有给予其"额外服务"。这些住户通常会将其门卫视为闲散之人和无用之人。但是,他们将门卫在公寓里的角色看成是无足轻重的,主要是提供安保、通告客人来访。相比之下,在门卫的培养下,就门卫可以为他们所做之事而言,多数住户都形成和明确了自己的偏好。门卫们通过把这种特殊主义转变视为其工作的基本构成部分而将其正当化,这就为他们对于专业地位的声索提供了基础。门卫们需要在成为住户的"奴隶"(也就是受制于他们的一时兴致)和奉上惯例化的服务之间小心行事。奖金为共同承认该工作的专业性质提供了一种机制,但反讽的是,作为一种礼物的奖金,显然使门卫沦为住户的债人。然而,门卫又将局面扭转了过来。门卫们拒绝将奖金视为对于下年服务的预支付,因而他们在圣诞节之后立刻提升了其服务水平,不管是否给奖金。他们借此表明,圣诞节之前的提升服务只是住户们的想象而已。

跟公寓里的其他任何人相比,住户都对奖金问题感到更多的焦虑。他们想通过限制其他人给的奖金、最终使自己位于或接近于奖金总体分布的顶端,来缓解其焦虑。他们通过向他们的朋友和邻居提供假信息，来进一步达到自己的目的。即使他们一致同意，通过设立合伙制来集体性地分享负担时，他们也是相互欺骗。他们之所以这么做，是因为他们想要门卫喜欢他们。他们想让门卫喜欢他们，让门卫们持续不断地好好对待他们。但是，他们又担心门卫们对他们的事情知道得太多。在心理意义上，奖金重新创造出了门卫和住户之间因为特殊服务的"职业性"接近而被消除的社会距离。奇怪的是，如果门卫一直照章办事，那么，他们将不会接近其住户，因而奖金的潜在功能，也即重新创造出社会距离，也就无从谈起了。

第七章 工会

第七章 工 会 | 319

门卫：不行，在罢工期间，你不能让干洗衣服送上门来。
住户：那么，我怎么拿我的干洗衣物？
门卫：你去你干洗衣物的商店，然后自己取回来。
住户：（满脸狐疑地）我还能这么做？
——罗恩·亚历山大，"都市日记"，《纽约时报》1977年4月30日

经理和门卫在工资与合同谈判方面，都保持着强硬立场。报纸上开始刊登一些即将出现罢工的可怕预兆。谈判各方的立场都越来越强硬，似乎不可避免地会走向罢工。随着罢工即将来临，门卫在帮助他们的住户做好最坏的准备。他们一遍又一遍地检查电梯，以确保它们运转良好。他们花费额外时间，去把铜制装饰擦亮，把每个楼层打扫干净。他们向其住户表明，他们是多么认真地照看大厅中的植物、处理包裹和邮件、清除录音监控器中的录音带。他们努力工作，以便确保住户——住户们已受到培训以取代门卫——将不会遇到任何不便。住户也会特地向所有门卫表明，他们会100%地跟他们站在一起。他们组建委员来会对门卫缺席之后的公寓进行管理，并为警戒线前的门卫提供咖啡和甜甜圈。他们为拥有家庭和小孩的门卫集中提供生活物品。门卫和住户都感到，门卫们"必须上街罢工"

是多么令人悲哀。在什么地方，工人会帮助和支持那些在他们罢工时接手他们工作的工贼呢？在什么地方，工贼会为警戒线前的罢工工人提供咖啡和甜甜圈呢？门卫和住户之间为何会形成这种奇怪的合作，这是如何可能的？这是第一个疑惑。第二个疑惑也跟这种奇怪的合作有关。门卫的工资和福利是非常高的。那么，在门卫几乎没有任何结构性力量，而罢工威胁又因为他们努力减少其住户的不适而几乎被完全削弱的时候——人们或许会因为罢工对腐败的威胁而认为它是有效的，其工资和福利为何还会如此之高？本章正是要回答这些问题。我们对这些问题的回答采取了一种迂回路线，需要首先讨论代表门卫的工会的历史。①

32B‑32J

多数门卫都是美国劳工联合会服务业雇员国际工会（SEIU‑

---

① 本章主要关注的就是这两个问题。但为了理解住户和门卫为何一起对抗管理方，我们需要首先理解，门卫在历史上为何能够跟他们的工会保持距离。32BJ 的腐败导致其成员放弃了不过只是名义的成员资格。结果，工会似乎是令人疏离的，工人就被疏离在工会之外。如今，跟工会希望门卫对它们的了解程度相比，门卫对其工会的了解是很少的。在一定层面上，这表明工会在为其成员提供保护、工资和福利方面，做出了了不起的工作——跟过去相比，现在做了更多工作。但在另一层面上，这意味着，在重新界定工会在其成员生活中的作用方面，32BJ 的新一届领导正面临着一场持久战。反讽的是，32BJ 的部分问题，同时也是他们在历史上的优势所在——较长的平均任期。对于格斯·贝沃纳（Gus Bevona）腐败时期工会中的门卫们来说，他们也许需要用很多时间，重新学习劳动的好处。于是，本章的涵盖范围相当广泛。尽管理解工会如何看待门卫也很有趣，但在此，我关注的只是门卫如何看待工会——因为正是他们的想法形塑了他们与住户之间的关系，并使我所观察到的特定安排得以可能。

AFL）32B‑32J 分会（后面将其简称为 32BJ）的成员，该工会代表了大约三千个曼哈顿公寓和商业办公楼中的将近七千名门卫。① 服务业雇员国际工会中的很多最为重要的劳工领袖，都曾跟 32BJ 有过关联，其中便包括美国劳工联合会（AFL）的前任主席约翰·斯威尼。对于一个在历史上各种劳工运动中代表名额很少的小小地方分会来说（相对于制造业），32BJ 在全国劳工运动中具有不同寻常的重要意义。32BJ 分会还赢得了全国最腐败分会之一的臭名。这两个事实并非完全无关。

然而，就像多数工人一样，在工资收入、就业条件、福利待遇等方面，门卫们在历史上因加入工会而获益不少。跟多数工会一样，对于门卫来说，32BJ 似乎在他们的日常工作生活中扮演着微不足道的角色。这一感觉作为一项指标，说明了工会在保护工人的时间和工作条件方面是成功的，尽管提出这一主张，意味着我们运用的是一种特殊的反事实逻辑。在此，比如，我们会思考，如果没有工会，那么，工人将不得不在如此差劲的条件下工作如此长的时间而所获却如此少，又没有权威的专断实施所确保的很多保护。在这种意义上，就像父母一样，工会也许会认为，如果工人没有觉得他们受到很差的对待（就像孩子），那就说明它们做的工作很不错。因此，门卫很少想到工会也许可以被解读为一种积极的陈述——工会始终在为其成员提供服务。这一观点确实有一定的正确性，因为考虑到 32BJ 在

---

① 并非所有工人都是门卫。该工会还代表了清洁工和电梯操作工。后面将会讨论住宅公寓门卫和商业大楼清洁工之间的分歧。

劳工运动中的结构性力量，它能够为其成员确定相当了不起的合同。

在工人被组织起来的历史中，跟服务业部门相比，采掘业（比如采矿）和制造业部门的工人更容易被组织起来。这有很多原因。首先，采掘业和制造业工人具有很大的结构性力量。当然，当车辆制造厂的工人上街罢工时，他们会停止制造车辆。但是，他们还会导致下游的工业部分中出现严重的生产问题，这些部门中的产品是便是制造车辆所需要的零件。同样，一个大型玻璃制造厂的工人罢工，也会导致上游部门的重大问题，比如汽车行业、家居建材业等。上游和下游部门之间的这种联系，就使工人具有了很大的结构性力量，因为从某个部门中撤出劳动力，将会对其他部门的经济命运造成重大影响。以联合所有、联合投资、共享董事会成员等形式出现的资本整合，意味着某个工业部门中的工人罢工将会威胁到人们在其他部门中的利益。于是，某个工业部门中的工人罢工会在整个系统中进行渗透，包括对表面上看相距甚远的那些部门产生多米诺骨牌般的影响。在这种意义上，人们可以认为，由于身处上游和下游商品交换网络的核心位置，而使工人在整个系统中具有结构性力量。正是因为工人具有潜在的结构性力量，工会才能通过罢工威胁（或实际的上街罢工），让管理方在剥削方面做出更加实质性的让步。于是，相对于结构性力量有限和罢工威胁受到轻视而言，工人们就可以相对很快地看到加入工会所带来的好处。门卫们则缺乏这种显著的结构性力量，我后面将会讨论这一点。

第二，采掘业和制造业部门中的工人会将他们自己视为工人——即使在美国，阶级很少会结构化地影响人们的日常谈话或自我认同。各种工作条件在很大程度上意味着，他们的相互矛盾的各种活动意象——作为职业人士、作为白领工人等等，是不容易得到维持的。装配线上的工人不能自由地对他们的工作做出任何决定，他们是按照固定时间表生产产品，而时间表中的工作节奏是管理者决定的。于是，他们将自己的工作视为跟自己异化的东西。对比之下，很多服务业工人看待其工作的方式则相当不同。只有那些疲惫厌倦的老师才会将其学生视为是跟他们相疏离的，视为以某种统一方式进行生产的产品。同样，大公司的行政助理更有可能感到，他们在控制着自己工作的节奏和强度，而他们的控制源自他们自己的自由判断。因此，这些服务业中的工人通常将他们自己视为职业人士，拒绝将工人标签贴到自己身上。相比而言，快餐厅中煎汉堡肉饼的人、打印室的打字员和快递室的收发员等人的工作则是惯例性的，不能自由决策的，因而更可能会将其劳动体验为异化。当工作不是被视为自我的构成要素，而是为了吃饭（因而在工作之外拥有一种自我），那么，人们就会将自己视为一名工人。这种自我观念为工会的组织提供了机会——当人们将自己视为工作的时候，要将他们组织起来就会更为容易。门卫则拥有很大的自由决策权利，经常将自己视为专业人士。于是，我们可以料想，其工会就会较弱，至少就其发出一次有效罢工威胁的能力而言。然而，实际却并非如此，我下面会讨论原因何在。

最后，尽管采掘业和制造业部门中的去技能化相当明显——毕竟当所有劳动力具有互换性时管理方会收益颇多，因而任何一个人都可能被其他人所取代——但有些服务业部门中的去技能化却更为明显。公寓行业中的所有工作几乎都是如此。对于清洁工的技能要求是很低的，在表面上，对于一名行李搬运工，甚至对于一名门卫的技能要求，都是很低的。总之，在工人很容易被其他求职者所替代的地方，工会都会很弱，因为罢工威胁很容易就可以通过雇用工贼来予以反制。

在这种背景下，令人疑惑的是，32BJ 至少是拥有一定重要性的。一般来说，要把结构性力量似乎有限、在技能方面可以被轻易替代、并往往不将自己视为工人的工人组织起来，既比较困难，也难以为其成员谋得实质性好处。人们可能会认为，32BJ 能够为工人提供实质性好处，是因为 32BJ 无需面对制造业和采掘业部门中的劳动力面临的最重要威胁之一——关闭工厂、移到海外。这一观点显然存在一定正确性，因为住宅公寓的经理不能只是因为玻利维亚的劳动力成本比较低廉，就做出决定，将他们的门卫派到玻利维亚的公寓中去。但是，还有更多其他原因。看出这一点的最简单方式便是认识到，代表其他公寓工人的其他地方工会似乎都很少能够为他们的那些并不面临因工作机会移到海外而面临失业危险的工人（就像 32BJ 的工人一样），提供实质性的好处。为何 32BJ 为其成员所做的功能是成功的，而其他地方工会却是失败的？对于这一问题，有很多可能的答案。第一，这可能是腐败的代价。第二，在纽约，门卫行使着不同寻常的权力。第三,正确答案往往更为复杂。为了得到正确答案,了解一些背景将有很大帮助。因而下面论述的出发点,便是回到过去的顶楼公寓。

顶 楼 公 寓

如上所述,32BJ 代表着多数门卫。从 1983 年到 1999 年,32BJ 受到格斯·贝沃纳的控制,他是一个隐居型的领导人,生活在一个豪华的 3 000 平方英尺的顶楼公寓之中,该公寓位于美国大道,正好在坚尼街北边。① 贝沃纳被迫搬走后,这座顶楼公寓对公众开放,即使按照纽约市的标准来看,它也是举世瞩目的。在厨房中,有 7 个不锈钢冰箱,一个双层烤箱,一个独立灶台,40 个白色壁橱,以及用于准备食物的必要岛台。贝沃纳也许对大理石生意有自己的兴趣。据《纽约时报》报道,那里"大理石多得可以搬空一个采石场";几乎对于顶楼公寓的每次描述(人们可以发现有很多),都关注对大理石的迷恋。两个浴室的墙壁、柜台和地板都是大理石砌的(大理石淋浴间配有两个蒸汽房),一直通到两个更衣室(其中一个装有 20 英尺乘以 6 英尺的镜子,另一个则配有内置抽屉,两个更衣室内都有 3 个雪松壁橱)。在其他的某些房间内,地板也是大理石的(还有

---

① 实际上,贝沃纳经常否认将楼顶公寓作为其主要住所来使用。他还拥有一个超过 5 000 平方英尺的水滨住宅,位于纽约市的巴比伦,其中有游泳池、装有空调设备的船库、热水浴池。跟楼顶公寓相比,这里的生活是俭朴的。

的房间内,地板和墙壁都是红木的;包括一个 8 英尺的内置红木酒柜,其中有两个冰箱;一个 9 英尺的红木家庭娱乐中心,其中有三个录像机和一个 32 英寸的电视),里面的更衣室柜台也是大理石的,四个会议室中的桌子也是大理石的。就像罗斯·佩罗一样,贝沃纳喜爱技术。他拥有升降咖啡桌、下降窗帘(遮住家庭娱乐中心)和监视其雇员的各种小器械。在他的 35 乘 40 英尺的办公室内,就在碎纸机后面,他安装了 12 个电视监控器,这可以使他在自己的公寓内监视下属(其公寓也是归工会所有,用 1.97 亿租了二十多年)。然而,贝沃纳干得很好,大约每年可以赚到 53 万美元(大约是一名门卫收入的十倍)。贝沃纳生活得很好,但很少有人知道究竟好到什么程度。他看重自己的隐私,很少在公共场合抛头露面。① 五年前的 1996 年,在被免职前的最后一次公开露面中,贝沃纳说自己的收入是正当的,因为他使工会成员获得了最高的收入,让全国公寓服务业的所有工人都获得了最佳收益。

在贝沃纳因卡洛斯·古斯曼所发起的一系列法律挑战而被推翻后(持有异见的劳工律师阿瑟·施瓦茨为古斯曼提供了帮助),这个顶楼公寓才最终被揭露出来。古斯曼是一名在世贸大厦工作了 28 年之久的行李搬运工,他将自己 20 世纪 90 年代的大多数时间都用在了控告贝沃纳这件事上。这场冲突始于 1909 年,贝沃纳在当时提出给自己增加 25% 的薪水,并通过增加会

---

① 即使那些跟贝沃纳很接近的人也很少看到他;比如,在他的办公套房中工作的两个执行秘书,决不允许进入他的私人办公室。

费来为自己涨薪。面对古斯曼的挑战，贝沃纳雇用私人侦探（经常被描述为工会打手）对古斯曼（以及跟改革运动有关的其他普通工人和要求建立一个更好工会的成员）做出了一些肮脏之事。正如古斯曼所说，当工会雇用恶棍监视他的公寓之后，他不得不每天晚上都到不同的朋友家里过夜，从而不会在一个地方连续睡两个晚上。但古斯曼说他们并未被吓到。因为他来自厄瓜多尔，早已习惯于遭受政治压迫："（那里的）士兵有枪支和子弹，而我们却只能向他们投掷石头。"①

不管是否被吓到，古斯曼的起诉却成功了，并因工会领导人侵犯其权利而获得了 10 万美元的赔偿。故事或许就要在此结束，而贝沃纳将可以继续占有其顶楼公寓，只可惜施瓦茨发现，贝沃纳竟然用工会会费来支付费用，其中有施瓦茨所赢得的 40 万美元代理费和贝沃纳在不成功的应诉中所累积的超过 100 万美元的律师费。在关于工会的一本"历史"书上面，工会投资了超过 60 万美元，这进一步加剧了事态。这本书用了大量篇幅称颂贝沃纳，批评异见分子（该书免费送给了 32BJ 的 6 000 名会员），因而导致古斯曼和施瓦茨再次提出了起诉。在这次起诉中，他们要求返还 2 400 万工会资金，他们认为这笔钱被不当地用于支付诉讼费用和那本书籍。最终，一系列诉讼的失败，导致贝沃纳被扫地出门。但这耗费了很长时间和连续的诉讼过程。直至服务业雇员国际工会（SEIU）被禁止支持他的抗诉和工会律师被禁止接手这个案件之后，贝沃纳才彻底完蛋。最后一根

---

① "本地工会主席获得退休补偿金"（Local Prez Gets the Porkchop Parachute）。

稻草可能是美国劳工联合会—产业工会联合会（AFL—CIO，简称"劳联—产联"）站在贝沃纳的立场上向法庭提供的一份非当事人意见书，该意见书指出，如果法庭认为工会领导人负有个人责任，那么"接踵而来将是对其他工会内部事务所造成的严重后果"。①

这份意见书并不是那么令人惊讶，因为"劳联—产联"的前任主席约翰·斯威尼此前曾任 32BJ 的主席，并在 1986 年到 1999 年期间一直从该地方工会拿着大量薪水，但却并不从事具体的服务工作。面对注定的失败和巨额诉讼费用，在斯威尼的批准下，贝沃纳优雅地拿到了一份 1500 万美元的退休金，离开了顶楼公寓；一名工会代表坦言，这个顶楼公寓是个"奇怪的地方，既不完全是办公室，也不完全是公寓。而很多人都不会那么痴迷于用大理石制作一切东西"。② 用顶楼公寓来干什么却令人迷惑。贝沃纳的一名批评者想把它开放给所有会员参观；另一人则建议把它租给一个富翁；还有人提议毁掉它。但在工会决定它的用途之前，首先要做的只是将其封起来。

投 反 对 票

尽管顶楼公寓意味着工会内缺乏民主决策，但真正的问题

---

① 国家法律与政策中心（National Legal and Policy Center），工会腐败信息更新（Union Corruption Update），1998 年 9 月 21 日。

② 这句引语刊于顶楼空间向大众公开之后，工会官员决定将该空间用于政治行动办公室之前。www.pipeline.com/~rgibson/bogusjanitors.htm.

却不是顶楼公寓。核心问题是发言权,古斯曼、多明尼克·本蒂韦纳和异见分子运动中的其他改革人士在整个20世纪90年代都将他们的很多精力聚焦于此。在贝沃纳辞职前的最后一届选举中,改革派领导下的工会会员才能够考虑支持跟贝沃纳竞争的候选人,挑战他的专制统治,或许最击中要害的地方是,将其薪水削减到125 000美元、让所有新合同都通过实际会员资格许可而不只是简单行政许可的提议。

投票时间非常有限,在一个小房间里排着长长的队,房内挤满了贝沃纳的打手,他们的衣服粘着贴纸,上面写着"投反对票";当工会会员在登记台填写选票时(可以一目了然地看到),那些打手就像保卫一样站在旁边,每张选票上(不顾所提议的改革)都只用英语(尽管主要是在外国出生、讲西班牙语的工会会员)写着,"联合执行委员一致拒绝他们并建议你投反对票",贝沃纳的亲信每次都会往箱子里塞四五张选票,并会做出其他胡闹的行为,因此,各项提议都失败了。这次选举使随后的佛罗里达选举事件显得就像是哨声一样干净利落。①

结果,选举结果被否决(在古斯曼和施瓦茨发起的法律挑战之后,对他们给予支持的主审法官发现了说明"现任领导人存在巨大的滥用权力的危险"的证据),需要重新选举。② 当贝沃纳仍然运用之前的那些诡计,再次赢得选举之后,联邦法

---

① 赫希(Hirsch),"支持格斯"(Gunning for Gus)。
② 赫希(Hirsch),"工会领导支持坏人贝沃纳"(Union Boss Backs Bad Boy Bevona)。

院进行了干预，要求在法院指定的选举官员的组织下，在工作场所进行新的选举。市长候选人、皇后区议员、500 个工会组成的中央劳工委员会时任主任都支持对这一决定进行上诉，因为法院"挑战了工会的自治权利"。① 这就是法院站在作为原告的异见分子的立场上所做的事情。此外，尽管有一系列引人注目的诉讼损失和个人失败，但贝沃纳对工人运动的影响却非常之大。由于他负责的基本上都是移民劳工，很少或从未让其成员参与到政治之中，因此，人们必然会怀疑，他的力量究竟来自何处。

人们立刻就会想到两种观点。一种观点认为，作为一名劳工领袖，他是极为成功的，为其成员争取到了较高的工资和福利，有效地利用了其成员所具有的结构性力量；另一种观点认为，他利用合同谈判、清偿和罢工来部署自己的单方面势力，以便间接获得政治权力。如上所述，贝沃纳认为他是成功的，因为对于其成员来说，他是一名卓有成效的领导人。我会首先讨论第一种假定，然后讨论第二种。

衡 量 成 功？

于是，在贝沃纳期间，工会具体是如何做的？毫无疑问的

---

① 赫希（Hirsch），"工会领导支持坏人贝沃纳"（Union Boss Backs Bad Boy Bevona）。

是，从长期来看，工人通过加入工会而获得了大量好处。直到 1932 年之前，劳工冲突经常导致因为重要雇员的反对而难以将工人组织起来；经过二十多年激烈的劳工冲突之后，32BJ 终于正式成立（主要归功于美国工业复兴法［NIRA］的影响，该法律为工人组建和加入他们自己选择的工会提供了一些萌芽性的法律保护）。当时，门卫的工资是非常低的。公寓中的工人每个月会拿到 55 到 70 美元，为此，白班工人通常一周工作 70 小时，夜班工人每周工作 77 小时，一周 7 天，没有休假或病假。多数人都是通过就业服务机构找到其工作的，这些机构要求获得他们第一周的工资，并经常跟公寓管理员存在回扣协议；公寓管理员可能在极端的任期内就雇用和解雇工人，从而为这些机构的金库（和管理员的口袋）增加额外的收入。门卫不得不自己购买他们的制服，公寓所有者通常会对此向他们开出高昂的价格。① 相比之下，到贝沃纳被驱之时，门卫们所获得的收入可以使他们位于美国收入分布状况的上半部分，每周工作 40 小时，可享受很多自由医疗服务和牙齿保健服务，有大量培训机会，基本上所有成员都有免费电脑，自由享受有关工作和个人生活问题方面的法律支持服务，每月退休金超过 1 000 美元（现在最高是 1 175 美元，但随后增加到每月 1 500 美元，除了社保

---

① 如今，如果需要，公寓会为门卫提供制服。对于那些要求穿戴不寻常的服饰的公寓里的门卫来说（比如燕尾服、小背心、白手套、大礼帽），维护制服清洁的费用也很高。门卫通常需要负责洗烫制服，而光干洗衣物就会使其花掉一周的工资。此外，1978 年，在贝沃纳之前，一位 32BJ 的发言人在解释大量欧洲移民愿意从事门卫工作时指出，"吸引很多欧洲人从事这项工作的原因之一是令人印象深刻的制服"。

收入以外①），自由主义的病假政策（对于长期任职雇员来说有 10 天病假），在所有纪律处分活动中都有工会代表，每个人可休假一天（不算其他方面），较长的带薪休假时间（工作期限超过 6 年的雇员每年拥有 20 或 25 天的年假）。显然，前后发生了显著的变化。

但与此同时，在 1932 年到 1999 年期间，美国多数工人的工作条件都得到了改善。除了农业工人之外，美国的多数工人现在都是每周工作 40 小时。多数工人都有至少两周的带薪休假时间，并可享受一些牙医和医保服务（尽管经常是不充分的）。因此，是否可以说，贝沃纳和 32BJ 只是恰好在这段时间，而使其会员的平均工资得到提升了呢？在房地产交易方面，大部分实质性收益都是在早期获得的，但在第二次世界大战之后，门卫的收入仍然低于所有工人的全国平均水平。比如，到 1950 年代中期，门卫不再是每周工作 77 小时，而是每周只工作 46 小时，但工资却增加了 4 倍，范围大致是从每周 53.25 美元到 59.71 美元。比较而言，1954 年，美国生产行业工人的平均薪水是每小时 1.65 美元（或每周 75.9 美元，一周工作 46 小时），因此，门卫拿回家的钱是美国工人平均收入的 75%。1971 年，门卫的相

---

① 退休金大致是线性的，跟服务时间有关。一名连续工作 5 年的门卫，到 2002 年退休后，将会每月领回家 160 美元退休金。十年后，这一数字翻倍，成为 356 美元；但二十年之后，增加比例超过了 100%，到了 779 美元。连续工作二十五年之后，可以获得最高退休金。由于雇主对退休金的贡献不是在休假期间做出的，因此，这会使门卫的工作（跟服务相对）期限超过二十五年，只要能确定根据最近的合同可以获得一份全额退休金。这一结构鼓励门卫选择长期就业。

对地位得到了改善。门卫工资成为每周 132.77 美元或每小时 3.32 美元，而服务业雇员平均每小时可以拿到 3.04 美元或每周工作 44 小时拿 121.60 美元，生产行业工人平均每小时可拿到 3.45 美元或每周工作 44 小时拿 138 美元。①

1983 年是一个关键的时间基线，这一年，贝沃纳开始接替斯威尼掌管工会。当时，门卫的收入是每小时 8.41 美元或每周 336.40 美元。比较而言，生产行业工人的收入是每周 8.03 美元，或每年 16 742 美元。于是，门卫的工资大约是全国工人平均工资的 105%。五年后的 1988 年，门卫工资出乎意料地涨到了 462.73 美元（或每小时 11.56 美元），而与之具有可比性的服务业工人的平均工资是每小时 8.88 美元，或每周 355.20 美元，而生产行业工人每小时可以拿到 9.28 美元或每周 371.20 美元。因此，从 1954 年到 1988 年的 34 年中，门卫的每周收入从全国平均工资的 0.75 倍涨到了 1.30 倍。当相对工资在整个 1990 年代都有所降低的时候，尽管纽约市房地产行业经历了有记录以来最为持久的增长，但每小时拿到 16.62 美元的门卫，仍然比一位普通的美国生产行业工人赚得更多，后者平均每小时的薪水刚刚接近 16 美元（15.94 美元）。② 贝沃

---

① 美国劳工部（United States Department of Labor）劳工统计局（Bureau of Labor Statistics），www. bls. gov.

② 根据 2001 年 4 月 20 日未经罢工达成的合同协议，门卫每小时的收入超过 17 美元，通过谈判加薪，他们在接下来的两年内工资都会有适度的增加，其中还不算生活费用调整（COLA）带来的增加。随着经济形势持续体现出轻微的通胀压力，这些因素可能会发挥作用。然而，这一协议的作用却没有工会带来的好处多——尽管通常是按照每小时收入来评估成功与否——但 32BJ 能够使雇员在退休金、医疗、牙医和法律服务等方面的出资获得显著增加。总而言之，对于工会会员来说，这似乎是一份强有力的合同，即使那些异见分子也并非对结果而是对过程表示不满。

纳和 32BJ 显然有一些他认为可以吹嘘的东西，因为门卫的工资是服务业其他人工资的 1.25 倍，尽管为了弥补更高的生活成本，纽约市的工资应该比其他地区高出 25% 一般都是可以接受的。然而，也有证据表明，1988 年以来，跟具有可比性的工人相比，门卫的工资达到了顶峰，因而其地位经历了一定的下滑。于是，人们可以得出结论，认为贝沃纳的成绩是好坏参半的。即便如此，人们可能也会对门卫们所赚到的很多钱感到惊讶，因为在表面上他们通过撤出劳动力所造成的威胁似乎很弱。无论如何，如果他们不工作，他们究竟会伤害到谁，都是一个值得提出的问题。

相比之下，人们也许会预料，商业大楼中的工人可能相对待遇会更好，因为他们似乎拥有更大的结构性力量，至少具有潜在的结构性力量；也就是说，表面上看，他们通过撤出劳动力而造成的威胁似乎会影响到很多相对关键的利益。当然，人们可以想象，至少可以在没有门卫服务的情况下生活一个月左右——纽约市的多数人事实上就是这么做的——但却很难想象，如果一座商业大楼一个月不进行清洁工作，该是多么地不卫生。但最好可以根据乘数效应来思考主要问题，也就是说，最好通过撤离劳动力而影响到的一系列下游利益来衡量群体力量，我们可以将这种群体力量界定为结构性力量。

有证据表明，贝沃纳也意识到了商业清洁工所具有的结构性力量，并在必要时会利用这一力量。在整个 20 世纪 90 年代早期，只要他愿意，贝沃纳就可以发挥出巨大的力量。说明其影响力之大的证据之一,便是他们对于清洁工争取正义运动(the campaign of Janitors for Justice,JFJ)的干预,该运动跟世纪之城洛杉矶的欧艾斯集团展开了激烈的斗争。在一系列不成功的直接行动之后,该运动发展为 1990 年 6 月 15 日洛杉矶的街头游行。尽管清洁工获得了法律许可,但洛杉矶警察拒绝让他们通过,随着游行队伍的向前压进,警察粗暴地用警棍殴打游行者。关于殴打的录像,包括一名随后流产的孕妇遭受殴打的录像,在当地电视台上被不断播放,促使市长汤姆·布拉德利出面干预。然而,尽管有些尴尬,欧艾斯集团还是顶住了警察对游行所采取的殴打风暴,拒绝接受工会为其清洁工所制定的合同,这些清洁工每小时的收入不到 4.5 美元。格斯·贝沃纳被寄予改变欧艾斯集团立场的重任;在收到警察对该运动所采取的行动录像之后,据说贝沃纳跟欧艾斯集团的董事长通了电话,让他在电话前等了三十多分钟,然后告诉他,如果欧艾斯集团不顺利解决洛杉矶问题的话,贝沃纳将会让欧艾斯集团在纽约市商业办公大楼中的 5 000 名工人发动同情罢工(sympathy strike)。两周后,欧艾斯集团跟清洁工争取正义运动签署了一份合同。①

于是,或许并不令人惊奇的是,在成本更高的进取性劳工运动背景下,在贝沃纳领导下,那些加入工会的纽约市商业大楼工人获得了显著的收益。比如,到 1997 年,加入 32BJ 的纽

---

① 埃里克森等(Erickson et al.),"为洛杉矶及其他地方的清洁工寻求正义"(Justice for Janitors in Los Angeles and Beyond)。

约市清洁工每周可获得 600 美元，很容易就使其行业平均收入翻了一番，在有些地方——比如在洛杉矶，每周的收入翻了三倍。同时，32BJ 还被迫向商业部门的经理做出了一系列让步。其中，最为重要的便是开始实施一种双重工资政策（two-tiered wage policy）。虽然门卫的长期任职使这样一种政策对工会来说是合理的，但是，商业部门中的短期任职却使很多工人的工资出现显著下滑。此外，32BJ 还面临着商业部门中劳动力的大规模退出，失去多达一万五千人，这些人签署了允许合同方雇用非工会清洁人员的附加协议。于是，看似拥有最大结构性力量的工人（商业大楼中的清洁工），不再能够持续地施加同样效果的压力，就像门卫一样，他们撤离其劳动力——尽管会给住户带来不便，但却很少会对作为总体的雇主构成挑战。贝沃纳难以留住商业大楼中清洁人员这一点表明，他所追求的双重劳工政策，牺牲了具有结构性力量的工人的利益，而偏向于那些作用并不关键的工人的利益，在此则是门卫。这种双重政策的最显著体现之一是，即使在积极的合同谈判过程中，并且在商业工人罢工的有些情况下，贝沃纳未经工会会员同意，就跟公寓经理和商业地产所有者签订了大量的一次性合同。这意味着，有些雇主可以在腐败的工会行政人员帮助下，实现他们的个人交易。由于贝沃纳拥有让工人回去工作或为他们的合同进行协商的权威，因此，雇主们很快认识到，恭维奉承贝沃纳会获得很多好处。更不用说，单边交易可能会让工人回到某些公寓中继续工作，同时却让另一些工人战斗在警戒线前（有时候，街对面的公寓就是工人被送回去工作的地方）；这就对罢工中的商业工人产生了去动员化的影响,因而也削弱了他们的谈判立场。32BJ 在商业清洁工方面失败的具体原因并非我们这里讨论的主要内容,但是,毋庸置疑的是,失去工人的关键原因,一方面是领导人的腐败,另一方面是单边合同。

跟劳动力市场中的其他部门一样,在 32BJ 所代表的所有工人中,基本工资和福利的增加并不容易,因而在 1954 年到 2001 年期间,每次重新谈判合同时,门卫都会以罢工相威胁。有时候——最近分别是在 1997 年、2001 年和 2003 年,直到最后时刻,谈判才能避免罢工。1997 年在做出罢工决定的前夕,贝沃纳面临着工会内异见分子的严重挑战,他们反对他对工会财政和行政的专制控制。异见分子希望阻止贝沃纳单边做出罢工命令,想给予普通工人以机会来评价管理状况,并投票决定是否罢工。但是,贝沃纳嘲笑异见分子,坚称他们所呼吁的民主改革将会削弱工会,因此拒绝开会,不让普通员工发表意见。① 为贝沃纳工作的工会打手,用暴力对待那些进入大厅并敢于公开讲话的异见分子,强制他们退出房间。令人惊讶的是,他们还是进到了房间内,因为众所周知贝沃纳让他的支持者挤满了房间,因而使工会内很多知名的异见分子难以进房间参会。毫不惊讶的是,他在参会的一千多名代表中占据了上风,因此,重新确定了他在谈判陷入僵局时所具有的决定罢工的权力。

与此同时,在门卫们所工作的 3 000 座公寓里,公寓经理和

---

① 这么做显然有些反讽。尽管贝沃纳因为工会内部的反对势力会削弱工会的谈判力量而抑制他们,但他自己却派工友回去按照明显未达到工会谈判立场的合同开始工作,因而违背了罢工者的意志。

门卫都在为罢工做准备。1997年,以及随后的2001年,经理们都做好了罢工准备。他们吸取了1991年罢工的教训。于是,就像他们在1991年所做的那样,有些经理雇用了保安人员和其他工贼来操作上东区很多战前所建公寓仍然在用的那些手动电梯。跟标准的租赁公寓相比,合作社公寓会以稍微不同的方式来对待罢工。很多合作社公寓要求住户坐在门口桌子前,通常不会超过每周四小时;其他合作社公寓会就邮件分类、倾倒垃圾甚至清洗大厅和走廊地板等工作建立相应制度。很多公寓会向住户、保姆和家政人员发放特定的身份卡,住户作为志愿者担任门卫,要求他们不准放任何没有身份卡的人进入,不管他们的名字是否在来访名单上或他们是否曾经是公寓内的住户。可以预见的是,有些住户抱怨道,如果他们忘记带身份卡的话,他们的邻居——因为常年住在同一座公寓里而可以通过名字和外貌认出来——不愿意让他们进入其公寓,除非有人下来接他们。① 正如津巴多的实验所得出的结论那样,有些住户会抱着极大的热情追求他们新获得的权威,虽然穿戴着门卫的正式服装,但却缺

---

① 《纽约时报》报道了一个会在大厅中无意听到的但可能是杜撰性的对话:
"我可以看下你的身份卡吗?"桌前的一位友好的女志愿者向一位冲向电梯的令人敬畏的女士问道。
"我生活在这里。"那位令人敬畏的女士抵制性地说。
"但我不认识你。"那位坚守职责的桌前女志愿者坚持说道,她像一直在辨别潜在的强盗或朋友似的。
"但我认识你。"那位令人敬畏的女士回复说。
"那我叫什么?"
"好吧,我实际上不知道你叫什么,但我知道你的狗的名字。"一次决定性的回嘴,二人相互认出了对方。
——莱斯莉·H·盖尔布(Lesley H. Gelb),"泛泛之交"(On Speaking Terms),《纽约时报》1911年5月1日。

乏门卫的职业敏感性和对规范的实质（跟形式相对）承诺的把握。① 由于快递司机不可能跨越警戒线，因此，公寓储存了很多垃圾袋和用完油的油箱。1997年，因为工会签署了一份很多人认为是相对不错的合同，因此并未发动罢工。最终条款低于他们就工资增长所提出的要求，但更接近他们就雇主在退休金、医疗、牙医和法律资金等方面的出资所追求的关键要素。

改 革 之 后

然而，贝沃纳并没有足够长的时间来享受新合同带来的好处。他很幸运地逃走了。随着格斯·贝沃纳带着他的1500万"巨额退休金"离开权位，到他位于纽约的巴比伦过退休生活，开始享受他的私人码头、摩托艇和热水浴池，32BJ开始了将自己从贝沃纳时期的自助组织转变为一个工人工会的艰难转变过程。这一转变很快就完成了。首先，工会经历了相当快的成长，努力使其会员数量基本接近了1995年以前的水平，1995年是贝沃纳执政的最后几年经历大量人员离开前的年份。同样，成功地将贝沃纳驱走的异见分子们仍然持续不断提出的挑战虽然在

---

① 津巴多在"囚禁的病理学"（The Pathology of Imprisonment）一文中指出，在涉及角色扮演的实验中，随机选出来扮演监狱看守的个体，会倾向于滥用他们的权力，为了满足自己的虐待狂快感而支配"囚犯"。在此，相比之下，这种影响似乎有些微妙，但多数住户担任门卫的时间都比津巴多实验中那些人担任监狱看守的时间要少得多，而在津巴多的实验中，守卫在跟温顺的囚徒进行互动的过程中形成了其刻板行为。

工会内形成领导权（在多数情况下），但工会的公众形象却得到急剧改善。顶楼公寓被转变为办公空间，服务业雇员国际工会主席安迪·斯特恩任命的新任工会主席米歇尔·菲什曼积极地参与了有关纽约市工作问题的各种公共争论，开始向所有成员开放工会工作，努力让会员支持工会的相关活动。

向所有成员重新开放的一些成果，可以从一项重大法律的通过中看出来，这项法律限制了雇主未经警告就开除工人的权利。早在2002年12月，32BJ就成功地发起了其首次立法事务：《被替换公寓服务工人保护法》，要求新收购的商业或住宅地产的所有者和合同方能够在90天内继续雇用工会或非工会的雇员，终结了大型公寓经理所具有的没有提前警告其所对新地产的收购就立刻开除工人的权力。对于32BJ这个纽约市最大的非市政工会来说，这项立法（239A）代表着一次重要的发展。正如32BJ的发言人约翰·哈米尔所言："我们现在拥有七万名会员，他们此前从未支持过任何一项立法。他们在历史上未曾参与过政治；但现在，他们积极地参与了进来。它将我们确立为城市政治中一股不可忽视的力量。"①

但是，作为地方工会的32BJ在直接施加其政治影响方面只是成败参半。在2001年的市长初选中，32BJ强烈支持马克·格林，而纽约市的多数其他工会都支持一名西班牙裔候选人费尔南多·费勒。由于严重的战略错误和错误陈述，格林在竞选中

---

① 达森·阿拉（Dasun Allah），"紫色T恤政治"（Purple-Shirt Politics），《乡村之声》（*Village Voice*），2002年12月4—10日。

遭到惨败，因而使 32BJ 处于市长选举的错误一边。对于格林竞选的支持，也导致 32BJ 的内部问题。持有异议的工会会员指控 32BJ 的领导人，强迫成员自愿支持格林，并将超过 300 万美元的工会经费（源自会费）非法投入到了格林竞选运动之中。当格林在竞选期间的评论将费勒的支持者理解为种族主义之后，紧张局势异常高涨。由于 32BJ 的很多成员都是西班牙裔，而持有异议的群体又跟少数族裔门卫存在紧密联系，因此，不支持费勒尤其令人感到痛心不已。工会尽管否认了指控，也否认了支持格林是出于种族动机，但 32BJ 却确实承认，将超过 70 万美元用到了三角洲地区的各种竞选活动之中。这些资金被认为对纽约市 27 名议员的再次当选至关重要，正是他们使 239A 得到了通过。于是，工会领导人在当天结束时感到，他们影响了纽约市选举的结果。跟市长迈克尔·布隆伯格在其竞选中花费成百上千万美元相比，工会涉足地方政治，去支持对工人友好的候选人，则是无足轻重之事；还不清楚，是否有任何组织能够从会员、支持者和同路人身上搜刮出完全可以跟布隆伯格的努力相匹敌的资金。

虽然贝沃纳渐渐离开了当地小报的头版头条——他毕竟是一位曾经公开说如果他在屋内就会射杀克林顿总统的工会领导人——菲什曼还是难以清除贝沃纳的亲信，其中有些人仍然在工会内保持着有影响力的地位。于是，纽约人可以毫不惊讶地读到，2001 年 5 月，恶劣房东安倍·韦德，弗莱布许东部的一个巨型范德维尔式地产项目的所有者（弗莱布许是个小城市，拥有 59 个 6 层公寓，2 500 多个单元，12 000 名住户，跟纽约的巴比伦［大概有13 000人］差不多大，贝沃纳就是在巴比伦过着默默无闻的生活），因为跟吉诺维塞犯罪家族（受到甘比诺家族和博南诺的协助）的黑手党人物同谋让公寓服务工人"别管闲事"而被捕。在一次大规模的卧底行动中，抓捕了45名犯下各种罪行的匪徒及其朋友，这些罪行包括谋杀、勒索和操纵股市等，韦德和贝沃纳时期的32BJ官员伊斯梅•库基奇被指控犯有同谋和受贿罪。纽约市行政人员都很熟悉韦德。在过去的一年里，纽约市向他发出了13 000多次违反房屋法规通知，起诉了他11次，其中因为未给其公寓内的住户供暖而被起诉8次。显然，改革之后的32BJ不会喜欢他这样的同伴。

在这一案件中，检察官还指出，韦德跟吉诺维塞家族的头目之一"萨米肉丸"塞尔瓦托•阿帕洛订下合约，去找一位听话的32BJ工会官员，让他帮忙处理掉工人，让只需支付较低工资的非工会工人来取代他们。阿帕洛、路易斯•瓦拉里奥和"约翰尼•格林"约翰•法拉奇找到库基奇，在一家温蒂餐厅见面时（这是人们在美剧《黑道家族》中从未看到的场景；托尼从未去过温蒂餐厅），安排库基奇进去并施展他的魔术。库基奇因受贿指控被捕后，在未支付薪水的情况下，就立刻停了他的职，这或许并非是最佳选择：他负责的地区是曼哈顿下城，离弗莱布许十分遥远。然而，这并未影响到韦德及其亲信，后者认为他们找对了人。① 库基奇是可以找到的最佳人选，或许最清楚

---

① 有关韦德案件和范德维尔地产的信息，主要源自罗宾斯，"发展不景气的布鲁克林区又遇到困难"（One More Woe for Ailing Brooklyn Development）。

地表明了，菲什曼的改革非常深入。

尽管菲什曼很有进取心，试图扫清32BJ内的贝沃纳支持者，公开宣称他想走向未来，而不是回到过去，但新的改革领导层还是不断受到内部异见分子的攻击，那些异见分子认为贝沃纳以后的工会应该被交到他们手里。老的异见分子可能更喜欢贝沃纳领导下的旧时代。在菲什曼领导下，本蒂韦纳明显感到不适应，似乎很是渴望贝沃纳强硬统治时的更加简单的日子。在国会证词中，本蒂韦纳指出，当前的领导层比贝沃纳要更糟，因为：

> 在格斯领导下，你知道你在哪里。这些家伙们在集会和派对上挤来挤去，并面带微笑，但当他们这么做时，他们却用手臂环抱着你，他们的手会伸到你的口袋内。他们是在骗人……他们给予人们民主的幻觉。①

32BJ这个地方工会从来都未做到完美的民主，但跟幻想相比，民主幻觉可能要更具有现实性；尽管存在本蒂韦纳所给予的批评，但在菲什曼领导下在工会内所进行的核心改革措施，确实也取得了明显进步。

人们也许会问，那又如何呢。如果菲什曼在扭转32BJ方面是成功的，那又为何会出现腐败的事情？回答如下。由于工会

---

① 国家法律与政策中心（National Legal and Policy Center），工会腐败信息更新（Union Corruption Update），2002年4月15日。

是腐败的，因而门卫会努力使自己跟工会事务脱离关系。工会决策并非是民主参与的结果，而是以其他方式做出的。但工会成员对工会的疏远却也具有其好处，因为这一疏远使工会成员跟住户结成联盟。在发生潜在罢工的事件中，门卫会将罢工要求呈现为正在发生在他们身上的事情，好像他们只是留置权（lien powers）的玩物。而且，通过使作为工人的自己跟工会保持距离，门卫能够更好地做出和维持他们对于专业地位的主张。同时，住户也会疏远合同谈判的管理方，部分是因为住户将房东视为贪婪之人，不管他们租金高低。这种双重疏远就使门卫和住户实现了本章一开始所描绘的奇怪协作。作为贝沃纳腐败机器的间接产物，合作联盟使贝沃纳得以能够在谈判中争取到更好的工资和福利。这是如何发生的，正是下面将讨论的内容。

联 系 工 会

对于多数门卫来说，跟工会的唯一联系就是交会费，在最后签订合同之前是每月 30 美元，或者比他们正式收入的 1% 多一点。即使这一点最低限度的联系也是被动的，因为工会会努力使门卫不要拖欠会费。在 32BJ 跟雇主谈判的每份合同中，都具体规定雇主从每份薪水中扣除会费，然后将扣除的会费直接转给工会。多数门卫都意识到，为了换取他们的会费，工会向他们提供了享受健康照顾和其他福利的机会，包括各种各样的培训课程。到目前为止，最受欢迎的福利是几乎免费的电脑。对于很多门卫来说，以 200 美元的费用向他们提供电脑是一项额外的奖励，是工会的圣诞礼物。毫不惊奇的是，这是这些门卫至今所拥有的第一台电脑，他们以极大的热情盼着它的到来，并会购买有关如何使用微软文字处理软件、如何上网等书籍。

除了电脑之外，工会会员还意识到，工会为他们提供保护，使其避免跟管理方发生争端。工会会员相信，虽然工会不能阻止某个会员被解雇，但雇主签订的合同中对解雇程序给予了相对严格的规定。如果雇主对某位工会会员感到不满意，他们必须以书面形式向这位会员指出不满意的性质以及该会员所做出的不恰当行为（并将其抄送给工会）。工会会派官员听取雇主的投诉或不满，并有权对其不满提出质疑。只有在 12 个月内正式收到三封投诉信，才能启动解雇程序。而 12 个月之后，最初的"评述报告"已被丢弃，一系列工作不得不重新开始。多数门卫都认为，这一过程没有为雇员提供任何具体的担保。如果一位雇主在 12 个月内发出了三封投诉信，他们就有解雇雇员的权利，即使工会对其投诉的有效性深感怀疑。门卫的理解实际上不太准确。在这些步骤之外，当前的仲裁制度还为他们提供了非常重要的保护。门卫主要关注工会保护使他们不要被完全随意解雇，只是因为这对他们来说是极为重要。正如劳工运动中经常出现的情况一样，工会始终面临着一项艰难的任务，那就是教育和培训工会会员，使其认识到他们所享有的各项福利。就此而言，会员的无知是很常见的，在劳工运动的其他地方也可以发现这一点。但对于 32BJ 来说，问题更加棘手，因为旧腐败体制下工人的疏离是十分强烈的。由于门卫通常都有较长的任期，如今的多数门卫都是在贝沃纳担任领导时期开始门卫工作的，因此，他们对于工会的理解和态度受到了过去的深刻影响。

尽管如此，但工会会员都知道的一件事是，如果他们被解雇了，他们还有所依靠。正如在东区工作的欧内斯托所言：

> 如果没有工会，你就难以工作。你就难以做一名门卫。现在，有些公寓里的门卫是不加入工会的。唯一的区别在于，当你加入工会后，他们不能开除你。所以，在这里，如果他们开除我，我一定会把他们告上法庭。

米奇也表达了这样的观点，他讲述了在他的公寓中工作的一位年轻门卫前天晚上被开除了，而如果这个年轻门卫加入工会的话，他可能就能避免失去工作。第四章详细描述了这个例子，在这个例子中，这名年轻门卫的"错误"在于，当管理员的妻子经过大厅时，看到一名住户拥抱他。

> 我不断告诉那小子要加入工会；这个事大约发生在工会下令要求加入工会三个月之后，就是进入工会这类的命令，不管怎样，这是那种你可以选择的命令。这个蠢蛋在这里待了八九个月，我不断告诉他，"进入那里，加入那里"，你知道的，大概一个月30美元，但对于你得到的东西来说，这是很便宜的。你知道的，你会获得家庭保险，如果你是单身，还会获得医疗、

牙医等保障，你甚至可以在每两年获得一副眼镜……这些实际上都是工会福利，如果你不（加入工会），你就不能获得这些……有那么多不同类型的培训课程，你甚至可能成为一名管理员，他们鼓励你这么做。你知道的，他们有管道维修证培训，他们喜欢培训的那些不管叫什么的课程——初级主管培训，中级主管培训，不管叫什么，都是这样一些荒唐可笑的课程。基本上，你需要做的是获得管道维修证，了解一点点背景知识，然后就可以成为一名管理员……我的意思是，一旦你加入工会，他们就不能随意开除你，这是一项强制规定。如果（管理员）对我感到不满，他们就必须给我写封信，并抄送给工会。如果你在一年内收到了三封这样的信，那他们才能开除你。所以，你在 12 个月内，我的意思是严格的 12 个月，如果他只是给你发出一封信，那他就必须再有两封信才能开除你；但因为那小子没有加入工会，老板只是跟他说："嗨！再见！"所以，在某种程度上，工会会给个人带来很大好处。

除了可以防止被随意解雇之外，很多工会会员（比如米奇）都意识到，工会还为他们提供了很多类型的其他福利。甚至有人参加了工会提供的培训课程，尽管目前为止，多数人都没参加。其培训课程涵盖了很广泛的各种主题。正如布鲁斯所指出的：

工会有很多课程，每个人都可以去上这些课程，只要他是工会会员。从建筑系统、暖气、冰箱到空调，你在公寓里见到的一切，都有相应的培训课程。锅炉、蒸汽机，不管什么东西，只要你看到的都有，所以，这是一个有点复杂的体系，公寓体系不只是一个你进来的地方和生活的地方，而是需要很多知识、很多经验，来创造并使其运转的地方。他们有不同类型的课程，一般一周六天会有一两门课，还会开第二次、第三次，或者直到有一次，你可以参加课程培训。实际上，这已经是我参加这些培训课程的第六年了。我上过制冷系统培训课程。我还获得了一个证书。所以，对于火灾什么问题来着……火灾安全问题，有很多不同类型的课程，五花八门，比如主管培训、初级主管培训、中级主管培训、电工培训，还有有关可能使公寓出现问题的小电器的课程，从真空吸尘器到烤箱，学完你就可以自己解决问题。我觉得这是很好的机会，人们可以通过学习让自己更优秀，所以，如果我可以进入公寓管理层的话，我就会让人们去努力学习，包括学习有关公寓的知识，去参加各种课程培训，不能让他们把时间用到在家玩游戏取乐上，而是要用到学习这些课程上，我会首先给他们机会，你知道的，去学习的机会，然后给他们一份较好公寓的工作或更高的职位。跟那些每天无所事事，只是来消磨时间，然后一直等到退休的人相比，我会优先给那些参加课程培训的人以机会。

布鲁斯也许希望，在技能的获得与职位的晋升之间能存在明确的通道，然而，就像高中老师一样，门卫很少会有晋升的机会。位于可以升上去的工作是管理员，但在多数公寓里，晋升可能都是相对较低的，因为管理员通常都具有较长的任期。

此外，还有人参加课程培训，是因为他们喜欢学习具体技能，而有些技能在他们的工作中也是很有用的。比如，鲍勃说，他在学习机械工程方面的课程。虽然他父亲是一名工会代表，他也在考虑是否向那个方向发展，但他自己并不确定自己究竟想过何种生活。

> 我父亲是一名行李搬运工，我叔叔是一名门卫。我父亲还是工会的一名代表，所以会很有帮助。他最初是一名行李搬运工，然后得到了晋升。当他在做一名行李搬运工的同时，就开始去大学学习，去做就像我现在做的事情。我现在正在上学。他获得晋升，成为一名工会会员代表。我24岁了。现在正在学习机械工程的课程。我告诉他："我喜欢各种工具。爸爸，我理解你喜欢打电话；而我喜欢各种工具。"所以，你知道的，他跟我说："做你觉得对的事。"但我自己对这样做感到很舒服，我说，我会在一两年内做出自己的决定——现在这还是一个不确定的事情。我也有可能不往那个方向走。但现在，我在学习机械工程，这就是我现在做的事情。这是一种交易。这是我正在做的事情，工会为所有门卫、搬运工和工会会员都提供了这样的课程。

提莫托的话反映了人们对于工会问题的一种典型回应：通常都意识到了各种机会，但却很少有人会感兴趣。

> 他们为那些不说英语的人提供了成人教育课程、英语课程、

电脑课程等等。基本上是要培训那些在跟行业相关领域工作的人们。他们还会为工会会员的孩子提供奖学金。他们会提供法律服务。如果你破产了或离婚了，或如果你想买个房子，他们会在这方面提供帮助。

对此，哈伊姆也深有同感："工会？你只要交会费，就能获得福利和各种其他待遇。不管你有任何小病小痛或需要什么。"

然而，在谈论工会时，觉得它仍然很腐败的人似乎也不在少数。如上所述，在贝沃纳腐败机器运转期间开始从事门卫工作的那些老工人尤其如此。尽管时光流逝，但在谈论工会时，还是有不少成员会首先提到腐败，不管他们是老工人还是年轻人。这一点本身也说明了 32BJ 还需克服他们跟工人之间的距离。但在某些方面，门卫虽然会谈论腐败，但他们却并不知道究竟该如何做。对于多数门卫来说，32BJ 腐败这一事实并非在根本上是错误的。这部分是因为，就像很多美国工人那样，他们发现他们遇到的多数体制都是腐败的。于是，门卫认为，他们的旧工会跟城市政治或更大的全国政治之间没有多大区别。他们都运用着共同的修辞，认为他们只是通过老实工作"过活"的"小人物"。下面的几个例子为我们提供了关注焦点：

他们跟他们中的那些其他人没有任何两样。有一种好处或另一种好处。除了他们把手伸到哪个好处中以外，他们之间其实没有什么差别。　　　　　　　　　　　　（艾布拉姆，上西区）

如果这里出了什么问题，比如电梯操作出现危险，你就应该找工会，他们应该帮助修好它。但工会跟政治家关系密切，政治家跟经理们关系密切，而经理跟职业安全与卫生条例（OSHA）巡检员关系密切，所以，他们过来看一看，然后什么问题也没看出来。他们首先关心的是自己。我们只能获得他们剩下的东西。 　　　　　　　　　　　　　（萨姆，上东区）

　　旧的老板擦擦屁股走人了。现在来了一群新人。他们说他们是不一样的。谁知道呢？ 　　　　　　　　（帕尔达，切尔西）

　　即使菲什曼知道，但他还是很难克服人们的不信任。人们也许会认为门卫关心他们的工会，但似乎根本没有太多门卫关心，缺乏关心使建立一个民主工会变得更成问题了。在过去，腐败有弊也有利，虽然那些异见分子（主要是西班牙裔）拥有更强烈的、跟玩更大游戏的工会相疏离的感觉，但多数门卫对他们的工会都是漠不关心的。与此同时，很多门卫将他们自己视为知道如何处理事情的那群人中的一分子。他们知道如何应对公寓里的人们，如何进入公寓，如何面对权力掮客（powerbrokers），等等。这些知识源自其经验。对于他们中的多数人来说，他们正是因此而获得其工作的。但有些门卫则从工会腐败中获得了好处。正如比尔所言：

　　我的老板是1974年来到这儿的。另一个门卫是1982年来这儿的。有个家伙是1983年来的，还有一个人是1986年来的。我是在他们后面来的一个。来到这里的每个人，不是认识管理员，就是认识办公人员。没有任何外人可以从大街上随便走进这些公寓里获得一份工作。这是不可能的。有人是花钱获得这些工作的，为了获得这些工作，花了很多钱。他们正是动用了整个工会。工会是很腐败的。人们从工会代表那里"买"工作。他们跟管理层来往密切。如果你认识一个工会代表，你就可以获得一份工作。我认识一个工会代表，于是我就找到工作了。即使我父亲已经做了 18 年的门卫工作，他仍然不能把我弄进来。他的工作纪录非常良好。你必须认识某个人。

很多门卫认为他们属于"匈牙利黑手党"或类似的人，因而腐败被视为非常正常的事情。他们也许可以从中受益的事实并未使他们将其视为腐败，因为整个系统都是这样运作的。这些门卫会认为，那些不知道如何在腐败中获益的人实在太天真幼稚了。他们看到腐败跟有能力获得一份好工作合同之间存在某种联系。由于他们赞同生活中没有任何东西是"免费的"这种观点，因此，自然会得出向某个人行贿有助于整个系统的运作这样的结论。结果，老一代的门卫会认为，如果贝沃纳从公寓所有者那里获得好处，那是因为他为他们提供了好处。在宏观层面上，这一观点确实有其合理之处。贝沃纳的工作是切实高效的，因为他为工人提供了合同，向公寓所有者保证了确定性。公寓经理和所有者也非常喜欢跟那些提供合同但不会遭到反对的工会领导人进行谈判，因为最差的结果源自强大的反叛运动所引领的野猫行动。由于劳工关系的制度化具有重大价值，因此，有远见的公寓所有者都更喜欢通过有助于工会稳定的谈判来解决问题。但贝沃纳可能是最为成功的，因为他促进了门卫从工人向职业人士的转变，尽管他是不经意间做到的。

在微观层面上，腐败的好处似乎不太明确。有时候，一个腐败的工会对于个体会员来说可能是有好处的——比如帮助其他人获得一份工作，只是人们通常不会认识到这一点。尽管很多门卫都记得他们曾为了个人的好处而利用过工会。对于有些人来说，工会似乎跟他们是不相关的，是一个在他们的活动和日常生活中扮演着很小作用的无关紧要的机构。由于其腐败历史而疏远工会领导层的这些门卫认为工会无关紧要，除非它告诉他们是否应该罢工。回到本章一开始所提出的观点，这种认为工会无关紧要的感知也值得我们给予严肃对待。如果工会是成功的，那么，工人就不会有想到它的理由。他们会将他们的工作环境和工作经历都视为理所当然的。于是，工会的担心就在于要提醒工人们认识到，他们的所得源自他们的工会成员身份。在历史上，每隔几年，当谈判合同的时候，这种友好的提醒都会发生一次；但如果 32BJ 想要取得实质性发展，它就需要更为频繁地做出提醒。

在 战 壕 里

每三年，我们都会一起跟工会说，我们想要更多钱，然后，他们就去找公寓所有者，跟他们协商。

如上所述，工会的很多收获都是在威胁性的或现实性的劳工冲突脉络下实现的。在过去的十年中，32BJ 避免了门卫的罢工（商业大楼中的工人并非如此，他们参加了更多的激进性劳工行动），最近的大型罢工发生在 1991 年。这次罢工仍然让多数门卫（虽然他们的平均任期已经超过十年）和住户记忆深刻。尽管公寓管理方对待罢工问题的态度，就像他们是为长期海外冲突动员资源的战争工业委员会成员，但住户和门卫却具有跟他们完全不同的取向。首先，在很多公寓里，门卫的直接上司（管理员）也是工会成员，也可能会参加罢工。① 因此，门卫不能将罢工个人化，以反对他们的直接上司。这会减弱通常会导致罢工的那种潜在愤怒的尖锐程度，因为人们体验到的最为强烈的冲突是在"工作现场"产生的。第二，对于多数门卫，即便是对于那些在合作社公寓中工作的门卫来说，他们会将管理者（而不是他们与之逐渐形成关系的住户）视为缺席（和抽象）的所有者或所有者群体。在理论上，住户无论如何都不是对立性的管理者，门卫在罢工中一点也不会针对他们。第三，住户并不会将他们自己视为其房子的管理者；对于那些合作社公寓中的住户来说更是如此，他们的公寓政策本身都将他们视为外来人而不是房产的所有者。如果他们认为公寓里确实存在某种对立关系的话，那一定是他们和公寓所有者之间的关系，他们要向公寓所有者交租金，而公寓所有者在拿到租金的同时却总是会缩减其应该提供的服务，因而应该被谴责。尽管合作

---

① 在拥有五人或员工人数更少的所有公寓里，都是如此。但对于员工人数超过五人的公寓来说，其管理员则是按照另外的合同雇用的。

社公寓中不会有这样的互动过程，但那些通过转租住进去的人们也可能会对他们的"房东"产生同样的态度。最后，住户和门卫一起度过了很多时光，他们会在长期的互动中相互调整彼此的节奏。这种相互调适在形式上（而非程度上）类似于长期好友之间为了适应彼此的怪异特质而做出的微妙调适，它包括一种特定形式的亲近和时机、期待方面的亲密性，而这跟劳工冲突的规范形成鲜明的对照。于是，当实际罢工或威胁罢工时，人们可以看到一种奇怪的消极姿态。

这种消极姿态跟人们观看构成一个小型晚餐约会的一系列事件时所观察到的并非完全不同。考虑一下这种互动过程。人们邀请一个朋友吃晚餐。客人会通过否定该晚餐的价值、询问他们可以带点什么去进餐，来抵消作为礼物的晚餐。主人则坚持认为，客人什么都不需要带。尽管如此，得体的客人上门时还是会带着酒、甜点或花。主人坚持说，他们本不用带任何东西的。客人则坚持说，他们的礼物不值一提。主人为他们已经准备好的晚餐提供服务。客人则会谈到他们多么地喜欢这顿晚餐。主人坚持说，没做什么准备工作——即使他显然做了相当多的准备。客人准备离开，并感谢客人的招待。主人坚持感谢客人的光临。他们说这让他们感到非常高兴。客人则坚持说，能来就餐使他们感到高兴。在这场奇怪的社交舞会中，双方都相互赠送礼物，并坚持认为它们是无甚价值的；都花费了精力，但却都否认他们付出的精力是有意义的。双方都想要获得他们垂涎的赠予者角色，然而，社会互动剧本的编写似乎非要否认他们都是赠予者。

所赠礼物的价值在赠予时刻会遭到否认的这种消极姿态，也体现在一场罢工或潜在罢工前夕，门卫跟他们的住户之间所发生的类似的奇怪互动之中。门卫们公开表示希望他们将不会罢工，他们会竭尽全力地帮助住户对他们的生活惯例做出必要的调整，以使他们在门卫缺席期间不会遇到困难。他们会完善住户名单，以便在门卫缺席期间有住户做门卫志愿者；他们分发大的垃圾袋，并详细说明如何管理公寓的垃圾系统。他们会不断检查电梯，以确保电梯将会在罢工期间正常运转。对于休息室或大厅养着植物的公寓来说，他们会教住户根据植物的需要浇水。最重要的是，门卫要努力向住户保证，如果他们不得不发动罢工，公寓里的所有事情都将顺利运行，即使没有他们，住户也可以做好一切。总之，他们积极工作，以便减少罢工的影响，并在口头上否定其角色的重要性，坚持认为住户将不会想念他们。打个比方，你可以设想一下，装配线上的工人会努力工作，以确保他们的工厂在尽可能长的时间内不会耗尽已完成的产品；培训能替代他们的人，以确保生产线顺利运转；小心仔细地分发集体供给品，以确保那些直接受到罢工影响之人不会感到任何真正的不适；并向管理层保证，他们将会很好！①

在该运动中也会有其他的声音。但是，在讨论 2011 年发动一场罢工的可能性时，即便是更激进地坚持认为需要跟管理方

---

① 1991 年罢工前夕，门卫和住户建立了可以确保门卫并未真正离开的制度，比如，其中包括了垃圾收集制度。正如《纽约时报》所报道的，在西八十四街 215 号，当前台后面的门卫递给一名住户五个耐用的大垃圾袋并在名单上核查其名字时，这位住户向门卫抱怨道："彼得，我不想跟我的垃圾生活在一起。""噢！上帝，这将是令人苦恼之事。"《纽约时报》，1991 年 4 月 22 日 B2—3 版。

签订更好合同的门卫,也都会为住户担忧,尽量减少他们的缺席可能会给住户们带来的潜在不适。比如,上西区最激进的工会会员之一约翰指出:

> 出去罢工是我并不想做的事情。我拿不到工资,我需要钱。但是,如果我们不得不去罢工,那么我就只好去了。有时候,他们并未留给我们任何选择。现在,我们都需要更多钱;就是这么简单。公寓里的人们难以看到我们出去罢工。但如果我们离开,事情都会变得乱七八糟。他们将拿不到他们的包裹。所有的快递都会混乱不堪。大厅会变得又脏又乱。这对每个人来说都是巨大的麻烦,即使我们做好了一切准备,你知道如何处理垃圾,确保所有事情可以运转。

另一方面,罗伯特则不太持有工会取向。他希望不要罢工,他关心的是,公寓里的老人需要额外帮助。此外,如果不得不出去罢工,他也会参加:

> 罢工不会带来任何好处。然而,如果他们不想好好解决问题,那我们就不得不上街罢工,而人们都不会理解这些。我们想要工作,但你看,他们却不想让我们工作。他们并不担心那些需要我们的公寓里的老人。因此,我们不得不告诉他们,让他们也来帮忙。

如果公寓工人帮助住户为他们的缺席做好准备,住户也会参与到同样看似有些怪异的协作之中。他们会努力公开支持门卫。他们会抱怨门卫将在罢工中不得不忍受的艰辛；如果门卫不得不上街，住户会建立委员会，去帮助照顾门卫——为门卫提供咖啡、饼干、甜甜圈和需要的其他点心。只要罢工是必须进行的，他们就会自豪地同意免费为公寓服务，共同凑资捐物，以便做好各项事情：邮件分类、提供安保、转交快递、看守大门、检查住户、拖洗走廊、为植物浇水、关心大厅的外貌。与此同时，他们会告诉他们的门卫，他们将会多么想念他们；如果没有这些门卫，他们将会多么难以生活。他们向门卫保证，他们真的很需要他们。作为比较，可以设想一下，一个即将关闭的工厂的经理，优雅地自愿到生产线上免费工作，以确保工人们回来时发现一切如初，向工人保证会支持他们，将会想念他们！①

　　在此，就像主人和他们的客人都投入到了一场否认现实的激烈战斗中一样，他们都否认的现实便是他们都在努力按照自己的利益，界定晚餐作为礼物的价值；同样，门卫和住户似乎也陷入了一场否认事实的激烈战斗之中，他们要否认的事实是他们拥有对立的利益。住户鼓励门卫只要需要便去罢工，门卫则促使住户不必需要他们，这就像是主人在否认其晚餐的价值，

---

① 1911年罢工期间，有事业心的记者很容易就可以发现并记录很多有趣的对话。下面是一些很有代表性的片段："'我只是感到生活在这里十分幸运，我想做出我自己的一份贡献。'当一伙年轻人在打扫大厅地板时，金发的桌前志愿者阿尔玛（Alma）这么说道。""有人对我女儿吼叫，说她没有按照字母顺序对邮件进行分类，这是不可能的，因为她有着天才般的智商，她的IQ是180分。"参见盖尔布（Lesley H. Gelb），"泛泛之交"（On Speaking Terms）。

而客人在否认他们所带礼物的价值。是否有任何危险呢？

从住户的角度来看，门卫加薪并非没有成本，公寓经理认为，他们反对门卫工资要求的主要理由是，他们必须抵制其薪水的过快增长。人们总是可以为公寓经理的主张找到某些合理基础。在大多数合作社公寓里，劳动力成本占到了运营成本的大约35%左右；在拥有独立管理层的出租房产中，这一比例会略低一点。假设在这个例子中，所有劳动力成本都被包含在32BJ的集体谈判协议之中，尽管实际上并非完全如此。从最近的解决方案来看，管理方同意工资增长3.46%，福利增加2.5%，第一年的总成本大约是5%，这意味着整体运营成本会增加1.75%。于是，在该解决方案之前，一个合作社公寓的所有者将承担每月500美元的服务费，但在该方案之后，则将增加到每月508.75美元。比较而言，在纽约市，人们可以用8.75美元买到半打啤酒、一个汉堡、一个沙拉三明治、一个椒盐卷饼或一瓶苏打水。在更为昂贵的合作社公寓里，服务费可能会超过每年一万美元，跟门卫涨薪有关的成本可能会攀升到每年200美元左右。

这笔钱在客观上看非常少，但奇怪的是，如果人们生活在一个租赁的房产内，那么，同样相对较小的增加却会使人们感觉增长了很多。在租赁的房产内，延伸来看，如果劳动力成本完全转移到了住户身上，那么，在涨薪前每月支付2 500美元的住户，在涨薪后，每月将至少增加43.75美元。在纽约市，这笔钱相当于一次很好的外出就餐的费用，甚至还可以喝点小酒。所以，在此可以看到，住户似乎面临着某些牺牲。但有三个因素会使涨薪的影响有所减小。首先，房租控制会限制房租的增长率。尽管增加的劳动力成本会被纳入租金控制下的租金增长公式之中，但租金增长是纽约市所有公寓都会经历的事情。出于心理原因，跟他们都不得不单独承担的小幅增长不同的是，大幅增长租金虽然会让所有人都感到烦恼，但是烦恼的程度反而更低。第二，在租赁公寓里，劳动力成本通常都不会达到公寓运营成本的35%，因此转嫁到人们头上的成本相应也不会太重。最后，相对于推动纽约市租金上涨的其他因素来说，加薪是相对次要的因素。租金受到控制的公寓里的人们很乐于支付租金，他们知道这是低于市场租金的。如果租金控制不起作用的话，增加的劳动力成本也就微不足道，住户可以放心地忽视它们，不会将它们视为导致租金上涨的主要因素。因此，即使住户的经济利益确实受到威胁，他们也会倾向于忽略它——而在强烈的通货膨胀导致严格控制租金比率的背景下，这是一种恰当的反应。

于是，住户和合作社公寓所有者在客观上不太看重跟门卫进行工资谈判的结果。在象征意义上，他们会拥有为门卫争取更高工资的强烈动力，因为一个人跟他的门卫进行激烈的讨价还价似乎有些尴尬。那些想要推动这种讨价还价的人，将会十分乐意地将责任转移给管理方的谈判小组。但通过这么做，他们就使一种特定的消极姿态得以可能。面对门卫，住户可以说这些谈判小组并不能真正代表他们。相反，谈判是那些模糊的外人所做的事情，这些外人跟大厅中的人的关系是疏远而神秘的。实际上显然并非如此，但住户却摆出了这种姿态，再加上缺乏真正的利益（跟门卫相比），这将意味着，住户对罢工没什么胃口。于是，他们给解决问题的管理方谈判者带来了巨大压力。而当他们确实解决问题后，门卫最终将会得到相对较好的福利和工资。

如果发生罢工，至少考虑到 1991 年罢工的后果，公寓经理最终都不会失去太多东西；就此而言，1991 年罢工也许对各方都有启发意义，这也是各方都努力避免以后发生罢工的原因之一。1991 年，门卫最初要求工资每年增长 5%。公寓经理在反击中提出改为 2%。在警戒线前待了 12 天之后，公寓经理和门卫达成协议，最终解决方案是每年涨幅不超过 3.5%。门卫获得了每周 16 美元的额外收入，或者第一年将增加 832 美元。这看起来很划算，但是当他们达成协议时，他们已经失去了 12 天或超过 1 000 美元的工资，这还不包括暂停缴费的各项福利。依靠其住户提供的免费劳动力和罢工前些天门卫、管理员的好意而使公寓正常运转的公寓经理，安然渡过了最终结算，赚到了第一年的钱，他们当然知道门卫在离开工作一周以后，他们会收支平衡。① 与此同时，如果只考虑短期状况（三年窗口期）的话，在三年协议期内，门卫的实际收益不会超过公寓经理们最初提出的每年 2%。奇怪的是，对住户（长期住户）产生某种对立态度原本是门卫的弱点的根源，但在谈判方案的价值方面，这却是其力量的源泉。门卫可能是为数不多的任职期限会比管理者更为长久的工作群体之一。这种倾向于长期任职的态度，

---

① 工会也在谈判中要求福利稍微上涨，比如最高退休金每个月增加 50 美元；增加大学奖学金，受到了雇主的部分支持。结果，这 12 天可能是真正的收支平衡点，尽管有些雇员的让步跟足够高的折现率有关，而它们的真正价值是难以估量的。

对于 32BJ 来说，是一种意想不到的好处；这正是工会在住宅公寓方面会取得更大成功的原因之一，跟商业大楼方面相比，住宅公寓方面影响更大，纠纷更少。

对于门卫来说，对于长远利益的关注会钝化劳工纠纷的尖锐程度。与此同时，对于公寓经理或合作社公寓为了应对潜在的工资增长而转嫁到住户身上的微小费用增长，住户们也很不敏感。1997 年合同谈判的主要议题也是围绕长期问题展开的。在不久前跟商业大楼雇主签订的协议中，贝沃纳同意采用一种双重薪酬制度，这将使新员工比那些长期任职的雇员少拿 20%的薪水。在 1997 年住宅公寓工人罢工前夕，贝沃纳坚持说，他绝不会同意对住宅公寓工人实施类似的双重工资政策，但最后表明，他这么说只是摆摆姿态。最终的合同让工人在他们的前三十个月内少拿 20%的工资，并使雇主在工人最初工作的两年内不用向他们支付企业年金；还允许付给暂时替代性工人的工资比常规工会工人少 40%，因此，合同对于雇主来说基本上是免费的，尽管谈判要求雇主向长期任职的门卫多支付 8.83%的薪水。① 然而，合同是对未来投下的赌注，因为 32BJ 认为他们的门卫将长期任职，于是将能够收获相对大幅增加的工资和雇员向退休金计划缴费等好处。公寓经理的选择则是尽可能降低

---

① 公寓所有者的实际成本依赖于其雇佣劳动力的规模大小和任期分布状况。比如，在一个拥有 148 个单元和 5 名常规员工的公寓里，所有者将面临的是增加 5 869 美元的常规工资，但却可以因假期的临时雇佣而节省 4 347 美元（在 19 周的假期时间内支付给他们 60%的薪水）。于是，一年的净损失是 1 522 美元。当分摊到 148 个单元时，最终每个单元每月增加的费用不到 1 美元，在每年超过 65 万美元的预算中，甚至都不值得分摊下去。

合同的短期影响，认为他们将可以就合同的各项内容（对获得长期任职的门卫给予保护）进行重新谈判。事实上，在很多大型公寓里，作为双重工资政策所带来的后果之一而产生的关键问题是，管理方会试图解雇工人。这正是32BJ更为直接地参与立法工作、以防止不公正地解雇工人的原因之一，上面讨论的239A在最近的通过就是对此的反映。

此外，综合而言，对于门卫和住户来说，劳工问题以及罢工（或罢工威胁）本身都是外在的——都外在于这两个群体的特定权力和利益之外，受到其他人的引导和执行。[1] 这两个群体都是站到对方的一边去准备罢工，都否认他们在争端中的角色。总之，他们在心理上并未为冲突做好准备。住户将门卫工作作为一种游戏来承担并支持门卫的事实，反而具有某些奇怪的意涵。这些将在下面予以讨论，但我首先将讨论其他的积极参与者在"劳工战争"中的作用。

公寓经理、警察和市政官员

如果说门卫和住户在心理上都没有为罢工做好准备，那么，

---

[1] 反讽的是，32BJ腐败和不让其会员发声这一事实，为门卫提供了一个有用的脚本来应对关于罢工的对话——罢工决定是其他人做出的，我完全无能为力，等等。如果32BJ关于罢工（和谈判解决方案）的决定实际上变得更加民主的话，那这种优雅的修辞也将消失。贝沃纳显然正确地感觉到了，这将会减少门卫获得良好交易的能力，因为他们将更有可能解决争端，而不是分享经典的工人反对模式。由于住户清楚被一个抽象的谈判群体所代表，因此，他们将不会受到这种限制。

公寓经理和市政官员却做好了准备。对于城市官僚来说，潜在的门卫罢工给他们带来的烦恼，远不如那些核心服务提供者的罢工带给他们的烦恼严重——比如运输工人或环卫工人。但门卫罢工仍然会在健康照顾、犯罪、环境卫生等一系列问题上，对城市构成问题。于是，市政府通常都会积极应对潜在的劳工行动。1991年，警方准备了紧急行动方案，来协调市政机构的各项服务，包括垃圾清理、电梯维修、医疗抢救，为残疾人老年人送上生活物品，必要时持续供应暖气和热水。纽约市设立了热线电话，由警方负责，让住户和公寓经理随时通过热线电话汇报各种各样的问题。1997年和2001年预防罢工时，也建立了类似的紧急应对方案。2001年，为了应对一场门卫罢工的潜在破坏，紧急方案筹划人员甚至追求更为积极进取的措施：朱利安尼政府提议，运用福利工人作为安保人员和垃圾处理人员。工作福利制度是朱利安尼福利改革的创新，该制度让那些正在领取市政府补贴的人，去从事无偿的公共福利工作。由于这些工人都是没有工资的，因此，该制度跟18世纪、19世纪的贫穷救济十分相似，只不过不是将他们分派到私人工厂之中（这会为血汗工厂的经营者提供免费劳动力）；工人福利的参与者会被分到城市服务岗位上，比如街头清扫工、公园清洁工等。朱利安尼政府考虑使用福利工人作为临时门卫的事实表明，他们认为避免罢工的潜在消极后果对于城市复苏至关重要。那么，如此关心罢工影响的为何是公寓经理和市政官员，而不是住户呢？他们的关心是否表明，门卫所具有的结构性力量要远比他们所意识到的大呢？总之，如何解释这些视角的不对称呢？

这个问题可能像公共关系问题一样简单。有一种观点认为，住户认识到其他人都将门卫视为奢侈品；在大多数纽约人都在没有门卫服务的情况下仍然生活得很好的背景下，他们要是承认自己没有门卫这种奢侈品就难以生活，那会让他们感觉很不好，听起来也不好。这一观点也正好与以下情况相匹配：他们似乎并不关心门卫赢得涨薪后可能导致的经济惩罚的规模。另一种观点认为，很多高端住户实际上想为这种奢侈支付更多钱。在纽约市的很多公寓里，必须拥有数百万美元才能够得到（合作社公寓的）董事会的允许。有谣言说，在上东区的有些公寓里，一个人的身价除非上十亿，否则就别想在那里获得一间公寓。① 即使在价格最低的分户出售公寓（condo buildings）中（不管那些分售价格达到一两千万美元的非常高档的公寓），公寓的平均价格也突破了 200 万美元的大关，住户通过购买状况来获得其价值。

不太富裕的住户也许不会毫不关心，但在人们倾向于对奢侈品价值的评估完全不同于普通食用物品的背景下，他们缺乏表达出他们为何想要为奢侈服务支付更少的费用的能力。所以，即使有些住户比较关心，他们也难以找出某种修辞，来使其关心变得名正言顺。如果真是这样，那么，为何其他人似乎会如此关心呢？如果那些失去奢侈服务的人难以表达清楚这种服务的重要性，那么，其他人又为何会关心奢侈服务的丧失呢？他

---

① 纳丁·布罗赞，"'哇噢'的代价在持续增长"（The Price of "Wow!" Keeps on Rising），《纽约时报》，2003 年 9 月 7 日。

们为住户发声的原因究竟是什么?

首先考虑公寓经理,他们显然处于跟他们的住户不同的境况之中。他们在一个竞争性的环境中管理、出租和销售公寓,在这种环境中,提供服务是他们所积极控制的生活境况的少数特征之一,因为价值的主要决定因素都是固定的,也即公寓的区位、景观、设计和规模。公寓经理经常也是分裂的。对于需求旺盛的高端公寓来说,其经理不必担心过高的空置率,但他们确实需要担心声誉问题。由于住户是通过住址来获得声誉的,因而,住户的不满就表示着地位可能会日益降低。在这一框架下,公寓经理明确地认识到了他们是处于奢侈品市场中的。他们也许不会太关心如何降低成本,但会非常关心提供服务的能力。这些公寓的住户尽管不会说他们离开门卫就不能生活,但公寓经理却都认识到,如果没有门卫,其公寓就难以生存。公寓经理对门卫的这种依赖,削弱了他们对门卫工资要求的抵抗力;这表明,罢工威胁很可能会有其威力。至少,高端公寓经理感到,他们将会在罢工中有所损失。声誉较低的公寓的经理,则不得不担心成本问题。但他们抵抗涨薪的能力是极其有限的。随着罢工截止日期的临近,高端公寓所有者很可能会变节。变节的威胁会对谈判一开始所采取的集体姿态构成挑战,同时也为工会创造了机会。这就是合同谈判中往往要竭力从头坚持到尾的原因。早期达成的解决方案对工会是有害的,因为早期难以暴露出公寓经理之间的分歧。

市政官员则是从另一个视角来看待可能发生的罢工。他们不关心公寓经理之间的竞争,但却会关心在市内保留高端公寓。

日益增多的犯罪，公共卫生基础设施面临的压力，而这种压力已经相对很高。但对城市而言，最为关键的是人们所感知到的生活质量，而最为深刻地形塑着人们对生活质量感知的三个因素中的两个——犯罪和垃圾——都跟门卫具有直接关联。第三个因素是交通和运输，它跟公寓大厅具有间接关联。纽约市垃圾收集的工作量是如此之大，以至人们不能每天将他们的垃圾直接丢到垃圾桶里或街上。如果他们这么做，那么，老鼠大军将会离开它们经常待的河流和地道，然后涌向街道。因此，垃圾必须在特定的时间拿出来，而在配有门卫的所有公寓里，都是门卫在负责将垃圾按时放到街上，不能太早也不能太迟。于是，市政府认识到门卫在管理垃圾，而对垃圾的管理对于整个城市的运作来说又是极为重要之事。犯罪则不同。尽管门卫很少主动阻止犯罪，但他们的存在本身经常就可能会防止犯罪；如果没有他们的存在，这些犯罪很可能就会发生。警察敏锐地意识到了这种可能性。虽然公寓经理和新闻报纸都担心犯罪分子也许会将门卫罢工视为新机会，密谋混入不设防的公寓之中，但警察认为这是不可能的。① 相反，警察更关心的是街头，他们

---

① 警察并不相信门卫会让不受欢迎之人离开公寓，但他们确实相信，门卫会让这些人远离其公寓门前的街道。于是，为了确保影响生活质量的犯罪（quality-of-life crimes）不会增加，一旦遇到罢工，警察将不得不加强高档小区的巡逻。这就是为何警察尽管不反对门前的住户志愿者处理公寓内部的惯例性事情，但却仍然认为他们提供的保护是很少的，因为他们不会离开大厅，不会关注街头的事情。这也正是朱利安尼想让福利参与者来提供帮助的实际原因。门卫在门前工作的同时，实际上也在街头工作。当然，让无偿的福利接受者蹩脚地模仿门卫，为那些"控制着纽约市经济命脉"的人看门，虽然会在小报上掀起争议，但却少有劳工争议。

的这个直觉是对的，因为他们确实认为，门卫会让陌生人远离他们。正如警察的认识那样，在过去的十五年中，门卫积极参与到了预防犯罪的工作之中。

在警察开始相信他们可能通过让潜在的犯罪分子难以四处流窜而不被阻止，从而控制街头之前，门卫已经在公寓的内部世界与混乱无序的街头之间开展工作了。虽然门卫也许不会阻止公寓内犯罪，但他们也许可以制止街头犯罪（警察也相信这一点）。因此，市政府关心的是重要的治安功能的消失。由于垃圾和安全都是决定市长受欢迎程度的重要因素，因此，市政府通常都会竭力应对罢工威胁。于是，人们在此再次感到，门卫比人们此前所想的要更具影响力。然而，关键也许在于门卫是难以替代的，即，其他工人不能轻轻松松地干他们的工作，比如商业大楼的清洁工，他们的工作经常都会随时被分包商撤换。尽管门卫工作不需要各种正式技能，但他们确实拥有难以被取代的技能（如我们前面所看到的）。这是因为他们的技能源自他们对住户的了解，这只有从亲身经历中才能获得。

结构性力量

前面曾提出的一个观点是，跟人们通常的看法相比，门卫拥有更大的结构性力量。然而，从上流和下流之间的联系角度来看的话，很难理解这种结构性力量源自何处。但是，贝沃纳曾威胁欧艾斯集团的董事长说，如果他不能就加州事件达成一份公正的解决方案的话，那么，在纽约市为欧艾斯集团工作的五千名清洁工将会发动罢工；当贝沃纳这么威胁欧艾斯集团的时候，32BJ 正是在使用其结构性力量并获得了显著成效。在讨论贝沃纳代表距离纽约数千英里之外的清洁工部署火力的能力之前，首先更为仔细地讨论结构性力量的观念将会很有帮助。

　　结构性力量这一观念虽然源自马克思，但却在迈克尔·施瓦茨（Michael Schwartz）的一本重要著作《激进抗议与社会结构》（*Radical Protest and Social Structure*）中得到了最为全面的发展，该书记录了世纪之交南部农民联盟的瓦解。该书描述了即将进入 20 世纪之前南部农民如何面临着一种绝望的处境：看起来，不管收成多么好，农民每年都会承受越来越多的债务，这增加了他们对于棉花和他们陷入其中的劳役债务体系的依赖。在这种背景下，他们试图通过共同销售其产品，来努力避免陷入劳役债务之中。这个故事尽管又长又复杂，但基本思想却很容易把握。农民组织成一个农民联盟，在乡村到处寻找并按照市场价格购买棉花，批量购买种子和肥料，并以市场价格将其销售给联盟商店中的联盟成员。农民通过这种方式可以避免陷入债务之中，地主将不得不以不压榨利益的合理价格在他们的商店里销售产品，而农民将重获他们的自由。

　　结果，农民联盟的代理人很早就开始行动，到乡村去，在收获季节的早期就购买棉花。他们遭到了殴打和私刑。但他们还是占了上风，努力为联盟商店带来了重要的供应品。农民前往联盟商店购买当年的种子和食物，根据他们的棉花产量的价值，在下年付钱。看起来像是有救了。但生活并非农民联盟成员所想的那么简单。在下游，一系列坏事接踵而至。地主的商店宣告破产，商店所有者开始拖欠银行贷款。业已摇摇欲坠的银行，恳求北方的铁路控制者，让他们阻止农民联盟将其棉花运送到得克萨斯、查尔斯顿和新奥尔良的市场上。这些铁路遵照而行，农民联盟不得不寻找其他的（也更贵的）运输路线。他们在这一点上是成功的，但是，当他们将棉花运到市场上时才发现，他们的货物卖不出去，因为英格兰的主要棉花代理人都坚持认为，棉花应该用黄麻包裹住，而这是农民联盟未能控制的，因而难以销售出去。联盟商店陷入债务之中，农民被迫回到了地主们的魔爪之下，而劳役债务过程虽然暂时推迟了，但却仍然有增无减。

这是一个有关结构性力量位于何处的故事。农民控制着棉花的生产，但却不能将其销售出去。当他们自己发展出了竞争性的地方市场时，这些市场却威胁到了商店所有者和地主。地主和商店所有者的破产威胁到了银行的生存，于是，银行使冲突升级，阻止农民联盟使用长距离的交通运输网络。当农民联盟为了抵制他们对铁路的控制，而发展出竞争性的运输体系时，铁路也就失去了其垄断性的控制，因此，英国投资者又面临着其投资的损失。为了保护他们在铁路方面的利益，他们阻止农民联盟将棉花船运到英格兰，除非他们用黄麻将棉花包裹起来。而黄麻市场是他们的。

最后，农民联盟发现，体制内的真正力量总是比他们为了控制农业生产而小心发展的另一种交换安排更高一筹。生产者不会在建立另一种交换体系方面取得成功，因为他们的结构性力量不在于交换，而在于生产。为了取得成功，他们需要从棉花生产中直接撤出其劳动力——或者参与到逐渐形成的种族国家之中。在南方，人们追求后一种选择，以便跨越种族界限，使集体行动得以可能，并谴责黑人和白人佃农的世代贫困问题。①

回到纽约、加州和贝沃纳。贝沃纳之所以能够影响欧艾斯集团与劳工之间的谈判，只是因为跟世界之城洛杉矶相比，欧艾斯集团对纽约拥有更大的兴趣。面对削弱纽约市劳工行动的可能（该劳工行动是为了支持在一个很不重要的市场部门中，很小的劳工力量所发起的一次远距离罢工），欧艾斯集团似乎屈服了，并对洛杉矶清洁工的工资要求做出了让步。这些要求比较温和，无疑促进了解决方案的快速达成，但这个事件中的关键因素是 32BJ 的干预。跟农民联盟不同的是，代表 32BJ 的贝沃纳能够使斗争升级，让斗争影响到了欧艾斯集团在纽约市的核心利益。而欧艾斯集团至少在短期内是难以阻止这种升级的，因为纽约市的上下游企业不太可能同情小小加州市场上的欧艾斯问题，该市场上的工资要求是如此微不足道。

然而，引人注目的是，32BJ 也有其能力限制，它难以为其商业部门中的成员带来更为显著的工资收益。他们为何可以代

---

① 参见施瓦茨，《种族抗议与社会结构》（Radical Protest and Social Structure）；雷丁，《制造种族和权力》（Making Race and Power）。

表工人对数千英里之外的事情施加结构性力量，但却不能防止本地商业大楼工人的工资被侵蚀呢？从历史上看，答案便是腐败，表现为工会愿意快速签订各种合同，而这让大部分商业劳工力量脱离了工会合同。① 由于菲什曼领导的 32BJ 开始走向复兴，因而它能够为其商业部门的工人争取到更好的合同，同时扭转成员的大规模退出问题。

然而，住宅公寓的门卫比商业大楼的门卫受到更多保护，而人们必然会惊讶地发现，显然没有多大结构性力量的住宅公寓门卫却具有很强的谈判能力并达到了如此高的薪酬水平。对此有三种可能的解释。第一种观点认为，门卫确实拥有结构性力量，尽管其劳动力的直接受益者（住户）否认他们对门卫的依赖。如果住户并不依赖门卫，那管理方也许会依赖门卫，因为如上所述，在高风险的奢侈品市场上，公寓经理甚至不能承担门卫服务的短暂消失。第二种观点认为，门卫坐享商业工人带来的好处，至少会尽量如此，他们甚至从 1996 年的商业工人合同中受益，该合同是在使商业工人工会成员精疲力竭的一次激烈罢工后签订的。② 第三种观点认为，住户为门卫提供了很大

---

① 组织化的犯罪分子认为他们可以从工会那里争取到住宅方面的让步，这一事实表明，腐败的工会领导人参与了 20 世纪 90 年代的成员大规模退出，因而削弱了工会的会员基础。跟生产部门和服务部门中的其他工人相比，商业大楼工人在 20 世纪 90 年代所经历的工资下降，很可能是腐败的后果。

② 对此还有另一种版本的解释，也即认为，紧随着 20 世纪 90 年代早期欧艾斯罢工和 32BJ 对世纪之城工人的支持，欧艾斯和其他公司开始努力削弱 32BJ 对纽约之外的劳工协议的影响力。虽然在谈判桌上坚持极为强硬的立场（表现在对于商业工人的较差合同之中），但主要的攻击点是利用腐败及其弱点，使整个事情对贝沃纳及其领导团队更有吸引力，但却以牺牲每个工会会员的利益为代价。在这种模式中，将冲突升级到更高层级的能力，也即复杂系统中的结构（转下页）

支持。

在 20 世纪 90 年代坐享商业工人的结构性力量是一种可能性解释，但它不能说明一种巨大的反讽。当工会威胁要罢工的时候，如果他们宣布不想罢工，并且通过提前为住户做好准备以使住户在没有他们的时候也可以一切顺利，从而"打败"罢工，那他们将会因不罢工而做得更好。如果罢工是可信的，那门卫将会从他们努力服务的住户那里赢得巨大的善意，只要罢工威胁不是源自他们，而是源自某些脱离现实的工会官员。在贝沃纳领导之下，这种从工会中自我疏离出来的做法会更为容易——部分原因在于，反对任何参与民主征兆的工会领导人鼓励人们这么做。门卫在谈论中经常将工会和公寓管理方视为"他们"，而与"他们"相对的便是包括住户在内的"我们"。其消极姿态让那些关心他们这一方的住户，反对他们的公寓管理方。在出租房产中，冲突会被升级为针对神秘的房东或管理群体，而住户则跟门卫保持利益同盟。在分户出售的公寓里，业主可以辩称他们是代表出租房产中的租户利益出来争论的，而后者的阶级地位是低于他们的。在这种脉络下，即使是精英业主，也可以通过表达出跟工人的"团结"，来获得其地位。无论何种方式，都会形成一种不同寻常的联盟，这种联盟强化了门卫与

（接上页）性力量的标志，从工人一方转移走了，重新回到了雇主手里。这种转变很大程度上将住宅部门中的工人孤立了出来，因为大的雇主很少会对住宅公寓的合同感兴趣，住宅公寓的合同通常都是工人跟很小的雇主群体签订的，这些小雇主群体代表的是房东和公寓经理。留给他们自己的策略，同时也是一个腐败工会留给他们的礼物（让门卫和住户在修辞上结成利益同盟），便是门卫在没有采取劳动行动的情况下就获得了签订合同的好处。

住户之间的长期关系。尽管门卫否认他们是被住户所需要的,但没有人会真的相信他们的否认。毕竟,这就像是一个人的母亲对他说:"假期不用因为担心我专门跑过来,我可以自己喝鸡汤。"无论如何,住户都需要门卫——即使他们不能或不会公开这么说。人们不可能说他为了地位而需要门卫,因为这样一种表述比承认人们实际上一无所有还要难以说出口。

当门卫准备好让住户在罢工时接手他们的工作时,住户就可以进入想象中的游戏世界之中。这个世界让他们间接感到他们在参与罢工,而不是挫败罢工,但他们想要做的最后一件事却是帮助门卫顺利归来。潜在的罢工为门卫和住户都提供了一次绝好的表达团结的机会。甚至于在这种"团结"的脉络下,他们都没有注意到他们之间的严重不对称性。没有人会去想,门卫应该每隔几年就扮演一下住户的角色,住住他们的公寓,过过他们的生活。但对于扮演门卫角色的住户,以及对于帮助住户从外人眼光来看待他们所熟悉的大厅世界的门卫来说,他们的体验正如一位住户所言,"是我将会永远铭记的事情"。

小　　结

32BJ 这个地方分会代表着纽约市的多数门卫,曾经是一个臭名昭著的腐败工会。在正常情况下,领导层的腐败削弱了工人在寻求提升其工资和福利时的讨价还价立场。这最终便是 32BJ 所代表的商业职工们所遭遇的境况。但对于住宅公寓的职工来说，工会在历史上的腐败却使门卫跟住户在罢工前夕结为同盟，从而使住户支持他们的威胁性的劳工行动。门卫培训住户去做他们的工作，帮助住户在劳工行动进行时的混乱处境中做到最好。而住户则向门卫保证，他们将一直支持他们。面对以危机模式来应对门卫罢工之危险的市政官员，住户对于门卫的支持是可以被明显感知到的；管理方则感到，住户对劳工行动的成本漠不关心，因而他们在劳工谈判中的立场也会受到严重削弱。就此而言，腐败间接促成了其成员的利益，使门卫不是将自己视为产业工人，而是视为专业人士，投身于向客户提供高度细分性服务的事业之中，帮助塑造客户的偏好，因而导致他们跟工会之间存在巨大距离。

反讽的是，在惯例化的工会管理之下，工人利益在实践中和象征意义上都应该跟工会目标保持一致，劳工行动的威胁应该使住户和门卫之间更有可能发生冲突，因而最终导致较差的工资解决方案。这里可能存在一个值得人们注意的困惑。在短期内，人们也许会怀疑，工会在规范意义上越好，它的实际表现就越差。对32BJ的清理，将冒着留下金蛋而杀死生金蛋的母鹅的危险。专业主义要求便是金蛋，奢侈品市场则是母鹅。那些将自己视为工人的人，是不能服务于这种市场的。反讽的是，如果32BJ成功地将门卫转变为工人，那也许将会消除其成功的基础。至少在历史上，只有当门卫使自己跟工会保持距离时，他们才能加入其他奇怪的协作之中，这种奇怪的协作使门卫和住户结为同盟，共同对付远方的敌人（管理方和工会），最终向想要维持较低劳动力成本的管理方施加压力。

但也存在专业职工成功实现工会化的各种模式——他们的工会化并未剥夺他们的自主性，而自主性是做出实质性决定和根据自由判断采取行动所必需的。32BJ可以按照这些道路对工人进行组织。如果他们这样做，那将标志着一种惊人的转变。人们不必想得太远，当最早的门卫刚刚移民到纽约的时候，每周辛苦工作70小时甚至更多小时，只为了很少的一点报酬，没有社保。他们肯定不会想到，那些踏着他们足迹的人们，能够正当地提出他们现在有关其社会地位和工资收入的各种要求。

第八章

结　语

第八章 结 语

　　田野研究中一个常见妄想是，以研究者离开田野到整理成书之间的或长或短时间内研究对象所遭遇的情况作为结束。我们可以将此称为**重访**观念（the *revisiting* idea）。[1] 上面所界定的重访拥有一系列很吸引人的特点。首先，它可以实现我认为对任何好的社会学研究来说都至关重要的检验——就是说获得的任何结果都是有趣的。我将这一点称为双尾检验，尽管它跟同名的统计检验没有任何关系。通常认为，只有当对研究者起到引导作用的两个竞争性假设中至少有一个得到证实，并且两个结果都很有趣的时候，这个研究项目才是值得去做的。[2] 在"重访"研究中，正好可以确保这一点，因为人们可以在重访中发现，研究对象及其脉络是发生了变化还是保持不变，或者在某些方面发生了变化而在其他方面保持不变。于是，任何可能的变化都会产生一个有趣的故事，我们可以用很多方式来讲述

---

[1] 这一策略受到了另一项民族志妄想，即详细描述少数核心对象的促进。这种描述经常在民族志解释中得到运用，因为它可以使读者随着少数几个人的经验的展开，跟上一个复杂的叙事过程。如果你对此很了解，你就会看到，我并未遵循这一路径。

[2] 要进行检验，首先要求某个理论是可以被检验的，多种结果的出现是可能的。第二个要求则更为严格，也即，所有结果都需要很有趣。所谓有趣，我的意思是指没有明显的同义反复（尽管同义反复经常也非常有用），对于这种情况没有明显的预期。这并不是说，只有当结果完全出乎意料才会有趣，只有结果很有趣，才应该做社会学研究。在很多情况下，被预期到也是很有趣的。

这些故事。①

就本研究而言，在研究和写作之间的这段时间内，门卫和住户所面临的很多事情可能都发生了变化。本研究主要是在 2001 年 9 月 11 日前后进行的。人们可能会怀疑，9·11 事件及其后果很可能会在某些根本方面对门卫的工作及其跟住户的关系造成结构性的影响。美国人在安全幌子下所受到的监视肯定会显著增加。同样肯定的是，美国人变得越来越习惯于受到监视。曾经只是作为亲子娱乐方式的摄像机，现在则充斥于各个公共场所。几年前还曾遭到敌意的安检程序，现在则被视为生活在国际时代的代价而被接受。政府侵入普通公民的生活，曾经遭到很多利益不同之人（不管左派还是右派）的强烈反对，但现在却成为我们生活现实的另一部分。

对于安全问题的强烈关心和接受，还对普通美国人的心理造成了某种影响；从随便观察中就可看出，他们似乎因受到惊吓而对各种管理他们在公共场所中言行举止的要求都胆怯地给予了默许。其中有些变化似乎是变得更好了。人们肯定很少会看到 9·11 事件之前所经常看到的那些"闹剧"了。如果说以礼貌要求为基础来管理人们言行举止的尝试并不成功的话，那么，以安全问题为基础则获得了成功。现在，在当局有能力监控个体行为的那些场所——公共汽车站、火车站、商场和商店、加油站、学校、公园等，各种情况都会受到怀疑，并经常会用

---

① 冒着被视为迂腐的危险，我想指出，所有对象都会发生变化，即使那些一直依赖同样行为惯例和同样思想的人。因此，他们可能会更加根深蒂固，不管是好还是坏。这种类型的例子几乎是不胜枚举。

过多的警力来予以处置，就像是要为其他地方做出榜样似的。比如，单以机场为例，人们就可以看到，无数飞机延迟事件都是因为飞机乘客的无聊闹剧，清理入口是因为登机程序被人打断，有人被逮捕只是因为他大吵大闹地抱怨这个或那个。

人们还会感到开放性的减少，在9·11事件及其余波之前，开放性曾是美国最吸引人的特点之一。通过匈牙利黑手党获得工作的艾萨克曾告诉我们，美国是与众不同的，因为它对其他人保持开放。

跟欧洲人相比，美国人总体上要更为礼貌。我跟每个人都说，在欧洲，当你到另一个国家时，他们会说："你为何会来这儿？"那里的人们仍然彼此怀疑。但美国人则会更加接受他人；这是整个国家的精神，几乎每个美国人都是移民，有些人是祖上移民过来，已经好几代了。

这种开放性，成为9·11事件及其余波的最明显牺牲因素。前面提到的那些安保人员和公共领域中的其他监管人员，似乎都不再那么友好和健谈。相反，人们通常都会遇到，只能从小暴君那里才会见识到的那种小气。公共候车室中划的线条成为虚拟的墙壁，因为小官员在向等候的人群实施其权威。这种权威的实施始终是次要工作人员的一个目标，现在在安保和安全的幌子下，它变得合法化了。由于公共场所中的这些安保人员通常都不能做出实质决定，因此，他们往往会更为强烈地遵守各种形式化的规章制度，即使这些规章制度显然看起来很荒谬。

这些事情不完全是新的。在过去的三十多年时间里，各种各样的学术专家和非学术专家都抱怨说，实质判断已经被世界所抛弃，取而代之的是空洞的形式主义。同样，不管在美国还是其他地方，很多观察者都注意到，那些有点小权力的人会努力在他们的那一点职权范围内实施权威。最后，到现在已有一段时间了，很多人都特别关心日常生活的私人化，因为这种私人化构成了走向专制的最大危险，不管是仁慈的（也就是为了我们的安全）还是不仁慈的。[1]

　　这种私人化所采取的形式之一，便是对于看起来不认识或不熟悉之人所持有的妄想和怀疑日益增加。或者，换句话说，是信任受到了影响。即使不是完全新颖之事，这些趋势（日常生活的私人化、政府监控的增强以及不断增多的小官员对于权威的过多实施），也因其规模扩张而存在质的区别。不论如何称呼这些变化，也不论其变化程度如何，它们都形塑了人们对于如下事情的处理方式：走向公共空间，在公共空间内跟当局接触，以及他们跟或远或近、认识或不认识的其他人之间的关系。现在，门卫和住户正处于这种变化的脉络之中，联合建构着他们的共同世界。9·11事件及其后果如何形塑了这种建构，便是该结语部分的主要关怀，我首先重访了前述各章所讨论的那些场所和问题；现在则着眼于评估是否发生了任何显著变化。在此，我所整理的证据仅仅来自简单的观察，仅限于零散观察到

---

[1] 斯莱特（Slater），《追求孤独》（*Pursuit of Loneliness*）；贝拉等（Bellah et al.），《心灵的习性》（*Habits of the Heart*）；帕特南（Putnam），《独自打保龄》（*Bowling Alone*）。

的少数快照式的场景。

微小变化

这种方式也许会错失变化，但或许很奇怪的是，似乎确实很少发生变化。理解为何如此，将很有启发；我相信，有很多原因导致了这种稳定性。首先，配有门卫的公寓里的安全一直都是很好的，多数公寓都不需要在9·11事件的影响下改变其安保制度。尽管很多商业大楼在出入政策方面做出了重要改变，多数情况下都需要出示带有照片的证件，但住宅公寓早已在实施类似的制度。如果说门卫没有严格为每位访客拍照，那是因为他们的"照片库存"让他们能够认出多数要进去的人，并将他们跟住户联系起来，知道如何应对他们的到来。第二，在住宅公寓里，门卫经常都已经拥有正式的安保制度和安保惯例。他们之所以没有遵循这些制度，是因为如果这样做，那他们将会创造出各种各样的实质性非理性（substantive irrationalities），因而会失去他们的专业地位，难以提供服务。然而，他们也会遵守规则。他们经常会按照规章制度来培养住户，让住户成为客户。在9·11事件的直接影响下，尽管很多公寓都发布了新的安保制度，贴出了新的标识让住户知道门卫必须遵守这些规章制度，但门卫—住户关系的特殊性质仍然没有发生改变。而在现在，门卫仍然在培养住户形成其偏好，仍然在按照他们的引导确定与之接触的惯例，仍然为了实现实质理性而不顾规章制度。如果他们不这样做,那他们将难以坚持他们对于职业地位的要求。与此同时,住户也难以坚持和形塑他们的地位要求,因为不管服务多好,让每个人都接受同样的对待,都意味着人们的地位是毫无价值的。大厅的各种要求需要门卫的自由判断,以便形成区隔;就此而言,公寓的安保工作仍然一如既往地严厉或松弛。

相比之下,在9·11事件之前,没有保安制度的商业空间和公共空间通常都会安装无需任何实质判断就可自行运作的系统。安装速度在此起到了一定作用,但最重要的是,商业系统的设计是要使任何一个接受一点培训、有一点智商的人就可以操作它们。① 在安保系统已经安装且看似没有故障的公共空间中,人们进入的唯一方式就是遵照盲目的形式主义,也就是说,已经存在的形式制度会得到无情遵守。即便这种制度现在在公共空间和商业空间中得到了遵守,它们也不能在门卫工作的住宅公寓中得到遵守,实际上也确实没有得到遵守。

在全国,人们对安保修辞的关注越来越多。我们只需看一下,各种乱七八糟的新的监视和监控系统现在都在事后被当作安保设施,就可以看出这一点了。同样,越来越高效的新的人员处理系统——其设计是为了节省劳动力,经常被描述为必要

---

① 当然,这是最令人沮丧的。不管操作人员,还是系统,都不能做出实质性决定;由于小小的安保操作员通常缺乏处理灰色地带的能力,而这种能力是做出判断和灵活交际所必需的,因此,他们对于各种挑战的反应往往是不佳的。因为他们通常反应不佳,所以,该系统运作的目的是要快速动用警力、保护每个个体,不管合理与否。比如,因为一个有关鞋子炸弹(shoe bomb)的冷笑话,而使航班暂停。

的安保设施,这是各种不便都被包裹在一种难以挑战的修辞结构中所导致的后果。最后,安保还为供大众使用的诸如商场、购物广场等私人空间的所有者,提供了新的工具,使其可以消除那些看似对商业经营不利的"因素"。尽管这种发展形塑了从银行到百货商店整个系列场所中的互动结构,但是,大厅场所具有的一个典型特征是安保修辞早在9·11事件之前就已处于霸权地位,尽管它缺乏可被明显感知到的现实。另一方面,这意味着,不管门卫还是住户,都不需要对一种新的安保体制进行心理调适。在9·11事件之前,对奢侈品的炫耀性消费感到不适的住户,就经常运用安保措辞向他们的门卫做出解释。现在,这种修辞甚至获得了更大的"可移植性";因为对"安保"修辞的援用,为服务提供了一种可以被立即识别出的正当理由。[①] 9·11事件及其后果只是让这种修辞诀窍变得更为坚固了。反讽的是,全国人民对于安保的日益关注,使那些并不关心炫耀性消费奢侈品的人们,在将其公寓内的服务描述为**服务**时,拥有了更大的自由度。尽管公寓经理都强调其公寓是安全的,但安全现在已经被视为配有门卫的公寓理所当然具有的特征。因为它已不再拥有市场价值,拥有市场价值的是专业化的服务。在这一背景下,自9·11事件以来,很多配有门卫的公寓开始紧跟门卫发展潮流,雇人来为其住户提供专业化的服务,

---

① 航空业在很多年前就发生了与此十分相似的转变,当时,以服务乘客为主要职能的乘务员(stewardesses),转变成了空乘人员(flight attendants),后者的主要工作是在发生空难时确保客户和机组人员的安全。空难的发生频率很低也不能证明这样一种转变是不重要的;因为门卫很少面对犯罪也不能阻止犯罪,也经历了同样的转变。

包括在浪漫夜晚送上玫瑰花，赠送特定场合的门票，甚至为访客提供绣花枕套。

虽然对于安保体制的心理调适不成什么问题，但安保被放大的新的社会结构，却为门卫提供了各种更好的诀窍。在9·11事件之前，必要时，门卫可能会利用那些对他们有利的规章制度。于是，那些将他们作为工人来对待的雇主，经常会受到雇主般的对待，也即严格遵守"门卫规范手册"。如果要求门卫登记包裹，他们可能就会这么做。但是，他们也许不会通知住户，他有个包裹寄到了。同样，如果外卖被送到了大厅，门卫也不会让外卖员在不受监管的情况下自己上楼去，他们可以并将会把住户叫下来，让他自己取回自己定的东西。在这样一种体制下，住户会足够聪明地认识到，受到不同对待的其他人会学着跟门卫合作共事。其他人可能会感到烦恼，但由于门卫是按章办事，住户也很少能够找到投诉的理由。9·11事件之后，"门卫规范手册"的正式改变，为门卫增加了几个可在其纪律性盔甲保护下使用的武器。由于安保经常被挂在每个人的口头上，指出他们不做某事是因为这件事有安全风险，通常就足以能够消除住户的不满。虽然安保修辞的可移植性似乎很高，但各种诀窍往往是相通的，没有任何理由可以认为，老的诀窍已不适用了。

同样，也很难找到证据表明，9·11事件之后，大厅中的互动过程发生了改变。这部分是由于门卫工作的性质，也即，将大厅跟街头的不确定性和无序性隔绝开来。门卫向进出公寓的住户所打的招呼，甚至如快速说你好或轻轻点头这样的微妙姿态,都在象征意义上划分出了公寓内外的界限。这种象征性划界很可能会使老的惯例在新的背景下得到繁荣。由于门卫会使大厅跟外部世界的混乱无序隔绝开来,因此,可以毫不惊讶地发现,外部世界的变化即使真会渗透到小的公寓世界之中,那也是参差不齐的。

外部世界的有些变化使门卫的工作在某些方面变得更难了,但在其他方面却变得更容易了。在9·11事件之后,纽约市进入了财政紧缩和经济衰退的困难时期。尽管经济有所复苏,但人们还是很容易就会感觉到困难时期的影响。跟9·11事件之前相比,在上西区和下西区的精英社区的街道现在变得脏了很多。这些街道的治安还比较差,并且越来越被日益增长的无家可归之人占据,这些无家可归者的客观处境在过去两年内急剧恶化。只需考虑一下门卫工作的那些精英区域,就可说明问题。城市衰退的其他迹象在这些区域也很明显,比如,在垃圾区域及其周围会看到很多老鼠,在公共区域有很多破损的长凳,以及没有被照料好的用于休息和游玩的公共空间。在游客很少涉足的曼哈顿其他区域,衰退迹象更为明显,9·11事件对经济冲击的全面影响更为显著。从消极方面看,警察神出鬼没,让门卫很少有机会通过帮住户看车以免使其贴上罚单来为其住户提供帮助。这意味着他们"做得少了",但提供的服务也少了。同样,旅游业的微妙衰落让出租车更容易被叫到。而这意味着,跟此前相比,住户对门卫的需要似乎变少了。同样,在担心啮齿动物入侵的背景下,对于垃圾的管理就变得更为紧迫了。同样成问题的是,布隆伯格政府的垃圾回收计划,引发了纽约人对于什么是可回收物、什么不是可回收物的广泛困惑。这种困惑导致多数公寓的垃圾处理惯例陷入混乱之中。从积极方面看，日常生活结构的微妙变化却为门卫创造了更多机会，尽管也会加快其工作节奏。门卫们说，跟此前相比，住户会更加喜欢叫外卖、在家看电影、从主要网商那里订购物品了。所有这些变化在某种程度上都反映了日常生活的愈益私人化，尽管它们都不能直接归因于9·11事件，但都反映了私人空间与公共空间之间界限日益得到强化的趋势。随着这一界限的持续强化，人们可以预测，对于住户来说，门卫的角色将变得越来越重要，因为他们站在街头、市场所构成的外部世界与公寓、内心（或肠胃）所构成的内在世界之间。

浏览橱窗

几天前，我跟一位同事喝啤酒，他发现我即将完成一本书，于是问我，可否用**一句话**概括，这是一本书什么样的书。这是一个很直接的问题，过了一会儿，我回复给他一句话。对于社会科学家来说，这经常也是一个很难回答的问题，尤其是像本书这样的研究，它不是叙述驱动或理论驱动的，而是要尽力描述社会脉络，以便揭示出各种互动模式和理解模式，而这些模式也许跟我们对其他不同场所的观察紧密相关。对于这一问题，可以有很多小的回答。而在本书中，对于跟门卫和其他工人、住户和其他客户相关的一些困惑，我都给出了一些回答。其中一类困惑跟社会封闭和歧视体验有关,另一类困惑则事关管理服务系统内的服务优先次序问题,但除此之外,还有一类困惑跟职业主义要求的基础有关。我试图表明,通过关注具体社会结构中的互动机制,可以解答这些实际存在的困惑。这是一本关于双重性(dualities)的书:结构性互动、管理不确定性、吸收不洁、市场中的匹配倾向、信任网络、弱关系、被用作策略和诀窍的规范、在重要他人中诱导出偏好、少数紧急事态等;同时,这也是一项对于新专业职工阶级的研究。这种回答就有点像浏览商店橱窗。你看到很多有趣的东西,但有时却什么也不买,这确实令人沮丧。

解答困惑本身并非目的,或者至少说,我想要表明,我们可以做的远不只是解答困惑。为了表明这一点,我将回到我在本书中已经探讨过的、从特定橱窗角度做出的三个陈述,主要聚焦于我一开始就提出的三个问题。

为何门卫并非种族主义者,但其行动方式却看似歧视? 这一点很简单,当态度跟做出行为的脉络相脱离时,态度和行为经常会不一致。当门卫对待黑人访客的方式不同于白人访客时,不是因为他们不喜欢或不信任黑人,而是因为他们是按照一种极其有效的同质性理论(homophily theory)来对待访客的。由于社会阶级(和种族)会导致友谊的隔离,因此,主要在白人公寓内工作的门卫在严格检查黑人时,表达出了其住户对于白人访客的偏好。就此而言,门卫的行为就成为一个橱窗,不只是他们自己意识的橱窗,也是其住户意识的橱窗。

为何管理员并非种族主义者,但他们参与的雇佣程序总体上

却是歧视性的？ 管理员可以雇用少量门卫。在做出雇佣决策时，他们依赖于朋友、门卫和工会的推荐。该朋友跟他们的关系越近，他们与之就越有共鸣，也就越能理解该朋友推荐某人的依据。结果，他们倾向于在关系紧密的弱关系网络中雇人。由于这种网络在族裔性上是有偏向的，因此，管理员获得的都是同一个族群成员的相信。每个决策在微观上都是理性的，然而却导致了不平等的雇佣程序。就此而言，管理员的行为同样也是一个橱窗，不只是他们自己意识的橱窗，也是他们所嵌入的友谊网络结构的橱窗。

当住户需要门卫时，他们往往忙碌不堪，而当住户看到他们时，他们又经常无所事事，门卫是如何克服这一难题的？ 门卫会制造出让住户们之间产生区隔的服务偏好，以便为其提供个人化的服务。这可以使门卫表达出其服务意愿，尽管在住户需要时，他们也许难以提供服务。就此而言，住户所拥有的偏好不但是住户自己意识的橱窗，而且还是门卫用来管理住户感知的各种诀窍的橱窗。

我们可以继续回顾本书在其他地方已经提供解答的所有问题。但这将是多余的。上面这几点似乎不言而喻地表明，在所有情况下，观察和访谈不但让我们更加接近了研究对象的意识，而且更加接近了通过这些意识而得到表达的社会脉络。

制 造 住 户

在计件工资决定薪酬的工厂车间中，工人经常要努力平衡两个相互矛盾的要求：一个是工作车间的要求，该要求会对过快或过慢的计件工作施加强烈限制；另一个是自我利益的要求，该要求促使工人想努力多赚一点钱。[①] 当工人工作时，他们也在为资本主义的再生产创造条件；他们并非有意如此，但计件工资结构和工作车间规范导致了这一点，作为其劳动力的副产品，他们默认了这一生产过程。这些场所中的工人具有局部理性，在他们发觉自己所处的就业条件下，他们运用地方性知识，来个体性和集体性地努力获得最好的收益。无疑，在其他条件下，他们将会倾向于其他选择；但在很大程度上，这些对于我们理解工厂车间结构如何通过个体来说话无甚关联。在此，跟工厂车间比较相似的是，在公寓大厅内，门卫（以及住户、管理员、客人和快递员）所面临的结构，形塑着问题方向、解决方案、认识状况和抱负；对此的最佳理解方式，便是关注最初对于交易条款的地方性理解，如何导致了全局不理性但却局部理性的行为惯例。为了理解这种紧张，人们需要探寻决定情境定义的地方性逻辑。这些逻辑对于行动者来说很可能不那么清晰易懂，但其踪迹就显露在他们的实践活动中，就显露在他们对于时间、人群及进出大厅的人流的管理中。

就像工厂车间的工人要管理好分别涉及集体利益和自我利益的两种相互矛盾的要求，门卫也是在诸多限制下追求个人目标和集体目标，这两种目标即使不是一直都相互矛盾，也是经

---

① 布洛维（Burawoy），《制造同意》（*Manufacturing Consent*）；米切尔（Mitchell），《城市情境中的社会网络》（*Social Networks in Urban Situations*）。

常处于紧张之中的。比如，为了提供服务，门卫通过制造出不同住户之间的区隔，来对他们嵌入其中的服务体系的矛盾要求做出回应。对于区隔的这种建构，跟住户想要感受到自己是独特的这种欲望具有亲和性，不管感到自己独特是表达其自身地位的方式，还是为了克服生活在"大都市"中的生活疏离。如果住户对于他们跟门卫的关系毫无兴趣，而门卫对于提供专业服务、个人化服务也毫无兴趣，那我们可以预料，能够诱引出住户之间区隔的那些实践性惯例也就不会产生了。与此同时，门卫和住户也没有任何理由来清楚地说明，他们的互动目标是要诱引出这种区隔。事实上，这不是他们的目标，不管这些目标多么谨慎适度，还是多么满怀抱负。作为谨慎适度的目标，门卫和住户会想着更快乐，甚至有些优雅地度过他们的每一天。作为更加满怀抱负的目标，门卫和住户会想着去解决秩序问题。而对住户之间区隔的诱引则在这两方面都做出了贡献。

在本书一开始，我曾指出，社会学家对于日常职业的日常社会机制，往往缺乏兴趣。对于日常惯例的忽视是令人遗憾的，即使只是因为多数人的多数时间都是在这些日常场所中度过的，而社会学作为一门学科，似乎应该对这些惯常世界说点什么。这种漠不关心的原因之一在于，上面所描述的双尾检验结果十分显著。如果我们研究一个"怪异的"人群，我们就可以保证获得一个有趣的结果，不管我们的预期最终实现了（因而最终使这个怪异的群体就像我们一样），还是没有实现（于是使他们看起来很怪异并且值得予以研究）。相比之下，研究惯常人群则冒着揭示出其社会行为、思想和理解背后的惯常性基础的危险。

这种漠不关心的第二个原因则是实践性的：跟不同寻常的情境相比，我们更难以看出日常情境中的日常机制。社会学家凭直觉就很清楚这一点，因为（与很多方法论争论相反）社会学家和田野之间的距离，会帮助而不是阻止他们获得新洞见的能力。①因此，他们会探寻遥远的对象，以便帮助自己获得洞见。但反讽的是，如果观察的橱窗展现的不是观察者的意识，而是其他人的理论、诀窍、意识和过程，那么，对于遥远人群的研究所得出的观点，也许比我们通常所想的要更受局限，也就是说，是通过他人意识去认识遥远人群的。

在此，通过所观察到的行为构成的橱窗，我们观察到，社会行动的真正源泉在于一整套的可行理论、各种诀窍和更大的网络互动过程。这些理论、诀窍和过程似乎是社会事实，也即，单个个体的意志难以改变的事情——不管是研究者还是研究对象。我在本书中正是要努力找出，大厅中的潜在社会事实和互动机制——它们被用来解决各种或大或小的问题，从给谁多少奖金到雇人填补空缺岗位。我相信，对于以从事日常职业的普通人为研究对象的其他比较研究，这将可以为之提供某种局部框架。就此而言，当读者读完本书后，对于雇用员工和进入公寓时种族歧视的动态机制，对于对话的转换机制，对于根据圣诞奖金来非理性地生成和排列地位，应该会有更好的理解。对

---

① 在这种背景下，一个奇怪的反讽是，那些想象着自己跟他人不同的社会学家会倾向于研究他们自己，似乎对于自己的认识在某种程度上会为他们分析他人提供有用的基准。有很多观点都支持这个一般性思想，也即距离有助于理解。这一论点以及相似的其他论点都采取的一般形式是，最后一个发现水的将是生活在水中的鱼。

于那些对门卫及其在工作时所过的生活具有内在兴趣的人们，或对住户及其在大厅的公共领域所过生活感兴趣的人们，这些理解可以作为他们获得新思想的素材。但是，这些理解并不仅限于门卫和他们的住户。这里所描述的求职机制，在很多其他领域也是有效的，不管是到高科技公司找经理工作，还是到街角餐厅找服务员工作。同样，寻求给予最佳奖金过程背后的看似非理性的机制，也可以在很多不同脉络中被发现，只要身处相互依赖脉络下的人们想要努力发出地位信号。最后，可以将门卫视为新专业职工阶级的前沿代表。加入这一服务行列中的将有两类人，一类是要求获得新地位的传统工人阶级，另一类是因日益增加的不平等而使其在阶级结构中的客观地位变得不稳定的销售业和服务业从业人员，他们都在努力通过采用专业性的修辞甚至惯例，来重新界定他们与客户、经理及他们自己的关系。

敞 开 大 门

与此同时，从这样一本描述性著作中，人们还可以撷取出更多东西；在下面的几个段落中，我将朝着这个目标努力。第一个想法很简单，也即，通过旨在描述各种过程和机制的更为形式化的模式的有限考虑，来使描述得到增强。在此，我尝试着对如下模式进行了非正式的呈现：对话中的转换机制，求职中的网络机制，给予恰当奖金时的集体行动机制，组织服务系统时的排队机制。这些模式背后的事实是，它们都源于社会科学中的不同实质性研究领域，这就使我们可以对本书所探讨的特定领域与其他领域进行比较（必然是有限的比较）。这里的潜在想法是，这些模式将有助于阐明那些似乎有些怪异的机制。但它们是否如此，则由读者决定。显然，我认为它们确实如此，因而我也认为，未来的描述性研究应该努力对这些更多或更少形式化的模式，给予更多或更少形式化的描述。充分利用脉络的方式之一是，努力使经验观察跟各种模式匹配起来。如果真是这样的话，形式化模式的建构者也将会受益，因为即使一个形式化模式的漂亮在于其简洁性，但如果它跟脉络没有任何关联的话，那它也无甚价值。社会学的目标不是抽象本身，而是忠实于脉络的抽象。努力评估形式模型与它所揭示的实际过程之间的匹配度，将使模型建构者获益。

第二个想法不是那么简单，事关一名门卫日常体验的核心要素。门卫世界的一个核心方面是，他们跟住户既很接近，同时又相距很远。如前所述，有些其他专业人士也跟他们的客户关系很近。律师、医生、精神病医生、老师、社会工作者、私人顾问跟他们的客户关系都很近，并且都通过他们所提供的服务，而对他们的客户了解很多。这种接近性受到如下事实的缓冲：跟他们所服务的人相比，多数关系亲近的专业人士都具有同样的地位或更高的地位；并且，他们的知识是具体而有限的。这些缓冲可使那些跟关系亲近的专业人士接触的人们，如果愿意就可以区隔他们的不同领域，从而可以限制专业人士，使其只能进入客户认为是在职业上可进入的那些领域。

相比之下，还有些专业位置，对关系亲近性的主要缓冲方式，不是区隔不同领域或建立专业界限，而在于社会距离。如前所述，关系亲近性所提供的保护在不同时候会遭到不同的处理，但在此前的所有历史案例中，这种保护都源于文化制造的社会死亡。如今，这已不是一个选项。于是，对于那些确实生活在这些公寓里的人来说，门卫的接近也许会令人不舒服。跟那些只能收集客户有限信息（以便作为提供专业服务的必要基础）的专业人士不同的是，门卫会收集范围广泛的表面信息，而这些信息通常都是高度个人化的，因为它们源于家庭生活。如前所述，门卫获得的有关其住户的信息是相当之多的。门卫知道他们的住户喜欢看什么类型的电影。他们知道其住户喜欢吃什么样的食物。他们知道住户们多久出去一次（如果真的出去的话）。他们知道住户喜欢喝什么酒，多久喝一次；当有人来访时，他们知道都是什么类型的人来访问某个住户。他们知道其住户从事什么样的工作，知道他们的旅游和工作安排。

这些基本上是无用的信息，对于门卫来说，却并不是无用的，因为这些信息为他们向住户提供个人化服务确定了某种基础。如前所述，如果门卫满足于自动操作，只是开门关门，照章办事，他们可能就不需要这些信息了。但是，不管住户还是门卫，都不想这样。住户想要感到他们是与众不同的，而门卫想要显得专业化。为了让住户显得与众不同，让门卫成为专业人士，门卫就必须"接近"住户。

为了为每位住户制定一种服务模式，门卫会密切关注人们的进进出出。于是，他们可以用这种模式来发展出一种关系，使其向住户提供量身定做的服务。看到向其世界打开大门的住户，将会同意交换条款，因为它可以使他们建立某种关系，于是也包含着门卫在社交信封中所获得的信息。门卫将他们的知识视为做好工作的手段，以便在实质行动上追求特殊化的——也即专业化的——服务。在这种关系中，住户看到某种方式，可以同时控制信息和实现区隔。

当门卫和住户步调一致时，他们的地位目标就得到了确立、正当化和支持。住户竭力显得与众不同，门卫努力成为专业人士。如前所述，门卫要成为专业人士，必须拥有与众不同的住户。住户想要显得与众不同，必须拥有专业化的门卫。而整个系统要运作，双方就必须弥合过于接近和过于遥远之间的巨大鸿沟，通过专业服务这根铜线，承认彼此并连接彼此。这一连接一旦得以建立，就为门卫应该了解住户的何种信息设定了界限。就此而言，我们可以说，这种关系是通过人们有能力对专业地位提出正当要求而变得规范化的。有很多可能的方式，可以用来对社会惯例和社会关系进行组织。而专业主义只是其中的一个修辞而已。它正好在这里被用到。无论何种机制，通过对修辞的承诺来缓和紧张，都是人类活动的一种持久方面。

用一句话概括，这是一本有关人们有能力共同建构一个切实可行的社会世界，并对这种建构中所牵涉的微观机制提供一种描述的著作。

如果通过联合建构，住户和门卫可以实现他们的目标，要求双方都能提升其地位的目标，那么，我们似乎就可以合理地认为，其他场所中的其他互动群体也可以做成同样的事情，只要他们拥有足够的自由去这么做。这里所需要的自由,是那种使人们为追求实质理性目标而可以做出自由判断性决策的自由。

为了实现这一目标,通向未来的大门是敞开的。与此同时,在出去时,有人说道:

祝一天愉快!出门要小心!防备下雨!注意交通!忙活起来!

短嘴鳄,回头见!

附录

研究设计

（以及以田野为基础的课程的授课札记）

在第一章，我指出，由于门卫阻止调查研究者接触到富裕人群，而创造出了一种特殊类型的样本偏差。这一点很重要，因为如果我们处理的样本是有偏差的，那么，我们就不能对总体人口做出推论。在该附录中，我要解决的第一个主要问题便是如何获得无偏差的样本。有关门卫的一点常识是，在曼哈顿，我们极其容易就可以看到他们。来到这座城市的访客，经常会谈论他们所看到的门卫数量，门卫似乎是无所不在的。尽管轻而易举就可以找到门卫，但是，要设计一项研究，使调查对象成为门卫这一职业群体的一个代表性样本，并不是一件轻而易举之事。问题很简单：我们通常看到的都只是在特定区域工作的门卫，这些区域是我们在自己最可能外出的时间最可能去的地方。同样显而易见的是，他们看起来就像门卫，或者更准确地说，像我们想象中的门卫该有的样子。那些在外活动更多的门卫最易于被我们看到，或者至少易于被街上行人看到。于是，我们所看到的门卫都穿着统一制服，他们的工作是站在门边或者离开公寓去招呼出租车，他们工作的街区是我们在非睡眠时间所经常去的地方。总之，他们看起来都像我们认为他们应该有的样子，他们从事着我们认为他们应该从事的活动。但是，假如我们有关门卫的想法是不准确的，或者只是对于这一职业人群中的一部分（不管是大部分还是小部分）的认识，那怎么办呢？

问题在于，尽管我们通常看到的那些门卫属于这一人群中的多数，但是，他们跟我们很少看到的那些门卫却是相当不同的。首先，他们大都可能加入了工会，他们大都可能在比较昂贵和大型的公寓中工作，他们的工作大都可能需要他们进入公共场合。于是，在人们的非正式观察中，通常会忽视掉那些在背后工作的门卫，他们的工作可能是操作电梯、搬运行李，不会穿统一制服，他们只是在那些人们并不期望在那里看到他们的地方工作。即使在人们可能看到他们的那些有限区域中，人们也不可能在视力范围内看到所有的门卫，因为并非他们中的所有人都看起来像门卫，或者因为他们是在公寓里面工作的。而那些经常被人们所忽视的门卫，跟那些通常都会被看见的门卫，存在很大的差别。结果是，我们从最常见到的那些门卫中选出的各种方便样本，都不是门卫这一总体人口的一个代表性样本。如果通过这种样本去推论更大总体的话，那结论很可能是有偏差的。

为了获得一个代表性样本，研究者必须从更大的总体人口中随机选出一些门卫。显而易见的问题是，如果不知道总体人口的分布状况的话，我们是不可能选出一个代表性样本的。一个简单的策略是寻求某个门卫组织的帮助，这一策略经常在社会学研究中得到运用。在这种情况下，我们可以想办法联系代表纽约市门卫人群的各个地方工会，请求他们提供其工会成员的名单。① 我们可以从这些成员名单中每次选出 N 名门卫（运

---

① 多数加入工会的门卫都属于 32BJ 这个地方分会。该工会网页上介绍说，它拥有 70 000 名活跃的成员：http://www.seiu32bj.org/index.asp?.

用随机数生成程序或其他系统),直到获得我们最想要的样本规模(就本研究而言,需要三百名左右门卫)。但这一策略存在三个问题。第一个问题是我们决定联系所有门卫机构时经常都存在的,无论是学校、工厂还是公司。在与工会联系的同时,研究者就随时冒着被拒绝的风险。在这种情况下,如果工会拒绝支持我们的研究,而我们要获得成员名单就需要获得它们的支持,我会担心它们可能会通知其成员,让他们不要与我们谈话。

运用制度性信息提供者的第二个问题,源自保护人类研究对象所导致的某种后果。应答者有权利知道他们是如何被选中的,这将意味着,如果我们运用了工会成员名单,按照人类主体保护规范,我们就需要告知他们,我们是如何获得他们的名字的。我们立刻就会意识到,那些脱离工会的门卫,很可能不会参与我们的研究,因为他们害怕他们的回答将不会被保密。于是,我很担心的是,如果告知他们,工会支持我们的研究,这将会使他们对研究问题的回答产生偏差,尤其是我们就工会成员资格所提出的那些问题。运用中介提供的某个样本框来开展的研究设计,都会面临上述两个问题。由于只要小心谨慎,也许就可以避免这些问题,因此,很多研究设计都会利用这些组织所提供的便于进入田野的机会。我们也可以努力绕开这些问题,可惜的是,第三个问题是最为重要的,对于本研究而言也是不可克服的。

并非所有的门卫都是当地工会的成员。于是,依赖于工会成员名单将意味着,我们从花名册中选出的样本很可能是没有代表性的。如果样本中的偏差独立于我们感兴趣地想要解释的任何后果，那么，运用有偏差的样本也没有多大关系。但是，就我们这里的研究而言，我们轻易地就可以提出很多充分的理由，预料作为一名门卫的经验、对于门卫自己所处世界的理解以及门卫与租户之间的关系——正是我们最为感兴趣地想要探索的那些方面——跟他们是否属于工会成员具有紧密关联。为了评估这一想法，我们就必须尽可能地将不是工会成员的门卫，补充到样本之中。

不能运用工会成员花名册将意味着，我们必须运用另一种策略：首先要算出该城市的门卫人口总数，然后随机选择一定数量的门卫进行访谈。因为我们知道，我们平常看到的门卫很可能是没有代表性的；于是，我们不得不考虑对公寓（那些我们不能看到门卫在外工作的公寓）进行抽样，然后选出被选中的公寓的门卫。由于曼哈顿有数千座公寓，每天有 24 小时，通过一英里又一英里、一小时又一小时地步行穿越城市街道，来一一枚举出每个门卫是根本办不到的。取而代之的是，我们设计了一个抽样方案，首先选出少数的小街区（在技术上可称之为抽样单元），然后调查被选中街区内的所有公寓，目的在于确定这些公寓中是否有门卫。只要每个抽样单元都是随机选中的和有代表性的，只要调查员对其中的每个公寓进行过摸底，那么，每个抽样单元内的门卫所构成的样本就具有代表性。正如序言所指出的，这么做的额外好处是，被选中的公寓也具有其代表性，可以代表当地有门卫工作的所有公寓。这将意味着，这些公寓中的住户也具有代表性，可以代表当地有门卫工作的所有公寓中的住户。

在纽约市选取门卫

　　第一步是界定抽取样本的区域。我事先就确定，我们应该聚焦于纽约市。然而，纽约市的范围不只包括曼哈顿岛，还包括四大区（皇后区、布朗克斯区、斯塔滕岛区、布鲁克林区），甚至超出这些主要的行政界限，一直延伸到新泽西、长岛以及布朗克斯区正北方的近郊。尽管有些住宅门卫在远离中心的地区工作，但要对这些区域进行系统抽样会十分低效。因而，我将我们的注意力主要聚焦于曼哈顿。

　　即使在曼哈顿，将整个岛屿随意划分为分散的单元并在其中密集采样，也没有多大意义。在中央公园、林肯中心、中央车站、帝国大厦、麦迪逊广场花园、梅西百货或纽约市的任何其他商店中，都不会看到住宅门卫。哈德逊河沿岸，第59街往下，几乎一直延伸到炮台公园城，都是纽约市的主要工作港口；林肯中心的下边和西边，正好是纽约市垃圾处理站。沿着东河，联合国大楼占据了中镇海岸线的一大片。在所有这些地方，都不会看到门卫。于是，到这些地方去找他们是没有意义的。同样，曼哈顿第125街、布朗克斯区的一大片贫民窟，或皇后区边缘、河谷镇（布朗克斯区的一部分）和布鲁克林区多数地方的中产阶级生活区，在大多数时候，也不会有门卫。①

　　出于两个现实性原因，我排除了第125街上面的区域。首先，我料想，这个区域不会有大量的配有门卫的住宅公寓。到那里去寻找门卫也将是效率很低的。在本研究的脉络下同样重要的是，我必须关心我的学生调查员的安全。因为抽样调查过程需要走到公寓出入口，去看里面是否门卫，我必须确保我的学生不会陷入意外危险之中，他们很多人都没有太多街头智慧。这就使我排除了那些条件较差的社区。

　　由于曼哈顿的大多数地方都由横向街道和纵向大道交叉而成的一个个网格所构成，因此，我们在曼哈顿地图上绘制了一个简单的二乘二空间网格。排除掉那些不会找到门卫的区域（中央公园、宾州车站、联合国大楼等）后，我们将范围限制到了第125街，在可行区域上面绘制的网格中，产生了648个单元。这些单元构成了抽样的第一步。每个单元都被分配了一个可识别的数字。我们运用可替换的随机数生成器，从一个又一个公寓中，选取出了50个单元。为了评估所选中的单元是否具有代表性，我们考虑了所有648个单元的各项人口和社会经济指标，并就这些特征，对我们选出的样本单元跟整个纽约市进行了比较。总的想法是，在广泛的一系列特征上，所抽中的单元应该都能代表纽约市的所有社区；如果确实如此，那社

---

　　① 这只是一个经验性概括。实际上，河谷镇居住密集的地方、华盛顿高地附近（位于第168街和百老汇）和布鲁克林区和皇后区的新的某些新的综合大楼中，也可以看到少数的住宅门卫。但相对于该地理区域而言，其数量是很少的，要对他们进行抽样也是极其困难的。

区样本（the sample of neighborhoods）也可以被认为是有代表性的。如果社区样本是有代表性的，那这些公寓里的门卫也将可以代表纽约市的所有门卫。表 A.1 可以说明样本设计的一些细节。面板 A 表示的是，所有单元在曼哈顿所有社区内的分布状况。面板 B 表示的是，在我们的样本内，每个社区内的单元比例。在样本内，面板 C 表示的是单元的分布状况；面板 D 表示的是受访门卫在不同社区中的分布状况。

人口普查区层面的汇总数据可从 1990 年的美国人口普查数据中获得，对于 1997 年仍然具有估计价值。对于我们样本内的所有单元而言，我们都确定了它们位于哪个普查区会比较恰当。当某个单元位于多个普查区的交叉地带时，我们会选择包含着该单元核心部分的普查区。我们选出了 50 个用来描述各个社区及其中居住人口的变量，以便对样本和总体进行比较性的描述性统计。我们对每个指标的均值和标准差，都进行了估计值相等性检验。在我们所选中的 50 个指标之中，我们发现，只有 4 个变量的均值具有统计意义上的显著差异。这也符合我们的预期，因为平均而言，我们预料，在 50 个变量的比较中，会有 2 或 3 个变量在置信度为 95%（或误差不超过 0.05）的条件下具有显著差异（在 100 个变量的比较中，我们预料会有 5 个变量具有显著差异）。这些观察到的差异在实质上没有多大意义。表 A.1 表明了，样本和总体在 50 个变量上的均值和标准差。显然，样本对于纽约市总体是具有代表性的。于是，对于社区特征层面上的推断，我们也应该有一定信心。就我们的研究目的而言，这意味，对于我们所抽中的那些社区的一一列举，将使我们有信心以此为根据推论纽约市的整体状况。

表 A.1 样 本 设 计

社区	面板 A：所有单元的总门卫人口	面板 B：样本单元（在社区总门卫人口中所占比例）	面板 C：样本内，所有单元在社区内的分布状况	面板 D：受访门卫（在社区内所占比例）
市中心	268（41.4%）	20（7.5%）	20（30.3%）	17（8.0%）
中镇西部	125（19.3%）	9（7.2%）	9（13.6%）	11（5.2%）
中镇东部	68（10.5%）	10（14.7%）	10（15.2%）	39（18.4%）
上东区	72（11.1%）	11（15.3%）	11（16.7%）	84（39.6%）
上西区	115（17.7%）	16（13.9）	16（24.2%）	61（28.8%）
合计	648（100%）	66（10.2%）	66（100%）	212（100%）

* 应答率：在336次接触中，完成了212次访谈，应答率为63.1%。

列出公寓和门卫

下一步是去探访被抽中的单元（cell），列出里面有门卫工作的住宅公寓。这需要走访每个公寓，记录其中有多少个套间（units），判断其中是否有门卫工作。在有些公寓内，显然是有门卫在里面工作的。在其他的一些公寓，则有迹象可以表明门卫服务的时间；前厅的桌子或矮墩墙表明这里有时会有门卫工作。还有一些公寓，访问员必须去询问住户或邻居，看这里是否有门卫。一旦我们发现某个公寓里有门卫时，我们就会对里面工作的门卫人数进行估计。假如正好有一名门卫在场,只需要询问这名门卫,就可以轻易获得这一数据。有时候,我们可以询问住户。在50个抽象单元中,我们发现,有287个住宅公寓配有门卫。一共大约有1200名门卫,于是,对于我们所观察的公寓来说,平均每个公寓约有4名门卫。

对曼哈顿十分熟悉之人,应该不会对此感到惊讶;配有门卫的住宅公寓,在整个纽约市内并非是平均分布的。门卫往往会集中在某些区域,而在其他区域则非常少见。越是靠近曼哈顿岛的南端,门卫就越是稀少。显然,不同社区门卫人口密度的变化,跟这些区域的其他显著差异存在紧密关联。出于比较的方便,我在地图上区分出了五个主要的社区。这些社区的界限都是按照曼哈顿的邮政编码来确定的:市中心(邮件编码从10002到10007,10009到10014,以及10038和10048),中镇西部(10001,10018到10020,10036),中镇东部(10016,10017,10022),上东区(10021,10028,10128),上西区(10023—10027)。在当地的空间组织方面,这些界限大致都对应于纽约市的主要区划。

1990年人口普查还提供了邮政编码层面各空间区域的汇总数据。这些数据使我们可以使用上面的那些指标变量,来比较不同的社区。快速浏览一下这些定量数据,很少可以发现任何令人惊讶之处。拥有最多门卫的社区,都是特别富裕的区域。多数门卫都主要是在白人社区工作,他们所服务的住户在经济上也都足够富裕,能够在这些社区中付得起较高的住房成本。这些区域正好便是中镇东部、上东区,以及上西区也有少部分门卫。

表 A.2 每个邮政编码社区（Zip Code Neighborhoods）在所选各项指标上的估计均值

指标	市中心	中镇西部	中镇东部	上东区	上西区
总人口	26 468	15 606	31 713	67 258	74 185
白人	17 070(0.64)	11 531(0.74)	27 192(0.86)	62 098(0.92)	55 662(0.75)
黑人	2 130(0.08)	1 790(0.11)	1 538(0.05)	1 725(0.03)	9 795(0.13)
印第安人	77(0.002)	51(0.003)	43(0.001)	41(0.00)	188(0.00)
亚裔、太平洋岛民	4 939(0.19)	1 032(0.07)	2 409(0.08)	2 643(0.04)	3 154(0.04)
其他种族	2 251(0.09)	1 200(0.08)	529(0.02)	749(0.01)	5 385(0.07)
西班牙裔	4 820(0.18)	3 356(0.22)	2 345(0.07)	3 381(0.05)	13 279(0.18)
外国出生人口	6 990(0.26)	3 982(0.26)	7 305(0.23)	12 894(0.19)	16 096(0.22)
母语不是英语的人口	10 589(0.40)	5 521(0.35)	8 075(0.25)	13 271(0.20)	21 592(0.29)
劳动力人口	15 892(0.60)	9 979(0.64)	22 364(0.71)	45 642(0.68)	48 366(0.65)
总的户数	13 208	8 635	20 141	39 383	40 054
每户平均收入（美元）	38 102	29 534	46 517	52 166	42 281

续表

指　　标	市中心	中镇西部	中镇东部	上东区	上西区
人均收入（美元）	28 426	22 672	52 120	58 980	39 144
居住单元总数	13 897	10 246	23 354	44 175	43 493
自有单元（owner-occupied units）的平均按揭贷款金额（美元）	805	820	1 986	2 001	1 725
出租单元的平均租金（美元）	635	620	824	802	616
估计出的门卫人数（占总门卫人数的比例）	141(11.8%)	34(2.8%)	189(15.8%)	537(45.0%)	292(24.5%)
估计出的有门卫的住宅公寓的数量	35(12.2%)	14(4.9%)	39(13.6%)	113(39.4%)	86(30.0%)

* 括号内是占总人口的比例。

* * 估计出的总门卫人数是 N = 1 193；估计出的配有门卫的公寓数量是 N = 287。

以我们对于住宅公寓的计算和对于其中工作的门卫人数的估计为基础,我们对每个公寓都发展出了一个简单的样本框,以便尽量招募 300 名门卫参与我们的研究。在所有情况下,我们会尽力访问我们遇到的第一名门卫,一旦与之发生接触,就对他进行访谈。在多数情况下,我们都能完成这一目标。访问员与门卫一共发生了 336 次接触,其中,212 名门卫同意参与我们的研究,并填写了问卷。于是,我们的应答率是 63.1%。[①]

样本的选择

社会科学调查处理样本选择问题的策略,假定我们对那些拒绝参与研究之人已经具有了一定了解。如果我们对他们有所了解,就可能评估他们的参与将对我们实际观察到的样本总体中各项变量之间的关系模式产生什么影响。比如,如果我们知道,一项研究很可能难以访谈到极其富裕的个体,而我们又对富裕与态度之间的关系感兴趣,那我们就必须考虑,那些额外的富裕人口(也即我们访谈不到的人)将会如何削弱或强化我们所观察的关联。在此,我们所能获得的是社区层面的数据,拒访也是在社区层面发生的。其中,大约有 7% 的拒访都发生在同一个样本单元中(参见注释 4),但由于这是受到访谈员的影

[①] 至少可以说,有些学生并非"天生的访谈员"。比如,一名学生有 23 次访谈都遭到拒绝。否则,我们的应答率将会超过 70%。另一方面,有些学生则是天生的访谈员,他们从未遭到拒绝。

响，而不是某个样本单元的影响，因此，社区层面对应答率没有任何影响。也就是说，在我们进入的所有社区中，门卫参与我们研究的可能性都是相同的。

很多门卫不愿意参与研究，是因为他们说自己没有空闲时间，他们正在值班时，不能跟别人说话；或者不能说好英语，以便回答我们的提问。但这些拒访理由都跟社区没有任何关联。尽管我们有一个小组的访谈员可以说西班牙语，必要时，可以用西班牙语进行访谈，但很多门卫来自东欧，又是刚刚来到美国，因而是难以接受访谈的。其他门卫则似乎担心他们的管理员，担心上班谈话被发现。于是，样本会偏向于那些说英语的门卫、较少受到直接监控的门卫和认为自己有空闲的门卫。① 这些条件还会使我们更有可能访谈到拥有相对较长任期的门卫，因为有充分的理由可以认为，英语水平和监控程度都是跟任期长短有关的。这些潜在的样本偏差表明，我用来描述门卫—管理员关系的机制，也许太过于积极了；对于门卫—住户互动的描述可能也是如此，只是偏差程度会低一些。如果样本的选择稍微偏向于拥有较长任期的门卫，那么，我们有充分的理由认为，这些门卫对其工作都感到比较满意，都工作得比较好，都跟其上级主管和住户拥有更为积极的关系。于是，我们可以想象，"真实状况"也许要比我们所看到的更加消极，尽管我认为

---

① 空闲时间问题稍微有点复杂。访谈员说，那些说自己很忙的门卫显然一直都是无所事事，访谈员经常看到他们在 20 分钟甚至更长时间内都在阅读报纸。忙碌经常是礼貌拒绝的借口，更有经验的（或许也更有进取心的）访谈员或许能够克服这种简单的委婉拒绝策略。

这一点点偏差在很大程度上是无关紧要的。

另一项偏差更值得提及，因为它为我们的研究提供了一个限定条件。总体上，不管是我还是我的学生，都未能对极其富裕的合作社公寓里的门卫或住户，进行足够多的深度访谈，这些公寓的平均价值超过了五百万美元。这些公寓很少，也很分散，但它们在整个城市的文化发展和区域的相对地位方面，发挥着重要作用。于是，尽管我们访谈到的有些住户，在生活方式上可以轻易地将其描述为精英，其净资产也是相当之多的，但我们还是没能接触到那些拥有大量私人家佣的住户。因此，这里的住户—门卫关系不能推论到超级富豪身上。

问卷调查与深入访谈

212 次访谈中完成的问卷资料，提供了如下详细信息：门卫的当前工作和过去工作经历、工作任期和当前工作的公寓、他们跟住户和同事的关系，他们对工作的态度、工作满意度、工作抱负。问卷还收集了如下信息：他们是如何获得其工作的，其职位有什么样的要求，平均月收入是多少（包括小费和奖金在内），其家庭成员是否曾经做过门卫或现在正在做门卫，工作场所和家庭在什么地方。此外，还会询问门卫一些问题，以便测量出一系列标准的社会—人口数据、家庭结构、教育程度、业余爱好、休闲活动。在访问的 212 名门卫中，201 人提供了他们家庭地址的邮政编码。通过这些家庭的邮政编码，就可能获得 1990

年有关种族、家庭类型、婚姻状况、年龄、教育程度、就业状况、家庭年收入和人均收入、贫困率和房屋产权的普查数据。我们可以运用这些统计数据，比较工作区域和家庭所在区域在人口及社会经济方面的差异。最初设计访谈时，计划花费 20 分钟。但实际上，平均访谈时间接近了 1 小时，有时候甚至快到了 2 小时。

作为访谈程序的一部分，邀请所有门卫都能够接受追踪性的深度访谈。在完成问卷的门卫中，有 93 名（44%）门卫同意参与第二阶段的研究。我们请其中的 43 人，参与了追踪访谈。该第二阶段的应答率是 100%。除一次以外，所有访谈都有录音。深度访谈会持续 1 到 3 小时。绝大多数访谈都是在门卫工作期间进行的，不是在他们休息的时候，便是在他们在大厅或门前工作的时候。少数门卫是被邀请到其他地方进行访谈的。当学生开展这些访谈时，所有这种访谈都是在公共空间内进行的，比如在咖啡馆。虽然深度访谈的长度和内容会因不同的访谈员和应答者而自然有所差异，但深度访谈为更为结构化的问卷资料增加了有关门卫生活经历和职业生涯的重要口述细节。于是，我访谈了另外的一些门卫，并花时间去观察很多场所中的门卫。对住户的访谈，是在 2001 年的春季和秋季进行的。由于缺乏形成一个有代表性的住户样本，因此，我们通过滚雪球的方式，访谈了那些被提及的住户。具体而言，我们会让那些推荐他人的住户，尽量推荐他们认为很可能会有兴趣参与一项门卫研究的人。大约完成了 30 次可用的住户访谈。这些访谈的时间大约在 20 分钟到两个小时之间。于是，这一研究项目的定性内容包括了上千小时的正式访谈和非正式访谈。

组织集体性的、以田野工作为基础的研究项目类课程

跟我最初的设想相比，组织集体性的、以班级为基础的研究项目要复杂得多。对于那些在考虑类似结构的人，要尽早开始思考。我的第一次尝试最终形成了本书，可能只是并不理想，因为我对于其中所牵涉的工作没有给予特别好的估计。在学期已经开始两三周后，我还没有思考该项目的"可行性"，尽管我近几年来一直"在理论上"思考着通过一项集体研究来教学生如何评估证据。这没有什么帮助。我最初的计划是——就像我很多年以来一直做的那样——让每个学生去设计一项独立的小田野研究项目，并汇报其研究发现。在我以前的课堂上，可能有近一千名学生都是从事这种研究的；无疑，在其他人教授的其他课堂上，有成千上万的学生也都是这么做的。在那些田野研究项目中主要包括对如下现象的研究：电梯内的行为，不同规模的群体的数量，不同规模的群体的数量及其跟乱穿马路之间的关系，餐厅中的种族隔离，星期五晚上酒吧消耗的啤酒数量，对教会—教派理论（church-sect theory）的检验，对于兄弟会和运动团队的社会网络分析，关于大学生对这个或那个的态度的调查——在我的记忆里，只有少数是比较突出的。在这些成千上万的研究中，有些之所以突出，是因为他们令人难以置信

地愚蠢①,还有少数之所以突出,是因为他们真的很有创新性。很明显,这些作业的目标通常不是要学到什么实质性的东西,事实上,如果发现太新颖(或太线性),人们反而会感到担心。但是,看到这么多人很少会产生可以被学者们分享的累积性知识,也确实有些令人沮丧。集体性研究项目的想法就源于这种沮丧感——并且在事先没有任何提醒的情况下,就在门卫课程上将这一想法抛给了学生。回顾性地看,我想,最好可以提前通知,这是一门以田野为基础的课程,尽管这将会招来一群不同的学生,也就是一群因自己对于这种课程感兴趣而选择上这门课的学生。

然而,门卫课程并未事先通知,于是,第一天上课时,学生们才第一次听说将会发生什么。很多人都对此感到不安。我不能保证一定会成功,也不能保证,他们将会学到任何东西。从之前的调查工作来看,我非常担心,我们会因为负面宣传而被"轰出田野"。我们可能做了很多工作但却一无所获。很多学生都担心他们的成绩。如果我们被轰出田野,那以什么为基础来给他们成绩呢?我完全不知道。

---

① 我最喜欢的愚蠢项目是,那个女生回到家后表现得就像个客人,她甚至比如下另一个孩子做得更好,另一个孩子想要看看,如果拒绝让任何人在40号州际公路上超过他,将会发生什么(研究问题是"肌肉车是否比其他车更快?",而其回答是,有些肌肉车确实可以接近一小时一百码)。正如上过社会学课程的任何人都知道的那样,这是一个经受过时间考验的赢家。当学生想不出任何他们感兴趣的事情或研究时,我经常会给出少数几个这样的研究例子,其中一个便是:"回家,做得就像个客人一样,直到让你父母完全发疯。"拿到这个研究项目的那个女生,在她的论文一开始这样写道:"为了开始这个实验,我打电话给我的妈妈,我告诉她,我这周末要回家,为了完成社会学课程,要表现得像个客人,而她应该把我当作客人来对待。"**她真的就这么做了!**

比如何给成绩更令人烦恼的是，协调每个人的努力，产出集体性的产品。我并不确定我们可以把所有学生的努力都组织起来，让每个人都可以按时完成工作。当时，我对一件事应该更清楚一些。研究项目在根本上跟学生的生活方式是相反的。如上所述，要访谈门卫，我们就必须找到门卫。要找到门卫，我们就必须列举出各个公寓。要列举出各个公寓，我们就必须调查整个城市。在研究中，每件事都是按照某种特定秩序展开的，就像古老的童谣："曾经有个老妇人，吞下了一只苍蝇……"听任其自行其是的话，很多学生都会喜欢把事情留到最后一分钟。因此，我们要花费很多时间和努力，确保每天的任务都可以完成，以便继续进行下一步工作。必要的纪律通常都是很难维持的。第二，多数学生都很忙，难以在其时间表中安排出田野时间，尤其是不确定何时可以回来。很多学生都不喜欢离开小小的校园世界，这对哥伦比亚大学来说或许有些反常。因此，让学生进入田野就花费了我们很多精力。研究项目的时间要求意味着，当有学生没有完成其任务时，其他学生就不得不帮其完成。最终，这就是雇了几名研究助理的原因。跟通常的单个助教能够（或应该）提供的支持相比，像这样的课程需要获得更多的支持。

课程的目标是让所有学生都接触研究的所有阶段——列举、以问卷为基础的访谈、普查数据的获取和截取、对田野场所的观察、深度访谈。准备工作中最难的部分便是深度访谈。有些学生比较害羞。而这个研究项目涉及跟人交谈。我们花了无数时间跟害羞的学生一起工作，以便使他们所有人都能开展某种类型的访谈。我们对自我介绍、应付委婉拒绝的策略、充满信心的沟通策略等脚本进行了练习。对于所有学生，尤其是对于那些不感到害羞的学生来说，我们联系有关访谈的最重要事情：如何倾听。在开放性访谈中，最难以学会的事情便是如何闭上自己的嘴，并倾听对方说话。哥伦比亚学生此前的成功在一定程度上是建立在不要闭嘴的基础上的，因此，闭嘴倾听对他们来说尤其困难。

实际上，还有两个单独的问题，我应该更清楚地意识到。我认为，在进入被动模式、对传到耳边的听觉资料给予回应的意义上，学生不会有"倾听"的麻烦。于是，只要手中有问题列表，学生应该可以毫无困扰地询问问题，"听"对该问题的回答，然后接着询问问题。当然，这正是导致访谈失败的原因，因为对于一名访谈者来说，最为致命的便是，发现受访者不是在倾听你说话，而是在倾听对话中的沉默，以便进入列表中的下一个项目。问题在于，很多学生（和人们）都相对缺乏积极的倾听技能，也就是让他们能够很好地倾听对话、跟上对话的技能。要教会学生如何跟上对话是很难的。这需要很多练习。另外，我毫不觉得，跟上对话的技能——或积极倾听的技能——是有性别差异的。在精英学校里，这项技能在男生身上的缺乏似乎跟女生是一样的。

还有学生会对协作开展项目感到害羞。这部分是因为，在诸如哥伦比亚这样的学校，很多人都习惯于做班级中的最佳学生。这些学生中，有些人会不喜欢在群体内工作，因为他们不想共享其成就带来的荣誉，或者不想"因为有人搭便车而拉其后腿"。他们最担心的事情经常是，他们会获得什么样的成绩。在一个要求完成集体成果的课程中，从事可能会失败的研究，会使学生成绩以及如何客观地给成绩充满很多不确定性。不确定性并未完全传达出处处弥漫的情绪，或许强迫性的焦虑（obsessive anxiety）会逐渐来临。实际上，在所有课程中，不管其风格和内容如何，都存在着对于成绩的某种痴迷。

我的很多同事都担心和抱怨，他们的学生是为获得高分而奉承老师之人。他们对此感到反感。我们应该尽量公平。最终来到北卡罗来纳大学或哥伦比亚大学这样地方的学生，是被各个机构以能够说明他们在高中有能力获得良好成绩的各项特征为基础而选拔出来的，比如：关心学习成绩，父母的社会阶级，完成家庭作业的有序性，书写技能，成熟程度，痴迷于成绩的父母，中产阶级的言行举止方式等。能够在美国学术能力评估测验（SAT）中拥有良好成绩，或多或少也是如此——其父母在卡普兰辅导机构投入了很多，或者是一些无形的因素：生活经历、兴趣爱好等等。为获得成绩而奉承老师的学生也许令人讨厌。但是，当人们走到井边时，首先看到是水而不是柠檬水。

第一节课时，有60名学生上课。到学期末，大约有一半人都留了下来。要说所有人都同样努力，或每个人都同样成功，或许有点夸张。有些人从未积极投入，但也有些人为研究项目投入了无数的额外时间。然而，那些留下来的学生组成的群体，在很多方面都很优秀。那些投身于工作之中的学生，将他们自己视为"门卫小组"。他们分享笔记。他们写出了问卷上的所有问题（在指导下）。他们几乎收集了所有的普查数据，并将几乎所有的调查数据都录入到了一个电子表格上。他们完成了大量的深度访谈。他们学会了商谈人类被试协议。他们收集了各种知情同意表格,使数据资料保持可信,拍摄了很多照片,让我们的精神即使在田野看似陷入困境时也始终保持着活跃。他们在小组中率先形成了新的研究问题,总之,他们已成为研究者。当我在校园里遇到他们时,他们说,他们现在一看到门卫,就有访谈他的冲动。

最后,应该指出的是,门卫课程最初并未想完成一本著作。其设计只是为了教学实践。因此,尽管该课程设计了一个包含着科学抽样各要素的研究项目,但我们不能而且也无意于将我们的研究结果推论到整个门卫人群身上。

在列出学生名单之前,再说最后一句。有个学生,是个非常高大的家伙,当他去访谈时,吓到了很多门卫。他看似也许会让门卫感到害怕,但实际上,这些门卫都错了。他实际上是一个非常友好、礼貌和温和的人。但悲哀的是,他在世贸大楼遭受的攻击中不幸去世。在整个写作过程中,我都很难不想到他在课堂上的样子。在田野工作完成之后,我的很多研究项目经常都会在文件柜中积满灰尘,而他在这个研究项目中的工作,为我完成它提供了巨大动力。

下面是参与了该项目所有阶段工作的学生名单,正是他们使这一项目得以可能,他们对理解社会生活的一小部分所富有的热情,使我的教学变成了一段非常愉快的经历。按字母顺序排列,他们的名字分别是:Candida Aguilar,Alexander Baker,

Adam Braun, Joseph Case, Treg Duerksen, Mayara Fagundes, Peter Gerken, Ramin Hedayati, Bradford Johnson, Emma Katznelson, Jill Krizelman, Kerry Lear, Eric Levy, Logan Manning, Jordanna Matlon, Malte Mau, Rachel Polansky, Snehal Raisoni, Ian Rapoport, David Rothman, Michael Rotjan, Tiffany Rounsville, Laura Schlapkohl, Erika Smith, Tyler Ugolyn, Emily Voigt。

参考文献

Abbott, Andrew. "Status and Status Strain in the Professions." *American Journal of Sociology* 86, no. 4 (1981): 819-35.

Ackerman, Andy, dir. "The Doorman." Written by Tom Gammill and Max Pross. *Seinfeld*. February 23, 1995.

Allah, Dasun. "Purple-Shirt Politics." *Village Voice*. December 4-10, 2002.

Anderson, Elijah. *Streetwise: Race, Class, and Change in an Urban Community*. Chicago: University of Chicago Press, 1992.

Andrea, Dree, director. *All Visitors Must Be Announced: The Lives and Loves of Doormen in New York City*. Amsterdam: Cinemien, 1997.

Bearman, Peter S. "Generalized Exchange." *American Journal of Sociology* 102, no. 5 (1997): 1383-415.

Bearman, Peter S., and Paolo Parigi. "Cloning Headless Frogs and Other Important Matters: The Structure of Discussion Networks in the United States." *Social Forces* (forthcoming).

Bellah, Robert H., et al. *Habits of the Heart: Individualism and Commitment in American Life*. New York: Harper and Row, 1996.

Bigus, Otis T. "The Milkman and His Customer: A Cultivated Relationship." *Urban Life and Culture* 1, no. 1, (1972): 131-65.

Brozan, Nadine. "The Price of 'Wow!' Keeps on Rising." *New York Times*. September 7, 2003.

Burawoy, Michael. *Manufacturing Consent: Changes in the Labor Process Under*

Monopoly Capitalism. Chicago: University of Chicago Press, 1982.

Cohen, Michael D., James G. March, and Johan P. Olsen. "A Garbage Can Model of Organizational Choice." *Administrative Science Quarterly* 17, no. 1 (1972): 1–25.

Cohn, Werner. "Social Status and the Ambivalence Hypothesis: Some Critical Notes and a Suggestion." *American Sociological Review* 25, no. 4 (1960): 508–13.

Cole, Jonathan R., and Steven Cole. *Social Stratification in Science*. Chicago: University of Chicago Press, 1973.

"Costello Doorman Sticks to His Story." *New York Times*. May 17, 1958, 40.

Cox, D. R., Walter L. Smith et al. *Queues*. London: Methuen, 1961.

Douglas, Mary. *Purity and Danger: An Analysis of Concepts of Pollution and Taboo*. London: Routledge, 1984.

Dumont, Louis. *Homo Hierarchicus: The Caste System and Its Implications*. Chicago: University of Chicago Press, 1981.

Duneier, Mitchell. *Sidewalk*. New York: Farrar, Straus & Giroux, 2001.

——. *Slim's Table: Race, Respectability, and Masculinity*. Chicago: University of Chicago Press, 1994.

Erickson, Christopher, Catherine Fisk, Ruth Milkman, Daniel Mitchell, and Kent Wong. "Justice for Janitors in Los Angeles and Beyond: A New Form of Unionism in the 21st Century?" Paper presented at the 23rd Annual Middlebury Economics Conference: "The Changing Role of Unions." Middlebury, VT. May 2001.

Farnham, Brian. "Tipping Points: If It's True that Money Talks, What Are Your Tips Saying about You?" *New York Magazine*, August 21, 2000.

Faulkner, Robert. *Music on Demand: Composers and Careers in the Hollywood Film Industry*. New Brunswick, NJ: Transaction, 1983.

Fine, Gary Alan. *Kitchens: The Culture of Restaurant Work*. Berkeley: University of California Press, 1996.

"For Doormen, Few Frills." *New York Times*. June 25, 1978.

Gelb, Lesley H. "On Speaking Terms." *New York Times*. May 1, 1991.

Goffman, Erving. *Encounters*. New York: Bobbs-Merrill, 1961.

———. *The Presentation of Self in Everyday Life*. New York: Anchor Doubleday, 1959.

Gould, Roger V. *Collision of Wills*. Chicago: University of Chicago Press, 2003.

Granovetter, Mark. *Getting a Job: A Study of Contacts and Careers*. Cambridge, MA: Harvard University Press, 1974.

———. "The Strength of Weak Ties." *American Journal of Sociology* 78, no. 6 (1973): 1360–80.

Hirsch, Michael. "Gunning for Gus." *City Limits*. September/October 1998.

———. "Union Boss Backs Bad Boy Bevona." *City Limits*. February 1998.

Hirschman, Albert. *Exit, Voice, Loyalty: Responses to Declines in Firms, Organizations, and States*. Cambridge, MA: Harvard University Press, 1972.

Hochschild, Arlie. *The Managed Heart: The Commercialization of Human Feeling*. Berkeley: University of California Press, 1985.

Hodge, Robert W., Paul M. Siegel, and Peter H. Rossi. "Occupational Prestige in the United States, 1925–1963." *American Journal of Sociology* 70, no. 3 (1964): 286–302.

Homans, George, and David Schneider. *Marriage, Authority, and Final Causes: A Study of Unilateral Cross-Cousin Marriage*. Glencoe, IL: Free Press, 1955.

Humphreys, Laud. *Tearoom Trade: Impersonal Sex in Public Places*. Chicago: Aldine, 1974.

Kang, Miliann. "The Managed Hand: The Commercialization of Bodies and Emotions in Korean Immigrant-Owned Nail Salons." *Gender & Society* 17, no. 6 (2003): 820–39.

Kerr, Peter. "Holiday Tipping: Some Guidelines about Amounts." "Holiday Tipping: Guidelines about How Much to Give Who." *New York Times*. December 16, 1982, c1, c2.

Kleinman, Sheryl. *Equals Before God: Seminarians as Human Professionals*. Chicago: University of Chicago Press, 1984.

Kleinrock, Leonard, and Richard Gail. *Queueing Systems: Problems and Solutions*. New York: Wiley, 1996.

Kleinrock, Leonard, and Karreman Mathematics Research Collection. *Communication Nets: Stochastic Message Flow and Delay*. New York: McGraw-Hill, 1964.

———. *Queueing Systems*. New York: Wiley, 1975.

Latour, Bruno, and Steven Woolgar. *Laboratory Life: The Construction of Scientific Facts*. Princeton, NJ: Princeton University Press, 1994.

Laumann, Edward O., and R. T. Michael. *Sex, Love, and Health in America: Private Choices and Public Policies*. Chicago: University of Chicago Press, 2000.

Lee, Felicia. "For Racist Slights, the Meter Is Still Running." *New York Times*. November 28, 1999.

Lee, Nancy Howell. *The Search for an Abortionist*. Chicago: University of Chicago Press, 1969.

Lévi-Strauss, Claude. *Elementary Structures of Kinship*. Boston: Beacon Press, 1971.

Liebow, Elliott. *Tally's Corner: A Study of Negro Streetcorner Men*. Boston: Little Brown, 1968.

"Local Prez Gets the Porkchop Parachute." *Industrial Worker* 96, nos. 2–3 (February-March 1999).

Lynd, Robert S., and Helen M. Lynd. *Middletown: A Study in Contemporary American Culture*. New York: Harcourt Brace, 1926.

Lynn, Michael. "Seven Ways to Increase Your Servers' Tips." *Cornell Hotel and Restaurant Administration Quarterly* 37 (June 1996): 24–29.

Mariott, McKim. *India through Hindu Categories*. Thousand Oaks, CA: Sage Publications, 1990.

Mars, Gerald, and Michael Nicod. *The World of Waiters*. London: G. Allen & Unwin, 1984.

Merton, Robert K. "The Matthew Effect in Science." *Science* 159 (1968): 56–63.

Mills, C. Wright. *The Sociological Imagination*. New York: Oxford University Press, 2000.

Mische, Ann, and Harrison White. "Between Conversation and Situation: Public Switching Dynamics across Network Domains." *Social Research* 65, no. 3 (1998): 695–724.

Mitchell, J. Clyde. *Social Networks in Urban Situations: Analyses of Personal Relationships in Central African Towns*. Manchester: Institute for Social Research, University of Zambia, Manchester University Press, 1969.

Moreland, John. *Millways of Kent*. New York: New College Press, 1958.

National Legal and Policy Center — Organized Labor Accountability Project. *Union Corruption Update* 1, no. 8 (September 21, 1998).

——. *Union Corruption Update* 5, no. 8 (April 15, 2002).

"New Yorkers Who Idle for Their Living." *New York Times*. March 6, 1927.

Peterson, Trond, Isjak Saporta, and Marc-David Seidel. "Offering a Job: Meritocracy and Social Networks." *American Journal of Sociology* 106, no. 3 (2000): 763–816.

Propp, Vladimir. *The Morphology of Fairy Tales*. Austin: University of Texas Press, 1986.

Putnam, Robert D. *Bowling Alone: The Collapse and Revival of American Community*. New York: Simon & Schuster, 2000.

Redding, Kent. *Making Race and Power: North Carolina's Road to Disfranchisement*. Urbana: University of Illinois, 2003.

Reisman, David, and Nathan Glazer. "The Meaning of an Opinion." *Public Opinion Quarterly* 12, no. 4 (1949): 633–48.

Rejnes, Ruth. "The Art of the Christmas Tip." *New York Times*. December 12, 1975, 6R.

——. "It's Time to Pass the Bucks." *New York Times*. December 10, 1972, Real Estate, 1, 8.

Robbins, Tom. "One More Woe for Ailing Brooklyn Development: Landlord Meets the Mob." *Village Voice*, May 9–15, 2001.

Roberts, Sam. "In Manhattan, Black Doormen Are Rare Breed." *New York Times*. May 6, 1991, B1.

Rosenthal, Robert, and Lenore Jacobson. *Pygmalion in the Classroom: Teacher Expectation and Pupils' Intellectual Development*. New York: Rinehart and Winston, 1968.

Schwartz, Michael. *Radical Protest and Social Structure: The Southern Farmer Alliance and Cotton Tenancy*. Chicago: University of Chicago Press, 1988.

"Servants on Spree Wreck Lihme Home, Ruin Art Treasures." *New York Times*. June 28, 1927, 1.

Simmel, Georg. *The Sociology of Georg Simmel*. Glencoe, IL: Free Press, 1950.

Slater, Phillip. *Pursuit of Loneliness: American Culture at the Breaking Point*. Boston: Beacon Press, 1970.

Smith, Tom W. "The Hidden 25 Percent: An Analysis of Nonresponse on the 1980 General Social Survey." *Public Opinion Quarterly* 47, no. 3 (1983): 386–404.

"Stolen Glemby Gems Are Officially Listed." *New York Times*. January 27, 1932.

"A Strange Case of Vandalism." Op-ed. *New York Times*. June 29, 1927.

Strauss, Anselem. *Negotiations: Varieties, Contexts, Processes, and Social Order*. San Francisco: Jossey-Bass, 1978.

Thomas, Robert. "The Doorman Who Is a She." *New York Times*. July 2, 1972.

"Tips on Tipping in Apartments: Christmas Varies for Employees." *New York Times*. December 19, 1965, VIII: 1–2.

Upstairs, Downstairs. Sagitta Productions Ltd., in association with Eileen Atkins and Jean Marsh. London Weekend Television Production.

Waldinger, Roger. *Still the Promised City? African-Americans and New Immigrants in Postindustrial New York*. Cambridge, MA: Harvard University Press, 1996.

Waller, Willard. *On the Family, Education, and War*. Chicago: University of Chicago Press, 1970.

Warner, W. Lloyd, and Paul S. Lunt. *The Social Life of a Modern Community*. New Haven, CT: Yale University Press, 1941.

Weber, Max. *Economy and Society: An Outline of Interpretive Sociology*. Berkeley: University of California Press, 1979.

"Well-Dressed Doorman Trades Epaulets for Ivy League Look." *New York Times*. July 21, 1963, 187.

Whyte, William Foote. "The Social Structure of the Restaurant." *American Journal of Sociology* 54, no. 4 (1949): 302–10.

Whyte, William H. *The Organization Man*. New York: Simon & Schuster, 1956.

Wilgoren, Jodi. "Tips Grease for the Gears of City Life." *New York Times*. December 20, 1998, BU9.

Woodward, Julian L. "Public Opinion Research 1951–1970: A Not Too Reverent History." *Public Opinion Quarterly* 15, no. 3 (1951): 405–20.

Zelizer, Viviana. *The Social Meaning of Money*. New York: Basic Books, 1994.

Zerubavel, Eviatar. *Patterns of Time in Hospital Life: A Sociological Perspective*. Chicago: University of Chicago Press, 1979.

Zimbardo, P. "The Pathology of Imprisonment." *Society* 4, no. 6 (1972): 4–8.

Zuckerman, Harriet A., and Robert K. Merton. "Patterns of Evaluation in Science: Institutionalization Structure and Functions of the Referee System." *Minerva* 9, no. 1 (January 1971): 66–100.